QIU ZHEN XUN LU

求真·寻路

——2019年度安徽师范大学
本科生科研论文大赛优秀作品集

安徽师范大学本科生科研论文大赛组委会 策划
周端明 主编

安徽师范大学出版社
ANHUI NORMAL UNIVERSITY PRESS
·芜湖·

图书在版编目(CIP)数据

求真·寻路:2019年度安徽师范大学本科生科研论文大赛优秀作品集 / 周端明主编.— 芜湖:安徽师范大学出版社,2021.10

ISBN 978-7-5676-4761-9

Ⅰ.①求… Ⅱ.①周… Ⅲ.①社会科学-文集②自然科学-文集 Ⅳ.①Z427.6

中国版本图书馆CIP数据核字(2021)第078243号

求真·寻路——2019年度安徽师范大学本科生科研论文大赛优秀作品集　　周端明◎主编

QIU ZHEN XUN LU—2019 NIANDU ANHUI SHIFAN DAXUE BENKESHENG KEYAN LUNWEN DASAI YOUXIU ZUOPIN JI

责任编辑:何章艳　　责任校对:祝凤霞

装帧设计:丁奕奕　　责任印制:桑国磊

出版发行:安徽师范大学出版社

芜湖市北京东路1号安徽师范大学赭山校区

网　　址:http://www.ahnupress.com/

发 行 部:0553-3883578　5910327　5910310(传真)

印　　刷:安徽新华印刷股份有限公司

版　　次:2021年10月第1版

印　　次:2021年10月第1次印刷

规　　格:700 mm×1000 mm　1/16

印　　张:17.75

字　　数:268千字

书　　号:ISBN 978-7-5676-4761-9

定　　价:56.00元

安徽师范大学本科生科研论文大赛组委会

主　任：

陆　林

副主任：

周端明　耿保友　刘晓宇　梁　燕　马陵合　张奇才

成　员：

马　梅　王少仁　朱　琳　乔　静　刘振杰　许新胜
李汪根　李海燕　杨友谊　何道江　余　涛　余妍霞
辛治洋　汪贻洋　汪盛玉　宋　静　张小俊　张如华
张孝荣　张园园　陈　琳　陈付龙　金　涛　赵怀娟
胡好远　胡炜佳　胡悦超　俞晓红　昝逢宇　奚泰来
高永周　黄友生　黄德春　曹卫东　崔世兵　崔光磊
梁齐军　韩玉刚　喻　娜　程炳杰　詹　蓓　戴和圣

目　录

汪裕雄“审美意象学”的理论创构

夏兴才

（文学院）

摘　要　汪裕雄先生构建的“审美意象学”理论体系，以“哲学–心理学”的研究方法，立足于美感经验环节，深度发掘出“审美意象”之于审美活动的心理基元意义，并且动态地阐释了审美意象的生成及类型，对揭示审美活动的本质、艺术欣赏与创作活动以及当代审美意象研究，具有理论上、方法上的指导性和建设性意义。此外，汪裕雄先生立足于中国传统文化，为审美意象寻找到了哲学–文化学的渊源，并且以传统文化中的“言象互动”符号系统与“尚象”思维的产生与发展为脉络，揭示了传统文化重经验、尚感悟的总体特征。

关键词　汪裕雄；审美意象；意象

汪裕雄（1937—2012），当代知名美学家，毕生致力于美学研究与教育，曾任安徽师范大学文学院教授，安徽师范大学诗学研究中心研究员，中华美学学会理事。著述颇丰，曾主编、参编教材多部，其参编的《美学基本原理》一书自1984年出版以来，成为国内高校至今仍普遍使用的美学教材。专著《审美意象学》《意象探源》《艺境无涯》自成体系，被学界称为“审美意象学三书”，影响广泛。汪裕雄先生在撰写《审美意象学》《意象探源》《艺境无涯》时，并未在书中透露出要建立一套以“审美意象”为核心的“审美意象学”理论体系的想法，但从汪裕雄先生的研究成果来看，他无疑是成功地构筑起了这套体系。本文仅从汪裕雄先生的专著《审美意象学》(“审美意象学”理论体系的主干)与《意象探源》入手,揭橥汪裕雄先生“审美意象学”的理论创构及其学术意义,并在此基础上总结汪裕雄先生带给学界的诸多理论上与方法上的启示。

1 问题的提出:“基于意象的思考”

笔者认为,若要深入地理解汪裕雄先生的“审美意象学”理论体系,就必须找到整个理论体系的触发点,即“基于意象的思考”。然后要继续追问,“基于意象的思考”从何而来?为什么是基于“意象”的思考,而不是基于别的?“基于意象的思考”究竟是一种什么性质的思考?它是如何操作的?有何意义?弄清这些问题之后,才能更加深入、全面地理解汪裕雄先生的整个“审美意象学”理论体系。

“基于意象的思考”从何而来?对于这个最初的问题,笔者认为,可以循着汪裕雄先生的思路,多角度、全方位地看待。首先,应该把这个问题放到它的理论语境中去看待,即审美活动发生的一般过程,或者更具体地,把它放到审美经验发生的一般过程中去看待。汪裕雄先生一开始也是这么切入的。“审美活动是由审美对象为一方,以具有审美能力的审美主体为一方所结成的现实的对象性活动。”[1]而主体与客体的连接点是审美经验,在审美经验中,美感心理诸要素的聚合点正是审美意象,审美意象是审美主体与审美客体建立审美关系后,审美主体的感知、想象、情感、理解等心理诸要素综合而生的心理成果。从审美意象入手,逆向地考察审美经验以及审美活动发生的一般过程,是合情合理的。其次,“基于意象的思考”,是继20世纪50年代的美学大讨论之后,遗留下来的、需要重新审视的、无法回避的问题。回顾20世纪50年代的美学大讨论,其实并没有讨论出什么实质性、创新性的结果,反而把美学的诸多问题框死在了哲学认识论的牢笼里,再加上政治立场上唯心、唯物的对立,就导致某些理论成果被单纯地否定。然而在美学大讨论之前，中国近现代的美学研究取得了有目共睹的成效，例如王国维和梁启超的“意境说”和“趣味说”，这些都是美感理论，此后朱光潜和宗白华两位先生也是从分析美感经验入手，力图打通中西美学，并且取得了相当的成效。所以由此可以得出结论，中国的美学研究的确是从分析美感经验入手的，并且历史可以证明这条路是走得通的，那么对于美感经验的诸多研究成果就不能丢弃掉。20世纪70—80年代，当学界着力恢复美学学科的时候，面对哲学层面对美的本质问题的探讨停滞不前的状况，很多学者自然而然地想到应该继续循着朱、宗二位先生的路径，继续进行美感经验的研究。这是历史的反思，同时也是时代的要求，是由美学学科本身的性质决定的。所以，汪裕雄先生就在20世纪80年代投入了这场洪流中。汪裕雄先生曾在20世纪80年代到北京师范大学进修，归来后即完成了《审美意象学》，由此可以看出，“基于意象的思考”，从那时起，甚至更早，就在汪先生的心中酝酿着，而这个“思考”不仅是汪裕雄先生个人的思考，同时也是20世纪80年代美学学科恢复工作的重要理论成果，应得到学界的重视。

为什么是基于“意象”的思考，而不是基于别的？这个问题既可以从审美活动发生的一般过程来看，也可以从中西美学史共时与历时维度来看。首先，从审美活动发生的一般过程来看，笔者前文已有所述，综括来说，有且只有审美意象是审美主客体有机交融的聚合点。其次，从中西美学史的共时与历时维度来看，基于“意象”的思考就更加顺理成章了。中国自古虽然没有美学这门学科，但有美的意识、美学的范畴，以及与审美创造和欣赏活动有关的诸多理论，而这些理论的核心也正是“意象”，正如叶朗先生所言：中国古典美学体系是以审美意象为中心的[2]。在西方近代美学史上，也有许多派别把眼光集中在审美意象上，例如以克罗齐为代表的表现论，以阿恩海姆为代表的格式塔心理学美学，以卡希尔和苏姗·朗格为代表的情感符号论美学等。由此可见，基于“意象”的思考是中西美学研究的共同点。

“基于意象的思考”究竟是一种什么性质的思考？它是如何操作的？有何意义？对于这几个追问，笔者认为不妨先从其对立面来看，即非意象的思考是一种什么性质的思考？这个问题很好回答，非意象的思考其实就是概念的、逻辑的思考，旨在通过运用逻辑思维的规律与方法达到对对象本质的认识，在认识的过程中不必依赖于感性材料。而“基于意象的思考”，则是一种依赖于感性材料的，非概念的、非逻辑的审美体验式的思考，即汪裕雄先生所说的“重经验，尚感悟，趋向反省内求”[3]，这一点也可从中国传统文化的总体风貌中见出。换句话说，“基于意象的思考”，可以说是汪裕雄先生立足于中国传统文化，从中拈出的具有中国精神特征的“意象思维”及“意象语言”符号系统（按：这一点汪先生在其专著《意象探源》中有详细的论述，笔者留待下文再谈）。

那么，“基于意象的思考”是如何操作的呢？这个问题的答案是汪裕雄先生《审美意象学》一书的理论主干部分，综括来说就是：以审美意象为心理基元，以审美经验为场域，以艺术品的意象体系为切入点，动态地、有机地通过审美心理结构的深层动力结构与表层操作的相互配合，完成审美活动发生的一般过程。

“基于意象的思考”究竟有何意义？对于这个问题，笔者认为，可以从以下三个角度看待：首先，从汪裕雄先生的“审美意象学”理论体系架构来看，“基于意象的思考”可以说是整个理论体系的思维范式，即汪裕雄先生用意象思维去架构，读者也只能用意象思维去理解；其次，从美学学科来看，“基于意象的思考”是20世纪80年代之后，国内着力恢复美学学科的理论成果之一，时至今日，仍然具有很重要的建设性、参考性价值；最后，从人类文明自身发展的危机来看，“西方现代抽象思维和科学技术的突飞猛进，特别是计算机的普遍使用，潜藏着压抑感性、贬斥直觉的巨大危险”[4]。因此，“基于意象的思考”可以说为人类重新找回自我提供了一条道路。

2　以审美意象为基元的理论体系

汪裕雄先生以“基于意象的思考”建构起了“审美意象学”理论体系，其理论子形态有审美意象审美心理基元论、审美意象生成论、审美意象心理中介论和审美意象艺术心理本体论，其中，审美意象审美心理基元论是汪裕雄先生最具独创性的理论。由子形态理论可以看出，审美意象不仅仅是审美心理的基元，更是其整个理论体系的基元。

首先来看审美意象审美心理基元论。在这一部分，汪裕雄先生还是从最基础也是最本质的问题入手，即审美的事实也就是心理的事实。言外之意就是，必须要认识到物理的事实与心理的事实的区别，所以就必须要看到审美经验的心理性特征，也就是情感性。“花的红”不同于“花的美”，后者是在前者的基础上，审美主体在心理层面的一种肯定的情感判断，原因是前者带来了主体的美感，这种审美的情感判断是非逻辑的。但是日常的情感判断就不是审美判断，据汪裕雄先生所说，日常的情感判断往往转化为现实性的行动，是一种欲望的发泄，而审美的情感判断则是将情感连同表象一起在主体的内心进行玩味，进行内在的自我体验，使主体最终得到审美的愉悦和满足，所以汪裕雄先生说：“情感渗入活动过程，并附着于表象，乃是审美活动最显著的特征，是它区别于日常实用活动、科学认知活动的最突出标志。这种浸染着、饱和着情感色彩的表象就是审美意象。”[5]从美感的获得过程来说，感知与情感最为重要，感知是美感的开端，此后，“感知的推动力是情感；由感知所得的意象引发联想想象活动的，也是情感；而作为美感过程的终端成果呈现出来的，还是情感……只有感知和情感贯串始终。而感知和情感的结合，不是别的，正是意象。因而，美感过程可以看成审美意象的获取、运动和推移过程。美感的诸多心理要素，始终融汇在、统一于审美意象这个聚合点之中”[6]。同样，在艺术的创造与鉴赏活动中，艺术创造归根结底就是审美意象的创构，艺术鉴赏其实就是对艺术品审美意象体系的解读。所以，总结来说，审美意象其实就是审美心理的基元，审美心理的各个活动，都是以它为中心并且围绕它进行活动的。汪裕雄先生从美感心理构成要素和艺术的审美活动两方面阐释审美意象对于审美心理的基元意义，是十分合理的。通过对审美意象审美心理基元论的简单梳理，不难发现，汪裕雄先生独具慧眼地把审美意象的产生和完善过程与审美经验的产生和获得过程动态地、有机地结合在一起，并且牢牢抓住美感心理的情感性特征。从某种意义上来讲，这恰恰也是汪裕雄先生拈出的意象思维带来的，从而使得整个审美经验的理论分析饱含着强烈的生命意识与艺术精神。

在审美意象审美心理基元论的基础上去理解审美意象艺术心理本体论是非常容易的。笔者前文已有阐述，汪裕雄先生特别强调审美的事实就是心理的事实，审美活动又分为创造活动与鉴赏活动，故而审美意象既是审美创造的中心，又是审美鉴赏的中心，因此，一部艺术品，就是一个完整的意象体系，审美意象也就是艺术的心理本体。这不难理解，关键是，杂乱无章的审美意象是怎样变成一个有序的有机的审美意象体系的呢？汪裕雄先生认为是情感的综合作用。“没有情感作为动力，就没有联想与想象的活跃，就没有生生不息的变化和运动。”[7]为什么这么说？无论是艺术的创造活动还是鉴赏活动，如果没有情感对审美意象的综合作用，那么艺术构思就不可能实现，艺术的传达更无从谈起，即使它以物态化的形式出现了，真正的审美鉴赏也是不会发生的，因为这样的艺术创造本身就没有中心，更不必说思想。情感之于艺术构思与传达，正如刘勰所言：“神居胸臆，而志气统其关键……关键将塞，则神有遁心”，“神用象通，情变所孕”[8]。而这样一种从心而生、充满力量的情感情绪，其实就是“情致”(Pathos，又译为：动情力)[9]。汪裕雄先生说：“情致作为中心，聚合着意象，组成意象体系；读者或观众通。过意象体系，引起情绪共鸣，而体验到所蕴含的情致。”[10]故而，一部艺术品要想成为一个完整的意象体系，没有情致是不行的。情致也是有自己的秩序和结构的，即“情致模态”[11]。正因为情致模态的共通性，才使得不同时代、不同种族的人在面对同一艺术品及其审美意象体系的时候，都有相近的审美心理活动，都能产生大致类似的情感情绪。从以上的分析来看，汪裕雄先生还是以一种非概念、非逻辑的意象思维直指统摄艺术品审美意象体系的情致模态，从而使得审美经验中最难把握的情感，有了可供探寻的入口，有了属于自己的言说方式——情致模态和符号系统——审美意象体系。

在理解了汪裕雄先生的审美意象审美心理基元论与审美意象艺术心理本体论之后，就能理解汪裕雄先生审美意象心理中介论的理论阐释了。首先，需要明确的是艺术活动其实也是一种心理交流。因为艺术活动涉及的对象不仅仅是创造主体，还有接受主体，两者的“交流”是在艺术传达与艺术欣赏活动中完成的，并且是心理的，不是物理的。既然是“交流”，那么就不仅仅是创造主体一个人在“表达”，还有接受主体的“言说”，二者是一种“对话”的关系。既然是“对话”，难免会带有主观成分，在接受主体那里其实就是在对艺术品意象体系的解读之后的“再造”。整个过程，照汪裕雄先生所言就是：“作者通过意象体系发送信息，欣赏者通过重造意象体系作出应答……重造的‘体系’是原有‘体系’的孳生物，而不是原有‘体系’的简单回复。”[12]梁宗岱先生也有言：“文艺底欣赏是读者与作者间精神底交流与密契；读者底灵魂自鉴于作者灵魂底镜里。”[13]王夫之亦有言：“作者用一致之思，读者各以其情而自得。”[14]所以，汪裕雄先生说：“通过意象体系来体验某种情感，即是对整个人类情感的‘再体验’……它并不要求你将所体验的情感立即转化为现实行动，但却给你未来的行动准备好充足的意志情感力量。”[15]其实，从汪裕雄先生的话中，不难发现他对审美教育的关切。接受主体对意象体系的再造，其实就是审美教育的开端，它带给接受主体的影响是潜移默化的，它有一个“潜在期”，但是“艺术主要是组织我们未来的行为，是前进的方向，是一种要求，它也许永远不会实现，但却迫使我们去追求生活表面以外的东西”[16]。

最后，谈谈汪裕雄先生的审美意象生成论。这一部分只能放到最后来谈。为什么？因为仅从个体来看，审美意象的产生与完善过程贯串了审美经验过程的全部环节，在此过程中，审美心理发生了很多变化，把审美意象的产生放到最后来谈，容易较为清晰地看到它是在哪些因素的影响下诞生的，这些因素又扮演了怎样的角色，从属于审美心理活动的哪个环节。（至于审美意象的历史演化，笔者会在下一节“审美意象的哲学-文化学溯源与嬗变”中介绍。）

就个体审美心理来说，汪裕雄先生首先关注的是审美态度。审美态度并不难理解，关键是究竟是什么促使主体在具有审美态度之后，进一步地通过主体心理结构的运作完成审美意象的构造获得审美体验？想要回答这个问题，就不得不重新审视审美态度的特殊性。它的特殊性体现在：其一，当审美态度出现时，日常态度就会中断；其二，审美态度出现时，审美感官的敏锐性异常强烈。由此两点特殊性可以看出，的确存在着某种东西促使主体心理主动抛弃了日常态度，转而进入审美态度，并且由心理层到感官生理层都处于主导地位。据汪裕雄先生所说，这种东西就是“审美指向力”。“审美的指向力，来源于意识水平之下的广大无意识领域。在那里，审美的动力曲折地、隐蔽地和人的意欲联系着”，“审美态度是审美心理中两种意识水平的分界线和交汇点：向下，可追索无意识领域的深层动力系统；向上，可考察意识水平之上的表层操作系统”[17]。这项工作之后，汪裕雄先生就阐释了何为审美心理结构的深层动力系统与表层操作系统。在无意识领域的深层动力系统中，起关键作用的是人的原初需要和审美需要。二者的关系是，审美需要潜藏在原初需要中，原初需要具体表现为维持生命活动的饮食需要、安全需要、种族繁衍需要等。在原初需要不再成为人类的唯一需要后，审美需要就出现了，审美需要具体表现为对对象的形式、外观、结构等的需要，是一种人类特有的社会性需要。当然，人类的审美需要的出现经过了相当漫长的实践与时间，与此相适应的是人类审美感官的进化和生产力水平的发展，以及人类想象力的发展。虽然这个过程可以用理论阐释，但是当主体一旦以审美态度面对对象的时候，无论是原初需要还是审美需要，都处在意识水平之下了，审美态度就是分界线。而此时审美心理的深层动力系统所提供的审美指向力，就会将主体自动带入审美心理的表层操作系统中，这是主体可以意识到的，因为主体在“虚静”的审美态度时，就已经有意识地抛弃了杂念，这个“弃智去欲”的过程，是主体必须自觉去完成的。那么接下来就是主体的“审美知觉”与“审美体验”了。审美知觉在主体与对象猝然相遇的瞬间就开始发挥作用了，这时产生的是知觉意象，这时的意象仍然保留着其作为对象的自然形态，同时也带有主体的自我情感。当主体的审美体验达到最高峰，主体情感的郁结达到饱和的状态时，即发愤抒情，情感就会推动想象力自由地驰骋，这时候产生的就是想象性审美意象。它既是对知觉意象的超越，又是主体自身的超越，主体同意象一起携手在精神世界中自由地遨游。笔者认为，想象性审美意象比较清晰地展示了何为意象思维，其实就是无思维模式可言的超越思维，是超验的，是真自由的，是一种“不真而真”的。这一点在庄子的美学思想中体现得淋漓尽致。

3 审美意象的哲学-文化学溯源与嬗变

要想全面地理解汪裕雄先生的“审美意象学”理论体系，仅从其《审美意象学》一书来看是不够的，必须要结合《意象探源》。《意象探源》中所阐释的问题其实就是从哲学-文化学的角度，为审美意象寻找哲学文化背景，而且是站在中国传统文化的产生与演变的角度。汪裕雄先生做的此项工作，一方面是因为先生觉得写完《审美意象学》之后意犹未尽；另一方面，笔者认为也是最主要的，就是汪裕雄先生想为中国传统美学的产生与发展找到一个能够关涉全局的线索，为当代美学的未来走向找到一个符合中国传统文化特性的研究路径，并力图从这两方面入手，发掘出中国传统文化最有别于西方的特质，以及尝试构建一套最具中国本土特色的美学理论语境。正如汪裕雄先生所言：“近代以来，许多中国学人持西方逻辑理性传统以参照中国古代文化，多少忽略了中国文化的独特之点。”[18]甚至有海外学者明确指出，20世纪中国学术理论界最有价值的，反而是那些最少涉及西方理论的。这不得不让人有所反思。而呈现在读者面前的《意象探源》一书，就是汪裕雄先生“反思”与“寻求”的结果。在此书中，汪裕雄先生还是继续以“基于意象的思考”，对意象进行了哲学、文化学、历史学、文学及美学的考察，整部著作可以说是体大虑周，但又不失精致。其中谈及的某些问题，时至今日仍有很大的参考价值。

汪裕雄先生的“反思”究竟是以怎样的脉络进行的呢？大致如下：原“象”→“言象互动”符号系统与尚象思维的产生与确立→“易象”的哲学突破→“意象”的审美化。

首先，原“象”，原何“象”？汪裕雄先生给出的答案是原“生物之象”与“文化之象”，并且要还原二者的演变过程。此项工作，汪裕雄先生借助的是现有的考古发现以及历史资料，结论是：一、根据考古资料可以证明，殷商时期黄河流域盛产大象；二、“殷人服象”使得殷人与象建立了精神文化上的亲密关系，导致了文化之“象”的产生。其中，发挥关键作用的是殷商时期殷王以象名，王以象祀，氏以象名和器以象名，从中都可以看出“象”文化的用途及其文化涵义的扩展，这个过程促进了“象”作为文化符号出现。“象”真正作为文化符号出现是在西周时期“龟象”一词的普遍应用。在西周以前，甲骨文中有“卜”字，却未见“兆”字，更未见“象”字有“龟象”之义，但《尚书》中却有多处提到了“龟兆”与“龟象”，说明在春秋时期这种说法已经颇为流行。例如“历象日月星辰”(《尧典》)、“象以典刑”(《舜典》)、“崇德象贤”(《微子之命》)、“乃审厥象”(《说命》)等。“象”这个字不仅由专有名词引申出其他含义，而且更为重要的是“龟兆”向“龟象”的演变最终促成了“象”的符号化的完成，它与占卜的操作过程紧密相关，更与卜辞的阐释过程密不可分。正如汪裕雄先生所言：“龟象符号是一个言象互动符号。在这里，被提到首位的，不是语言或文字，而是象——由龟甲灼痕和与其相应的自然物象组成的意指符号。”[19]而“辞”从属于“象”，且“辞”往往是带有超感性所指意味的，所以“象”与“辞”在被阐释与阐释的行为中，在“龟象”与自然物象的彼此对应中完成了“象”的符号化进程，“象”便成为文化之“象”。

紧接着，汪裕雄先生从文化之“象”的“言”与“象”的关系入手，阐释了中国传统文化中的“言象互动”符号系统的产生与发展，以及背后的“尚象思维”。

汪裕雄先生把眼光投向了“神话意象”，特别是神话意象的构成法则“触象而构”与“象物以应怪”。“触象而构”和“象物以应怪”的法则最早见于晋

人郭璞的《山海经·叙录》:

夫以宇宙之寥廓,群生之纷纭,阴阳之煦蒸,万殊之区分,精气浑淆,自相喷薄,游魂灵怪,触象而构,流形于山川,丽状于木石者,恶可胜言乎?然则总其所以乖,鼓之于一响;成其所以变,混之于一象……是故圣皇原化以极变,象物以应怪,鉴无滞赜,曲尽幽情,神焉廋哉,神焉廋哉!

在神话世界里,万物都是有灵的,在此观念的影响之下,远古初民看待世界时,认知与情感是不分的,而后特别是神话的某些信仰与禁律,更是使得初民的情感态度最终优位于认知态度。“神话的真正基质不是思维的基质而是情感的基质”[20],语言的逻辑表达并不适合神话意象背后的情感基质,情感才是神话意象构成的真正动力。由此上升到符号系统,汪裕雄先生说:“语言服从意象,意象传达情感,情感背后隐藏着先民对世界的认知,理解,这便是神话‘言象互动’符号的大致面貌。”[21]由此,笔者认为,中国传统文化的抒情传统不是没有源头的,中华民族把情感放进了文化符号系统以及思维当中,比如“尚象”思维。

在“尚象”思维正式形成之前,需要注意的是,有一个因素刺激了、加速了它的形成,那就是“绝地天通”。“绝地天通”从客观上来讲,造成了“天人相分”的事实,也因此,先民们才会急于超越现实之维,力图实现“天人合一”。若没有“相分”,人就不会意识到“合一”。当人急于寻求“天人合一”时,那么“尚象”是最有效的途径。周礼的特征就很能清楚地反映出这一点。在周礼的符号体系中,自然与人伦可以在功能上互相指涉,具体操作方法是比附、象征、类比推理,将自然与人事在感应中相统一,这其实就是“尚象”思维最淋漓尽致的表现。

“言象互动”符号系统与“尚象”思维再一次发挥助推作用,是在“易象”的哲学突破过程中。其中的关键环节是“易象”走出神学背景,这全赖《易传》的出现。《系辞》:“一阴一阳之谓道。”此一语,顿时将“易象”符号结构纳入统摄宇宙的模式上来。从前代表奇偶的两爻变成最基本的阴阳两元，人事与自然的偶然与必然的关涉皆归于阴阳两元的相互作用，并且最终统一于“道”的运行，“易象”成为沟通形上与形下的媒介。显然，在整个过程中，老学为其提供了宇宙论的借鉴和支撑，同时也体现了“尚象”思维的助推作用。老子是主张“非言”的，“非言”不是拒绝使用语言，而是要超越日常语言，如何超越，则又是在“言象互动”符号系统内进行的。可以说，每一次“言”与“象”关系的变动，都是“言象互动”符号系统的完善与发展。

需要说明的是，“易象”即“意象”。这一点可以从以下三个方面来看：其一，《系辞》：“易者，象也。”其二，“易象”最初虽然是卦画符号，且是在神学背景下的，但是其情感态度优位于认知态度的事实却是肯定的，且它的卦画符号本事就是意义集合。其三，到“易象”的哲学突破以后，“象”说传达的即“意”，何者之“意”？“道”之意。“道”是阴阳两元、阴阳两气的化合，万事万物莫不如此，故而“道”可以在“虚静”状态体悟。这就落实到心理层面上了，因此，“易象”即“意象”。

从“意象”到“审美意象”，据汪裕雄先生所说：“当意象向情感意志倾斜，情感价值判断占绝对优势，终于成为情感的符号和情感意志的激发手段时，审美意象也就产生了。”[22]可以说，庄子的“逍遥游”，乃是人在精神领域求得审美理想与人生价值的第一次实践。

活跃在中国审美意识史上的大致可分为两派：一派是以儒家为代表的诗乐意象派，他们关注的是诗乐意象与儒家的伦理教化相统一，“发乎情，止乎礼义”；另一派是以道家思想为依托的楚骚意象派，他们冲破了伦理教化的藩篱，在汪洋恣肆的想象世界中抒发着个人的情感，寄托着对理想世界的追求。此二者，形成了两种不同追求、不同创作路径、不同价值取向的理论形态，推动了意象审美化的进程，对中国传统的诗论与艺术论也形成了深远的影响。

在“尚象”的思维方式与“言象互动”符号系统之下，中国的审美活动没有止步于艺术领域，在魏晋时期，审美泛化的潮流把审美引向艺术之外的自然山水、人物品藻等，这一时期的审美理论也得到空前的发展。关于魏晋时期审美泛化的现象及审美研究成果颇多，汪裕雄先生在其书中也只是简单地作了梳理，笔者在此就不再重复论述。

汪裕雄先生的“审美意象学”理论创构，是其毕生之心血。从中我们可以看到汪裕雄先生思考问题的特殊视角——“基于意象的思考”，研究问题的多种方法：哲学-心理学、哲学-文化学以及架构理论的方式——以“审美意象”核心范畴为基元，向外延伸到审美意象的活动场域，向内剖析审美意象的微观构成因素。可以说，在整个理论创构过程中，汪裕雄先生能做到中西结合、文史哲结合与古今结合，实属不易，其中涉及的某些问题与理论创见在今日仍有很大的参考价值。

参考文献：

[1]汪裕雄.审美意象学[M].北京：人民出版社，2013：2.

[2]叶朗.中国美学史大纲[M].上海：上海人民出版社，2013.

[3]汪裕雄.意象探源[M].北京：人民出版社，2013：2.

[4]汪裕雄.审美意象学[M].北京：人民出版社，2013：7.

[5]汪裕雄.审美意象学[M].北京：人民出版社，2013：16.

[6]汪裕雄.审美意象学[M].北京：人民出版社，2013：47.

[7]汪裕雄.审美意象学[M].北京：人民出版社，2013：138.

[8]刘勰.文心雕龙注释·神思[M].周振甫，注.北京：人民文学出版社，1981：295，296.

[9]朱智贤.心理学大词典[M].北京：北京师范大学出版社，1989：121.

[10]汪裕雄.审美意象学[M].北京：人民出版社，2013：140.

[11]汪裕雄.审美意象学[M].北京：人民出版社，2013：140.

[12]汪裕雄.审美意象学[M].北京：人民出版社，2013：171.

[13]梁宗岱.谈诗[M]//梁宗岱.诗与真·诗与真二集.北京：外国文学出版社，1984：95.

[14]箫箑父,许苏民.王夫之[M].西安:陕西师范大学出版社,2017:116.

[15]汪裕雄.审美意象学[M].北京:人民出版社,2013:176.

[16]列·谢·维戈茨基.艺术心理学[M].周新,译.上海:上海文艺出版社,1985:337.

[17]汪裕雄.审美意象学[M].北京:人民出版社,2013:93.

[18]汪裕雄.意象探源[M].北京:人民出版社,2013:1.

[19]汪裕雄.意象探源[M].北京:人民出版社,2013:32.

[20]卡西尔.人论[M].甘阳,译.上海:上海译文出版社,1985:104.

[21]汪裕雄.意象探源[M].北京:人民出版社,2013:43.

[22]汪裕雄.审美意象学[M].北京:人民出版社,2013:13.

指导教师评语:

汪裕雄教授的"审美意象"研究,堪称20世纪中国美学研究的重要理论成果,然一直以来学界关注很少。本文以"汪裕雄'审美意象学'的理论创构"为题,选题有着极为重要的学术价值与理论意义。全文分三节,分别论及汪裕雄先生"审美意象"问题的思考历程、内在理论体系以及对"意象"问题的文化溯源,将研究对象的学思历程与思想创发紧密联系,论点集中,论述有力,且所论多有新见,体现了作者扎实的学术基础与严谨的科研作风。就本科生而言,本文是一篇优秀的毕业论文。

文学院项念东教授

（本文发表于《中国美学研究》2018年第2期,有改动）

从"分割"到"衔接":长江经济带生态环境治理的法治进路

邵帅,徐本鑫

(法学院)

摘 要 长江经济带生态环境的法治化治理是长江经济带健康发展的重要保障。从实然维度看,长江经济带生态环境治理法治化建设受制于生态治理的碎片化,在流域执法、生态立法和环境司法三个方面呈现"分割"格局;从应然维度看,这种"分割"格局在理论和现实两个层面均具备"衔接"转型的可能性;从可然维度看,长江经济带生态环境治理法治化应实现在立法上从单独立法向综合立法,在执法上从区域管理向流域治理,在司法上从模式变革向体系构建,在参与主体上从治理排他向多元共治的"衔接"转型。

关键词 长江经济带;生态环境治理;长江立法;环境司法

习近平总书记在深入推动长江经济带发展座谈会上的讲话中强调,新形势下,推动长江经济带发展,关键是要正确把握整体推进和重点突破、生态环境保护和经济发展、总体谋划和久久为功、破除旧动能和培育新动能、自身发展和协同发展等关系。在正确把握这几对关系的进程中,无论是体制机制的深化改革还是发展规划的制定落实,无不需要法治建设全程参与。然而,长江经济带生态环境法治建设受多种因素影响,当下面临新的困境与挑战,引发了生态环境法治建设"路在何方"的探讨。本文从实然、应然、可然三个维度,概括"分割""衔接"两个共相及其联系,以期为长江经济带生态法治化建设探明方向。

1 实然维度:长江经济带生态法治化建设呈现“分割”格局

进行实然思考,需要以研究对象的一般性为出发点,探究客观事实特殊性的依据和机理,借以描述长江经济带生态法治化运行的现状,纵深思考各独立现象的内在联系,挖掘作用于法治化困境背后的生态治理主要矛盾。生态环境的整体性与保护的分散性[1]贯穿于生态治理的始终,二者的相互作用决定各地域、各层级地方环境法治建设的走向,是生态法治化建设的主要矛盾。立足环境法研究进路,生态环境表征为鲜明的整体性和不可分割性,在这种整体观念的支配下,各类社会关系之间的互动是生态环境法治建设区别于其他法治建设的关键。《中华人民共和国环境保护法》(下文简称《环境保护法》)第二条明确了环境立法的整体性考量渗透在生态环境法治建设的各个方面,要求立法者、行政管理者以及司法者整合环境的各个要素,从社会全局利益角度进行综合性统筹。由此可见,自然环境不会因行政区域的规划而转移,综合性法律法规也不会包罗万象,无论是环境的立法抑或管理,都具有相当的分散化倾向,难以从整体上兼顾环境问题的各个方面。

无论是生态环境整体性还是保护分散性,生态治理的主要矛盾既可以推动法治化的进程,又能够抹消法治化的正常轨迹。而当下的环境保护法治建设,“整体性与分散性”相互冲突的消极作用加剧,从量变到质变的结果即“分割”格局的形成。在诸如长江经济带等覆盖范围较大的生态领域,主要矛盾带来的分割化倾向尤为突出。一方面,由于长江横跨我国地形“三级阶梯”,流域面积广,地理上很难实现“整体化”;另一方面,又因干流流经11个省份,域内“城市圈”、“开发区”、港口众多,管理上呈现出较高的“分散化”。升级的生态环境整体与保护分散之间的矛盾已经初步促成了“分割”格局,在立法、执法、司法等领域的法治建设中呈现出多种形态。

1.1 流域执法分割——流域管理与区域管理的分割

以各地区属地管理和各部门分散管理为主导的水环境管理体制，难以适应流域整体性和跨行政区域的管理要求，带来流域与区域之间环境执法部门职责与地方政府监管职责的分割。早在2002年修订的《中华人民共和国水法》（下文简称《水法》）中即确立了水资源流域管理和区域管理相结合的原则，从立法层面强化了长江这类“重要江河”的统一执法。同时，《环境保护法》第二十条第一款也明确规定，国家建立跨行政区域的重点区域、流域环境污染和生态破坏联合防治协调机制，实行统一规划、统一标准、统一监测、统一的防治措施。长江流域内省际的协作机制与地方立法协调机制应是生态环境保护的法治保障。然而该条第二款的“上级协调，同级协商”原则，却在规则设立时忽视或者未充分考虑到长江这类跨省界、多要素的生态系统自然“流域”治理与行政“区域”治理的界限，侧面反映了行政执法分割的症结所在，符合某些学者提出的现行水环境管理客观上因属地和行业两个方面进行分管的体制机制障碍而普遍存在“条块分割”现象[2]。

行政执法分割主要表现在两个方面：第一，流域与地域行政执法机关的协调机制难以构建。立法方面针对区际行政工作的协作、协调机制的规定尚显不足，仅依靠各地域的政府环保部门就某一环保事务而启动的协调机制无法满足长江经济带一体化生态法治保障的需要。第二，流域管理的专门机构地位模糊。长江水利委员会作为水利部的派出机构，虽然在建设水利工程、防汛抗旱等事务方面具有相当的影响力，但并不具备真正意义上作为专门机构的法律地位，与地方政府和其他部委设置的分支机构权限不明[3]，“九龙治水”下难求“夹缝中生存”[4]。尽管《水法》笼统地将其纳入“国务院水行政主管部门在国家确定的重要江河、湖泊设立的流域管理机构”，但又规定在流域的规划和管理过程中需会同“有关部门”及省一级地方政府进行协调，这一点符合总则中“流域管理与行政区域管理相结合”的原则，然而在涉及生态环境问题时容易与地方政府的职能产生交叉，而行政上的交叉又会带来立法上的适用问题,结局是"最严环保法"的重拳难觅其踪、难显其效。如《长江河道采砂管理条例》规定了长江水利委员会在省际重点河段的监督管理职责,以期推进行政区域分级管理与流域管理相结合的模式[5],但并未针对完善长江水利委员会与各地之间的协调机制做出进一步的规定。从另一个角度看,不啻从流域与区域分割体系中,再分割出另一类特殊区域,流域与区域的关系不仅不能统一,还存在进一步分化的趋向。

1.2 生态立法分割——单一地方立法价值与流域立法价值的分割

法在一定程度上是人类价值观的体现,最为重要的作用就是可以对各种利益进行衡量,并确定它们在价值序列中的相应位阶。立法是实现这一作用必不可少的一环,立法者通过对规制对象适法的价值考量,进行规制主体利益最大化的价值选择,并将这种考量固化为地方性法规,进而约束多元利益主体,统筹不同层级主体的利益诉求,最终促进社会实现建立在内部平衡机制上的和谐状态[6]。对于长江经济带生态立法而言,和谐状态之所以难以形成,主要源自立法价值在地方环境立法作用层面上逐渐从"分化"走向"分割"。由"分化"到"分割",一定程度上受技术诱因影响,但根本原因是地方的发展这一客观现实决定了价值取向的单一性,最终导致长江流域环境整体利益的分割。

从历时性角度看,长江流域依托黄金水道,在促进长江经济带蓬勃发展的同时,也存在横向的价值主体,即流域之间、省域之间、市域之间相互独立的利益主体。尽管会受到上级机关的牵制,各方立法主体在环境事务决策的过程中依然会有自利倾向,体现在立法层面,即地方立法协调、协商制度建设较为薄弱,立法价值取向较为单一。如立法联席会议制度,尽管各级立法机关已经认识到了其对于构建环境治理体系的重要价值,且部分地区已经进行一定程度上的尝试,但均仅限于地方政府或主管部门层面,专门的地方环境协调联席会议在立法层面仍体现不足。从共时性角度看,由于长江流域事务的复杂性,多层级立法和行政主体共同参与决策和管理,不可避免地会导致各部门之间的利益博弈，形成纵向利益主体。立法与行政的协调机制尚待完善，各个部门因为自身组织体系和执行能力的差异而无法达成目标一致的集体行动[7]，在行政立法过程中也难以避免单一化倾向。《中华人民共和国立法法》经过2015年的修正之后，在地方环境事务上扩大了立法主体的范围，这一改动旨在提高地方对环境治理的积极性，在为立法、行政机关因地制宜治理环境问题提供更大空间的同时，也可能激发更多利益博弈。研究表明，长江经济带的综合协调发展度呈现出由东到西的递减趋势[8]，在生产总值等经济硬实力形成落差的前提下，协调发展的经济软实力差异充分表明，利益博弈既有可能促成环境共治，也可能对环境共治起到反作用，若地方与地方、部门与部门、地方与部门之间处于利益冲突状态，必然有损地方环境立法的立法价值，滋生地方保护主义，使整体利益在无形中遭受“瓜分”，受到损害。

1.3 环境司法分割——司法专门化目标与路径的分割

自2016年起，环境司法的专门化建设进展较快，长江经济带沿线除个别省份外几乎全部设立了环境资源厅。但同时，通过环境司法保护生态利益与环境司法专门化建设的路径呈现明显“分割”格局。一方面，环境诉讼与司法专门化之间难以协调，环境纠纷与环境司法专门化之间的断裂态势难以弥合[9]，构建审判模式的实践出现了适法障碍；另一方面，司法专门化内部也出现审判模式与环境法律法规之间的割裂[10]，甚至在专门化较高地区的环境司法中极少依据环境法规进行审批，裁判援引出现环境法缺位的现象。

目标与路径的分割，起因于以下两个冲突和对立。其一是技术冲突，即司法管辖范围与生态腹地范围的冲突。对于长江经济带而言，生态体系庞大，若司法专门化实行“横向管辖”，则不利于司法过程中长江经济带整体利益的协同。其二是法理对立，即审判组织与审判机制之间的对立。设立专门的环境资源厅并不等同于环境司法的机制化构建，审判模式的改革并没有构建有利于环境司法的诉讼机制或管辖机制，使得现有的程序架构无法满足、回应环境案件的特殊性，尤其是对于长江流域这类跨区域环境资源案件的集中审理，最终会因缺乏法理基础而难以实现。这两方面的对立，不仅源自环境资源案件的生态普遍性特征，而且来源于环境司法的固有属性[11]。面对不断推进的环境司法专门化趋势以及不断突显的专门化司法与生态利益保护之间的矛盾，长江经济带的环境司法路径和目标之间的“分割”程度可能会进一步加深。

2 应然维度：长江经济带生态法治化建设的“衔接”转型

如前所述，生态整体性与治理分散性矛盾造成了“分割”格局，并呈现不同形态。若要克服弊端，必须从生态整体利益出发，全方位统筹生态环境法治建设，实现从“分割”向“衔接”的转化。立足于理论与现实两个层面的“衔接”转型是长江经济带生态环境法治建设转型的必然要求，也是长江经济带应然维度下生态法治化的主要形态。

2.1 理论基础：“分割”格局下的“衔接”转型符合新发展理念

所谓“衔接”，就是突破生态系统中环境要素独立运行机制作用下产生的“分割”格局，站在系统全局的角度，进行要素的整合，促进要素之间的良性循环。这种要素整合需要一种基于系统视角分析的理论基础。马克思主义生态理论指出，生态环境整体性与环境保护分散性应当置于这样一种理论基础下：它能够既对系统性的经济力量，又对社会性和政治性的运动做出恰当的思考，且能够在社会的运动与变迁以及人们的日常经验领域展开生态科学、政治经济学以及社会学的理论思考。在这种理论指导下，既能产生赫尔曼·哈肯提出的“协同效应”，又能如安德鲁·坎贝尔所预测的产生“协同效应之效应”，即互补效应。显然，对于长江经济带发展这一关系国家发展全局的重大战略,创新、协调、绿色、开放、共享的新发展理念符合这种理论提出的要求。

新发展理念是习近平新时代中国特色社会主义经济思想的主要内容,为实现“分割”格局下的“衔接”转型提供了理论支撑。新发展理念从各类主体的整体性出发,既考虑到内在发展逻辑的整体性,又突出了外部发展要素的整体性。这种整体性使得新发展理念在“分割”格局中能实现系统的“衔接”。首先,创新是第一动力,可以在助推各种体制机制更新完善的同时,破除“分割”症结;其次,协调、绿色是核心,确立了立法、执法、司法领域的协调机制构建的基础,能指引“衔接”的方向;最后,开放与共享是基本方法,可以拓宽参与主体,扩大影响范围,使“分割”格局下“衔接”转型的协同效应实现最大化。总之,在新发展理念指导下,生态系统的整体性可以在生态问题的法治保障中产生协同互补效应,并以此为出发点,将“分割”格局下的“衔接”探索外延,适用于长江生态系统以外的各类环境主体以及长江经济带生态保护以外的多种环境问题,是生态文明建设实现生态地域协调、治理机制协同的理论基础。

2.2 现实基础:“分割”格局下的“衔接”转型顺应新时代新要求

长江经济带的生态治理是生态文明建设的组成部分之一,其中的法治化建设是治理改革的重要内容。“把制度建设作为推进生态文明建设的重中之重”,“健全生态文明体系”见之于中央层面的整体规划上与流域地方的贯彻执行中。

2.2.1 中央层面:制订整体“国家战略”

秉承“生态优先,绿色发展”“共抓大保护,不搞大开发”“一轴、两翼、三级、多点”等发展原则[13],以实现“增强系统思维,统筹各地改革发展、各项区际政策、各领域建设、各种资源要素,使沿江各省市协同作用更明显”为目标,长江经济带规划逐渐战略化、体系化。首先,全国人大委员会明确将制定长江保护法提上日程,摆脱“长江经济带法治进程滞后”的困境,积极构建

“硬约束”机制。其次，环境保护部印发《长江经济带生态环境保护规划》，提出加大环境执法监督力度，推进联合执法、区域执法、交叉执法，强化执法监督和责任追究。再次，最高人民法院发布《关于为长江经济带发展提供司法服务和保障的意见》，指出要强化审判职能，探索和创新契合长江经济带发展的审判体制机制，加强工作协调。最后，环保督察的制度化进程显示了环境问题的解决从政策化的“分割”格局向制度化的“衔接”转型趋势，“冲破了地方保护的利益纽带”，以问题为导向，倒逼环境保护走出分散困境。生态环境整体架构上的各环节顺应协同发展的趋势，为法治化建设“分割”格局的“衔接”奠定了国家战略基础。

2.2.2 地方层面：完善地方“流域方案”——以安徽省为例

依据宏观战略制度布局，各地方结合实际，坚持问题导向，从解决自身生态问题出发，充分运用综合治理的方法和手段推进生态法治化建设。以安徽省为例，2018年7月，安徽省委省政府正式印发了《关于全面加强生态环境保护坚决打好污染防治攻坚战的实施意见》，立足实际，把握“五大关系”，围绕“水更清、岸更绿、产业优”总体目标，扎实开展“七大行动”，立足“三道防线”，保护“三水共治”，加强长江保护修复。近年来，安徽省委省政府在政策规划与决策实践层面，致力于同国家整体战略相衔接，努力推进体制机制中“分割”格局向“衔接”局面的转型，并对此进行了很多有益的探索。

一是“衔接”生态领域地方性法规立、改、废的“分割”。除了《安徽省湿地保护条例》《安徽省饮用水水源环境保护条例》等水资源综合立法以外，《巢湖流域水污染防治条例》等针对整体生态系统的立法进程也循序渐进，标志着“分割”格局的逐步打破[14]。同时，新修订的《安徽省环境保护条例》彰显了环境协调治理理念，为协调机制的建立提供了合法性基础，为“衔接”转型划定了起跑线。

二是“衔接”生态补偿机制建设与推广不力的“分割”。新安江流域生态补偿机制是习近平总书记亲自倡导和推动的全国首个跨省流域生态补偿机制试点，在实践中展现出了强大生命力。为在长江流域推广其经验，安徽省出台了《关于全面推广新安江流域生态补偿机制试点经验的意见》，通过促进产业互补、生态共建、发展共享，着力建立省内流域上下游横向生态补偿机制，进一步推进生态补偿的法治化，建设长江经济带生态利益共同体，助力流域整体化发展。

三是“衔接”环境监督执法与环境司法的“分割”。安徽省积极探索以生态整体性为导向的司法体制改革，除进行“环境资源审判专门化建设”“构建环境资源保护协调联动机制”等宏观规划以外，还将长江经济带生态法治保障作为工作重心，以涉及的犯罪活动为重点对象，致力于“服务保障长江经济带的生态功能提升、绿色产业发展、资源利用综合效益提高和公众环境权益维护，促进长江经济带生态环境持续好转”，“全方位遏制非法倾倒危废品污染长江的违法犯罪行为”。

经过几年实践，安徽省生态环境法治建设得以推进，在贯彻国家总体战略的同时，针对“分割”格局进行“衔接”转型，因地制宜地探索具有地方特色的“流域方案”。

综上所述，长江经济带生态环境法治建设的转型，既存在新发展理念指导下生态环境与社会整体协同共治的理论基础，又具备国家战略与“流域方案”多措并举探索的实践基础，使“分割”向“衔接”转型具备现实可能。

3 可然维度：长江经济带生态法治化体系的重构

“分割”格局下“衔接”转型的本质是生态法制建设的体系化重构，既需要全面地、逐级地优化涉及生态保护和建设等各方面内容的生态治理体系，又需要协同以“完备的法律规范体系、高效的法治实施体系、严密的法治监督体系、有力的法治保障体系”为组成部分的法治体系，并实现两者统一的生态法治化体系重构，推进长江流域生态法治化进程。

3.1 推动制定一部法律,实现专门立法向综合立法的"衔接"转型

立法价值的衔接,通过完善法治体系为治理体系优化提供铺垫。长江立法作为全国人大常委会立法规划之一,自长江经济带深化改革全面推进以来,一直是法治建设的重点,受到社会的广泛关注。在此之前,部分学者以《水法》和《水污染防治法》为基础,立足于"缺乏流域整体性保护和治理的体制机制和有效措施,对全流域资源环境保护不能形成有效支撑"[15]的适法现状,主张推动专门的水资源立法。其实,以水资源为切入并非刻意回避或忽视流域生态整体性保护和制度建设,而是从体制机制等立法客体出发,将视角聚集于立法对象,即生态环境系统的水资源要素,认为水资源作为关键要素,基于此的客体完善将作用于生态环境的全局。这种观点的局限就在于未从"主体"即生态系统本身出发,以感性认知进行理性推定[16],本质上是一种立法思维的"分割",由此产生的法律依旧难以避免陷入地方立法价值同生态整体立法价值的分割窘境。目前的研究已经突破这一模式,基于"长江流域既是以水为纽带和基础的自然单元,同时也构成人类生产、生活的经济社会单元 "的认识,转向"重构法律制度、协调沟通法律部门之间的关系""长江法必须是综合法"的立法模式取向[17],"衔接"了立法对象与主体认识的联系,联结法治体系和治理体系,有助于协调单一利益取向和整体利益取向之间的关系。

在这一模式影响下的立法价值,理论与实践进一步衔接,为立法内容提供了指引,继而引导流域治理走向真正"有法可依"。首先,有利于确立在"综合法理念"基础上的立法原则,明晰各类治理主体的职责与权力、权利与义务,划分和统筹各分则内容,充分带动形成立法架构的整体性趋向;其次,有利于行政职能划分的优化,尤其是为流域专门管理机构职能的强化、环保督查的制度化奠定了理论基础;最后,有助于推进司法体制改革之目的,如推进三审合一、公益诉讼等,实现协同构筑,并有助于以实体法的形成,促进程序法的变革。

3.2 牢牢把握两个重心,实现流域管理向区域管理的“衔接”转型

行政执法的衔接,通过治理体系优化落实法治体系优化。如前所述,若要弥合环境执法中的“分割”格局,从碎片化的区域管理向整体流域管理转型,应当明确两个重心。第一个重心是推动生态联合执法的制度构建。构建生态联合执法需要在选择“合作模式”[18]的前提下,加强流域内、区域间行政执法部门的信息沟通和交流,在充分协作的同时,构建内部、外部两个监督体系,并与上级部门和地方政府有效对接,为增强联合执法的合法性提供保障。第二个重心是强化流域专门管理机构的职能。借鉴域外河流专门管理的经验,明确长江水利委员会的法律地位,尽可能摆脱隶属单一化而职能多元化的困境,进一步给予其独立的管理特权,加强长江流域执法的力度。把握以上两个重心,可以“衔接”属地管理与各部门分散管理之间的分割,从一般性管理和专门化管理两个方面使流域整体生态执法实现全联动、全覆盖。

与此同时,长江经济带在行政执法“衔接”转型的过程中,要警惕两个现象,防范“衔接”转型中的“再分割”。首先是坚决抵制恶意“一刀切”“一律关停”等生态违规执法现象[19],不应矫枉过正,模糊非法与合法的界限,应当严格执法程序,严明执法标准,健全违规执法的监督体制;其次是尽力避免执法过程的片面化现象,既要事前、事中、事后进行全过程监管,也要同司法、立法组成全方位监管,增强执法的科学性和透明度,实现执法体系的协调与统一。

3.3 突破司法“三审合一”,实现模式变革向体系构建的“衔接”转型

环境司法的衔接,统一于法治体系与治理体系的协同。作为长江经济带法治化建设的重要保障和关键环节,如何在个案中保护生态整体利益,实现司法专门化路径与目标的统一,需要在坚持司法专门化改革的基础上突

破“三审合一”这类机械的模式变革，转向将环境司法的内涵组织为独立的法理体系，再深入渗透至司法体制优化的全过程。

首先，需要把握长江经济带的基本特性，构建严密的法律逻辑和法理体系。审判模式的创新需要从宏观层面对错综复杂的生态利益进行衡量，在司法实践中对各利益主体进行生态层面的识别，明确环境司法的公益属性和生态本位，使司法体系适应长江经济带独特的环境法律关系；联立多样态的利益分布，避免在统一“三审”的同时，又受制于“三审”模式路径依赖的“分割”格局，使司法专门化改革嵌套制度运作逻辑。其次，在具体的技术层面应设立专门的长江经济带环境法庭。司法专门化应设立专门环境法庭，这也是构建法理体系的必然要求，在长江经济带生态治理体系中能与长江水利委员会一同发挥生态执法与环境司法的协同作用，且具象化生态整体利益指导下的立法价值，落实了生态保护的制度规划，最终实现法治体系衔接治理体系。

3.4 科学构建多方主体，实现治理排他向多元共治的“衔接”转型

蔡守秋教授指出，对于实质上具有非排他性的自然资源，若给予其抽象的排他性产权(如国家所有权)，将会产生若干消极现象，其中之一就是两位一体的名义产权人(集所有者和管理者、运动员和裁判员于一身的国家或政府)不能或因成本过高而难以实际行使产权。他以长江经济带为例进行了深入剖析，并提供了解决路径：在遵循“尊重自然，顺从自然，保护自然”原则的基础上，适当地将上述名义产权、抽象产权资源赋予公众产权，在不放弃主权和管理的前提下，通过“多元共治”“良法善治”，实现自然资源的可持续利用[20]。

多元共治是治理体系和法治体系协同重构的表现形式，也是长江经济带实现生态法治化的核心。现实中政府独立规划流域、独自监管企业造成的“两方主体”格局是产权“分割”、共治体系难以为继的根本原因。多元共治的实现与否，取决于党委政府主导、企业辅助、公众参与“三方主体”的作

用发挥是否充分、格局构建是否科学。概言之，体现为如下四点：第一，将公众参与确立为推进改革、加强环境法治化建设的重要内容，包括长江立法、行政机制改革均应扩大公众参与度，履行民主决策、民主管理、民主监督的具体程序，奠定治理的合法性基础；第二，扩大信息公开范围，充分在规划上体现民意，在监管上借助民意，奠定治理的民主性基础；第三，避免利用民意的“邻避效应”规避责任，在充分尊重民意基础的同时，正确行使职权，承担职责[21]；第四，将公共参与机制扩展至经济层面，创新政府作为宏观主体的调控手段，紧随新形势下市场经济的利好驱动，与微观主体订立好“生态契约”[22]，奠定治理的合理性基础。合法、民主、合理三位一体，才能实现三方共治体系的优化重构。

4 结语

面对环境矛盾加剧、改革势在必行的客观现实，生态法治化建设对于长江经济带发展的重要性和紧迫性日益显现。是继续“分割”格局抑或实现“衔接”转型？这一问题的探讨从属于长江经济带法治化进程外在形态的解构和内在本质的外化，并落脚于生态法治体系和治理体系的重构之上。而生态环境法治建设如何加强并切实发挥作用，提供具备高度实效性的生态法治保障，尚需在理论和实践层面进一步积极探索和有效推进。

参考文献：

[1]夏勇.论西部大开发的法治保障[J].法学研究，2001(02)：19-32.

[2]李广兵.跨行政区水污染治理法律问题研究[D].武汉：武汉大学，2014.

[3]段学军，邹辉，王磊.长江经济带建设与发展的体制机制探索[J].地理科学进展，2015，34(11)：1377-1387.

[4]吴宇.流域管理呼唤更加多元的利益诉求：长江流域管理机构性质和地位的比较分析[J].环境保护，2008(10A)：51-54.

[5]薛嘉伟，赵爽．长江流域非法采砂联防联控法律制度的构建[J]．长江论坛，2018(1)：67-73.
[6]黎堂斌．论治理现代化背景下地方立法之改进[J]．江海学刊，2018(4)：141-147.
[7]李广兵．跨行政区环境管理的再思考：兼评《环境保护法》修订案第二十条之规定[J]．南京工业大学学报（社会科学版），2014，13(4)：5-13.
[8]杜宾，郑光辉，刘玉凤．长江经济带经济与环境的协调发展研究[J]．华东经济管理，2016，30(6)：78-83.
[9]黄锡生．我国环境司法专门化的实践困境与现实出路[J]．人民法治，2018(4)：29-31.
[10]彭中遥．环境司法治理的困境与对策：以洞庭湖为分析样本[J]．太原理工大学学报（社会科学版），2018，36(4)：11-16.
[11]柯坚，刘志坚．我国环境法学研究十年（2008—2017年）：热议题与冷思考[J]．南京工业大学学报（社会科学版），2018，17(1)：52-70.
[12]李龙，任颖．"治理"一词的沿革考略：以语义分析与语用分析为方法[J]．法制与社会发展，2014(4)：5-27.
[13]周泓，刘洋，张雪瑶，等．生态优先推动长江经济带绿色发展：《长江经济带发展规划纲要》初步解读[J]．环境与可持续发展，2016(6)：191-192.
[14]李怡如．安徽省环境保护立法实证研究[D]．合肥：安徽大学，2018.
[15]陈晶莹．长江经济带建设与水资源立法探析[J]．上海金融学院学报，2015(3)：99.
[16]谭培文．社会主义自由的张力与限制[J]．中国社会科学，2014(6)：24-47.
[17]吕忠梅，陈虹．关于长江立法的思考[J]．环境保护，2016，44(18)：32-38.
[18]王超锋．我国区域环境执法的模式探究[J]．甘肃政法学院学报，2017(6)：90-103.
[19]张璐．环境司法专门化中的利益识别与利益衡量[J]．环球法律评论，2018(5)：50-66.
[20]蔡守秋．论公众共用自然资源[J]．法学杂志，2018(4)：43-53.

[21]陈海嵩.邻避型环境群体性事件的治理困境及其消解：以“PX事件”为中心[J].社会治理法治前沿年刊,2017(1):219-239.

[22]胡雪萍,吕衍超.生态契约：保障城镇化主体行为规范的尝试[J].华东经济管理,2017,31(4):35-43.

指导教师评语：

该学生论文写作态度认真，具有较严谨的科研作风。论文选题具有一定创新性、理论性，同时兼顾了学术前沿性，体现了一定的实践价值。整体行文论据较为充分，引文结构紧密，具有一定的科学性。在研究方法上，能较为灵活地运用文献研究的方法技巧，但在多样性方面存在提升空间，可以结合实践调研等其他研究方法，丰富论文的研究形式，增强论据的可靠性和逻辑性。在论文蕴含的基础理论方面，能够做到学科知识的串联与发散，同时也可以进一步拓展跨学科思维，提高论点的思辨性，在更深层次上挖掘研究深度，发掘学术价值。

法学院徐本鑫副教授

（本文发表于《安徽行政学院学报》2019年第2期，有改动）

关于三重拟不完全数的研究

赵迎晨

（数学与统计学院）

摘　要　设$k \geq 2$是正整数，n为正整数，设$\rho(n)$为n的交替因子和函数，我们称满足条件$k\rho(n)=n+1$的正整数n为k重拟不完全数．本文主要考虑三重拟不完全数，证明含有1个因子的三重拟不完全数只有2，含有2个和3个素因子的三重拟不完全数不存在．

关键词　不完全数；三重拟不完全数；交替因子和函数

1　引言

对于正整数n，设$\sigma(n)$表示n的所有正因子的和，$\omega(n)$表示n的所有素因子的个数．若$\sigma(n)=2n$，则称n是完全数．公元前6世纪，毕达哥拉斯开始研究完全数，他知道6和28是完全数．欧几里德[1]发现了前四个完全数：6，28，496和8128．他又发现：若p和2^p-1都是素数，则$2^{p-1}(2^p-1)$是一个完全数．1747年，Euler证明了“n为偶完全数当且仅当$n=2^{p-1}(2^p-1)$，其中p和2^p-1均为素数”．目前，数论中关于完全数最突出的问题就是奇完全数是否存在．1912年，Sylvester[2]证明了“若n是奇完全数，则$\omega(n)\geq 5$”．1925年，Gradstein[3]证明了“若n是奇完全数，则$\omega(n)\geq 6$”．1972年，Robbins[4]证明了“若n是奇完全数，则$\omega(n)\geq 7$”．1973年，Hagis[5]证明了“若n是奇完全数，则

$n > 10^{50}$".1979 年，Chein[6]将 Robbins 的证明结果改进为 $\omega(n) \geqslant 8$.1989 年，Brent 和 Cohen[7]通过计算机搜索发现"若 n 是奇完全数，则 $n > 10^{160}$".1991 年，Brent 等[8]证明了"若 n 是奇完全数，则 $n > 10^{300}$".2007 年，Nielsen[9]证明了"若 n 是奇完全数，则 $\omega(n) \geqslant 9$".2012 年，Ochem 和 Rao[10]将 n 的下界提高到 10^{1500}.2015 年，Kishore[11]证明了"若 n 是奇完全数，则 $\omega(n) \geqslant 10$".

设 $k \geqslant 2$，若 $\sigma(n) = kn + 1$，则称 n 是拟 k 重完全数.若 n 是拟二重完全数，则 $\omega(n) \geqslant 5$ 且 $n > 10^{20}$[12].2014 年，李蒙[13]证明了"若 n 是奇的拟多重完全数，则 $\omega(n) \geqslant 7$".若 n 是偶的多重拟完全数，则 $\omega(n) \geqslant 3$.若偶数 n 是拟多重完全数且 $\omega(n) = 3$，则 n 是拟三重完全数且 $n = 2^{a_1}3^{a_2}p^2$，其中 a_1, a_2 是偶数，且

$$p = \left[\frac{2^{a_1+1}3^{a_2+1}}{2^{a_1+1} + 3^{a_2+1} - 1}\right], p > \sqrt{2^{a_1+1}},\ p > \sqrt{3^{a_2+1}}.$$

2006 年，Iannucci[14]等引入了交替因子和函数 $\rho(n)$，即

$$\rho(1) = 1, \rho(p^a) = p^a - p^{a-1} + p^{a-2} - \cdots + (-1)^a,$$

其中 p 是素数，a 是正整数，且 $\rho(n)$ 是积性函数.设 $k \geqslant 2$，若 $k\rho(n) = n$，则称 n 为 k 重不完全数[15].

类比拟多重完全数，我们引入 k 重拟不完全数的概念.设 $k \geqslant 2$，若 $k\rho(n) = n + 1$，则称 n 为 k 重拟不完全数.

本文主要研究三重拟不完全数，得到下面三个结论：

定理 1　若 $n = p^a$ 是三重拟不完全数，则 $n = 2$.

定理 2　不存在具有两个不同素因子的三重拟不完全数.

定理 3　不存在具有三个不同素因子的三重拟不完全数.

2 相关引理

引理2.1　设p是素数，a是正整数，则$\rho(p^a)=\begin{cases}\dfrac{p^{a+1}-1}{p+1}, & a\text{为奇数},\\ \dfrac{p^{a+1}+1}{p+1}, & a\text{为偶数}.\end{cases}$

引理2.2　$\rho(n)$是积性函数.

引理2.3　设p是素数，a是正整数，若$\rho(p^a)$是奇数，则a必为偶数.

证明　若$\rho(p^a)$是奇数，则

$$\rho(p^a)=p^a-p^{a-1}+p^{a-2}-\cdots+(-1)^a\equiv 1(\mathrm{mod}2).$$

于是

$$a+(-1)^a\equiv 1(\mathrm{mod}2),$$

故$a\equiv 0(\mathrm{mod}2)$，即a是一个偶数.

引理2.4　对于正整数n，令$H(n)=3\cdot\dfrac{\rho(n)}{n}-\dfrac{1}{n}$. 若$n$是三重拟不完全数，则$H(n)=1$.

引理2.5　设$n=p_1^{a_1}p_2^{a_2}\cdots p_s^{a_s}$是$n$的标准分解式，其中$p_1<\cdots<p_s$是素数，$a_1,\cdots,a_s$是正整数. 若$n$是三重拟不完全数，则

$$H(n)\geqslant 3\cdot\frac{p_1-1}{p_1}\cdot\cdots\cdot\frac{p_s-1}{p_s}-\frac{1}{p_1\cdots p_s}.$$

证明　设p为素数，令函数$f(a)=\dfrac{p^{a+1}-1}{p^a(p+1)}$，则

$$f(a-2)=\frac{p^{a-1}-1}{p^{a-2}(p+1)},$$

因为$p^{a+1}-1>p^{a+1}-p^2$，两边同除以$p^a(p+1)$，有

$$\frac{p^{a+1}-1}{p^a(p+1)}>\frac{p^{a-1}-1}{p^{a-2}(p+1)},$$

即$f(a)>f(a-2)$,所以函数$f(a)=\frac{p^{a+1}-1}{p^a(p+1)}$是以$a$为变量的增函数.故

$$\frac{p^{a+1}+(-1)^a}{p^a(p+1)} \geqslant \frac{p^{a+1}-1}{p^a(p+1)} \geqslant \frac{p^2-1}{p(p+1)}=\frac{p-1}{p}, \quad (1)$$

又$n=p_1^{a_1}\cdots p_s^{a_s} \geqslant p_1\cdots p_s$,

有

$$\frac{1}{p_1^{a_1}\cdots p_s^{a_s}} \leqslant \frac{1}{p_1\cdots p_s}. \quad (2)$$

故由(1)(2)可知

$$\begin{aligned} H(n) &= 3\cdot\frac{p_1^{a_1+1}+(-1)^{a_1}}{p_1^{a_1}(p_1+1)}\cdot\cdots\cdot\frac{p_s^{a_s+1}+(-1)^{a_s}}{p_s^{a_s}(p_s+1)}-\frac{1}{p_1^{a_1}\cdots p_s^{a_s}} \\ &\geqslant 3\cdot\frac{p_1-1}{p_1}\cdot\cdots\cdot\frac{p_s-1}{p_s}-\frac{1}{p_1\cdots p_s}. \end{aligned}$$

引理2.6　设$n=p_1^{a_1}p_2^{a_2}\cdots p_s^{a_s}$是$n$的标准分解式,其中$p_1<\cdots<p_s$是素数,$a_1,\cdots,a_s$是正整数.若$n$是三重拟不完全数,且$a_1,\cdots,a_s$均为偶数,则

$$H(n)<3\cdot\frac{p_1^2-p_1+1}{p_1^2}\cdot\cdots\cdot\frac{p_s^2-p_s+1}{p_s^s}.$$

证明　设p为素数,a为偶数,则有

$$\frac{p^{a+1}+1}{p^a(p+1)}=1-\frac{1}{p}+\frac{1}{p^2}-\cdots+\frac{1}{p^{a_2}} \leqslant 1-\frac{1}{p}+\frac{1}{p^2}=\frac{p^2-p+1}{p^2}.$$

于是

$$\begin{aligned} H(n) &= 3\cdot\frac{p_1^{a_1+1}+(-1)^{a_1}}{p_1^{a_1}(p_1+1)}\cdot\cdots\cdot\frac{p_s^{a_s+1}+(-1)^{a_s}}{p_s^{a_s}(p_s+1)}-\frac{1}{p_1^{a_1}\cdots p_s^{a_s}} \\ &< 3\cdot\frac{p_1^{a_1+1}+1}{p_1^{a_1}(p_1+1)}\cdot\cdots\cdot\frac{p_s^{a_s+1}+1}{p_s^{a_s}(p_s+1)} \\ &< 3\cdot\frac{p_1^2-p_1+1}{p_1^2}\cdot\cdots\cdot\frac{p_s^2-p_s+1}{p_s^2}, \end{aligned}$$

所以结论成立.

引理 2.7　设 $n = p_1^{a_1} p_2^{a_2} \cdots p_s^{a_s}$ 是 n 的标准分解式，其中 $p_1 < \cdots < p_s$ 是素数，$a_1, \cdots, a_s$ 是正整数. 若 n 是三重拟不完全数，且 $a_1, \cdots, a_s$ 均为偶数，则

$$H(n) > 3 \cdot \frac{p_1}{p_1 + 1} \cdot \cdots \cdot \frac{p_s}{p_s + 1} - \frac{1}{p_1 \cdots p_s}.$$

证明：设 p 为素数，a 为偶数，则有

$$\frac{p^{a+1} + 1}{p^a (p + 1)} > \frac{p^{a+1}}{p^a (p + 1)} = \frac{p}{p + 1},$$

于是

$$\begin{aligned} H(n) &= 3 \cdot \frac{p_1^{a_1+1} + (-1)^{a_1}}{p_1^{a_1}(p_1 + 1)} \cdot \cdots \cdot \frac{p_s^{a_s+1} + (-1)^{a_s}}{p_s^{a_s}(p_s + 1)} - \frac{1}{p_1^{a_1} \cdots p_s^{a_s}} \\ &> 3 \cdot \frac{p_1}{p_1 + 1} \cdot \cdots \cdot \frac{p_s}{p_s + 1} - \frac{1}{p_1 \cdots p_s}, \end{aligned}$$

所以结论成立.

3　定理的证明

定理 1 的证明　若 $p \geq 3$，则

$$1 = H(p^a) \geq 3 \cdot \frac{2}{3} - \frac{1}{3} > 1,$$

矛盾. 所以 $p = 2$. 于是由 $3\rho(2^a) = 2^a + 1$ 可得 $n = 2$.

定理 2 的证明　设 $n = p_1^{a_1} p_2^{a_2}$ 是三重拟不完全数. 若 $p_1 \geq 3$，则

$$1 = H(n) \geq 3 \cdot \frac{2}{3} \cdot \frac{4}{5} - \frac{1}{3} > 1,$$

矛盾. 所以 $p_1 = 2$. 于是由 $3\rho(n) = n + 1$ 可得

$$3\rho(2^{a_1})\rho(p_2^{a_2}) = 2^{a_1} p_2^{a_2} + 1,$$

又因为

$$2^{a_1} p_2^{a_2} + 1 \equiv 1 (\bmod 2), 3\rho(2^{a_1}) \equiv 1 (\bmod 2),$$

故

$\rho(p_2{}^{a_2}) \equiv 1(\mathrm{mod}2)$.

由引理2.3可知,a_2必为偶数.于是

$$3 \cdot \frac{2^{a_1+1}+(-1)^{a_1}}{3} \cdot \frac{p_2^{a_2+1}+1}{(p_2+1)} = 2^{a_1}p_2^{a_2}+1,$$

即

$$\left[2^{a_1+1}+(-1)^{a_1}\right]\cdot(p_2^{a_2+1}+1) = (p_2+1)(2^{a_1}p_2^{a_2}+1), \quad (3)$$

情况1　a_1为偶数,此时(3)式可改写为

$$(2^{a_1+1}+1)\cdot(p_2^{a_2+1}+1) = (p_2+1)(2^{a_1}p_2^{a_2}+1).$$

整理可得

$$2^{a_1}p_2^{a_2+1}+p_2^{a_2+1}+2^{a_1+1} = 2^{a_1}p_2^{a_2}+p_2,$$

这是不可能的.

情况2　a_1为奇数,此时(3)式可改写为

$$(2^{a_1+1}-1)\cdot(p_2^{a_2+1}+1) = (p_2+1)(2^{a_1}p_2^{a_2}+1).$$

整理可得

$$\left[(p_2-1)2^{a_1}-p_2\right]p_2{}^{a_2}+2^{a_1+1} = p_2+2. \quad (4)$$

由于

$$\left[(p_2-1)2^{a_1}-p_2\right]_2 p_2^{a_2}+2^{a_1+1} \geqslant (p_2-2)p_2+2^2 > p_2+2,$$

所以(4)不可能成立.

由情况1和情况2知,不存在具有两个不同素因子的三重拟不完全数.

定理3的证明　设$n = p_1^{a_1}p_2^{a_2}p_3^{a_3}$是三重拟不完全数.若$p_1 \geqslant 3$,则

$$1 = H(n) \geqslant 3 \cdot \frac{2}{3}\cdot\frac{4}{5}\cdot\frac{6}{7} - \frac{1}{3\cdot5\cdot7} > 1,$$

矛盾.所以$p_1 = 2$.若$p_2 \geqslant 5$,则

$$1 = H(n) \geqslant 3 \cdot \frac{1}{2}\cdot\frac{4}{5}\cdot\frac{6}{7} - \frac{1}{2\cdot5\cdot7} > 1,$$

矛盾.所以$p_2 = 3$.于是由$3\rho(n) = n+1$可得

$$3\rho(2^{a_1})\rho(3^{a_2})\rho(p_3^{a_3}) = 2^{a_1}3^{a_2}p_3^{a_3} + 1, \quad (5)$$

又因为

$$2^{a_1}3^{a_2}p_3^{a_3} + 1 \equiv 1(\bmod 2),$$

故

$$3\rho(2^{a_1})\rho(3^{a_2})\rho(p_3^{a_3}) \equiv 1(\bmod 2),$$

必有

$$\rho(3^{a_2}) \equiv 1(\bmod 2), \rho(p_3^{a_3}) \equiv 1(\bmod 2),$$

由引理2.3可知，a_2, a_3必为偶数.若a_1为偶数，则有

$$1 = H(n) > 3 \cdot \frac{2}{3} \cdot \frac{3}{4} \cdot \frac{5}{6} - \frac{1}{2 \cdot 3 \cdot 5} > 1,$$

矛盾.所以a_1为奇数.若$p_3 \geqslant 11$，则

$$1 = H(n) > 3 \cdot \frac{1}{2} \cdot \frac{3}{4} \cdot \frac{11}{12} - \frac{1}{2 \cdot 3 \cdot 11} > 1,$$

矛盾.所以$p_3 = 5$或$p_3 = 7$.若$p_3 = 5$，则由(5)可得

$$3 \cdot \frac{2^{a_1+1} - 1}{3} \cdot \frac{3^{a_2+1} + 1}{4} \cdot \frac{5^{a_3+1} + 1}{6} = 2^{a_1}3^{a_2}5^{a_3} + 1.$$

即

$$\left(2^{a_1+1} - 1\right)\left(3^{a_2+1}5^{a_3+1} + 5^{a_3+1} + 3^{a_2+1} + 1\right) = 24(2^{a_1}3^{a_2}5^{a_3} + 1).$$

由于$5^{a_3+1} + 3^{a_2+1} + 1 > 24$，所以$\left(2^{a_1+1} - 1\right)3^{a_2+1}5^{a_3+1} < 24 \cdot 2^{a_1}3^{a_2}5^{a_3}$.于是$a_1 = 1$.所以

$$3 \cdot \frac{3^{a_2+1} + 1}{4} \cdot \frac{5^{a_3+1} + 1}{6} = 2^{a_1}3^{a_2}5^{a_3} + 1,$$

矛盾.若$p_3 = 7$，则由(5)可得

$$3 \cdot \frac{2^{a_1+1} - 1}{3} \cdot \frac{3^{a_2+1} + 1}{4} \cdot \frac{7^{a_3+1} + 1}{8} = 2^{a_1}3^{a_2}7^{a_3} + 1.$$

即

$$\left(2^{a_1+1} - 1\right)\left(3^{a_2+1}7^{a_3+1} + 7^{a_3+1} + 3^{a_2+1} + 1\right) = 32(2^{a_1}3^{a_2}7^{a_3} + 1).$$

由于 $7^{a_3+1}+3^{a_2+1}+1>32$，所以 $\left(2^{a_1+1}-1\right)3^{a_2+1}7^{a_3+1}<32\cdot 2^{a_1}3^{a_2}7^{a_3}$. 于是 $a_1=1$. 所以

$$3\cdot\frac{3^{a_2+1}+1}{4}\cdot\frac{7^{a_3+1}+1}{8}=2^{a_1}3^{a_2}7^{a_3}+1,$$

矛盾.

4 结论

本文主要研究了三重拟不完全数，首先引入了k重拟不完全数的概念，然后给出了三重拟不完全数的相关性质，最后通过这些性质，证明了含有1个素因子的三重拟不完全数只有2，不存在含有2个和3个素因子的三重拟不完全数.类比完全数的相关理论，研究拟多重不完全数的相关理论也是国内外专家感兴趣的课题，该课题有大量的未解决问题，若相关问题能够解决则可以丰富完全数的理论研究成果，对于数论及其相关应用研究也有一定的促进作用.因此本文选择研究交替因子和函数及三重拟不完全数，利用数论函数对正整数的性质进行刻画具有重要的理论意义和应用价值。

参考文献：

[1]华罗庚.数论导引[M].北京：高等教育出版社，1957.

[2]TANG M，REN X Z，LI M. On near-perfect and deficient-perfect numbers[J]. Colloquium Mathematics，2013，133(2)：221-226.

[3]GRADSTEIN I S. On odd perfect numbers[J]. Sbornik Mathematics，1925，32(1)：476-510.

[4]ROBBINS N. The non-existence of odd perfect numbers with less than seven distinct prime factors[J]. Notices Amer. Math. Soc.，1972(19)：52-53.

[5]HAGIS P. A lower bound for the set of odd perfect numbers[J]. Mathe matics of Computation，1973，27(124)：951-953.

[6] HAGIS P. Every odd perfect number has at least primer factors[J].Notices Amer. Math.Soc., 1975:60-61.

[7] BRENT R P, COHEN G L. Supplement to a new lower bound for odd perfect numbers[J]. Mathematics of Computation, 1989, 53(187):431-437.

[8] BRENT R P, COHEN G L, TERIELE H J J. Improved techniques for lower bounds for odd perfect numbers[J]. Mathematics of Computation, 1991, 57(196): 857-868.

[9] NIELSON P P. Odd perfect numbers have at least nine distinct prime factors[J]. Mathematics of Computation, 2007, 76(260): 2109-2127.

[10] OCHEM P, RAC M. Odd perfect numbers are greater than 10^{1500}[J].Mathematics of Computation, 2012, 81(279): 1869-1877.

[11] KISHORE M. Odd perfect number not divisible by 3 are divisible by at least ten distinct primes[J]. Mathematics of Computation, 1977, 31(137): 274-279.

[12] KISHORE M. Odd integers N with five distinct prime factors for which $2-10^{-12} < \sigma(N)/N < 2+10^{-12}$[J]. Mathematics of Computation, 1978, 36: 583-586.

[13] 李蒙.关于拟多重完全数的研究[D].芜湖:安徽师范大学,2014.

[14] IANNUCCI D.On a variation of perfect numbers[J].Integers, 2006, 6(1): 41-43.

[15] ZHOU W L, ZHU L. On k-Imperfect Numbers[J]. Integers, 2009, 9(1): 1-8.

指导教师评语:

利用数论函数对正整数的性质进行刻画是数论研究的一个非常有效的方法,很多数论方面的规律和猜想都可以通过数论函数有效地表达出来。这些研究成果由于计算机和应用数学的发展而得到了广泛的应用。该论文选择研究交替因子和函数及三重拟不完全数具有重要的理论意义和应用价值。

文中首先引入了k重拟不完全数的概念,然后给出了三重拟不完全数的相关性质,最后通过这些性质,证明了含有1个素因子的三重拟不完全数只有2,不存在含有2个和3个素因子的三重拟不完全数。

该论文反映出赵迎晨同学认真阅读了相关文献资料,对国内外研究现状较为熟悉,并具有一定的文献处理能力。论文语言较流畅,条理较清楚,这表明赵迎晨同学具有较扎实的数学基本功,有一定的分析问题和解决问题的能力。这是一篇优秀的毕业论文。

数学与统计学院孙翠芳副教授

户外运动旅游者的动机及行为特征研究

——以李白国际户外旅游节为例①

陈瑞泽，王莉

（地理与旅游学院）

摘　要　持久涉入程度是影响户外运动旅游者行为特征的重要因素。本文以李白国际户外旅游节铁人三项赛参与者为研究对象，运用持久涉入理论，分析户外运动旅游者的动机和行为特征，验证冒险模型的适用性。研究发现，随着持久涉入程度增加，户外运动旅游者的控制定位倾向内控，倾向与家人、俱乐部会员、同好、同学、朋友等一同前往，肢体风险与设备风险认知增加，财务风险、时间风险、满意度风险和社会风险降低。研究证明，不同特质的户外运动旅游者冒险模型不同，管理者应提供有效的风险管理策略及产品开发，满足不同户外运动旅游者的需求。

关键词　户外运动旅游；动机；行为特征；持久涉入程度

1　引言

近年来居民收入水平、生活质量不断提高，带薪休假不断普及，同时工作压力增加，能够让人们回归大自然、缓解心理压力的休闲活动日益成为新的发展业态，以Stebbins提出的深度休闲[1]为代表，即具有探险性质的休闲活动逐渐受到人们青睐。受此趋势的影响，户外运动旅游得到较为迅速的

① 基金项目：安徽省教育厅高校人文社会科学重点研究基地项目（SK2012B562）"我国户外运动旅游者消费需求研究"。

发展。据中国户外品牌联盟(COA)统计,目前我国每年有1.3亿人参与徒步旅行、休闲户外等泛户外运动旅游,有6000万人参与登山、攀岩、徒步等运动,但仍与美国50%的户外运动旅游参与率差距较大,户外运动旅游具有广阔的发展空间。

国内关于户外运动旅游的研究多围绕户外运动旅游产业的发展、户外运动旅游网站的管理、户外运动旅游俱乐部的发展现状等展开,以户外运动旅游者的动机及行为特征为研究对象的文章并不多见。相关研究表明:旅游者对旅游活动的重视程度和投入程度越高,其在旅游活动中获得的体验也会更好[2]。本文以参加铁人三项赛的户外运动旅游者为研究对象,运用持久涉入理论,分析户外运动旅游者的动机和行为特征,验证冒险模型,以期对户外运动及同类型赛事活动的开展和管理提供参考和借鉴。

2 文献回顾与概念界定

2.1 户外运动旅游

户外运动旅游的概念最早由户外运动和户外旅游两个概念结合衍生,包含运动和旅游两个方面,指人们以亲身参与某项户外休闲运动为旅游内容的旅游行为。它强调旅游者亲自参与并从中获得某种自然环境带来的旅游体验。根据其本身的难易程度,分为大众型户外运动旅游和专业型户外运动旅游。

2.2 概念性冒险模型

Ewert和Hollenhorst将冒险游憩定义为各种与自然环境有所互动的自发性活动,该自然环境包含真实、明确的危险因素,虽充满不确定性结果,但会受参与者与环境的影响[3]。他们持续探讨了不同情境下影响户外冒险游憩活动的相关变量(见表1),并在此基础上构建了概念性冒险模型(见图1)。

表1 影响户外冒险游憩活动参与的相关变量

学者	研究情境	变量	主要观点
Ewert(1987)[4]	—	社会特性、控制定位、风险类型、动机	当参与者持续提升个人技能,对冒险活动的参与将由课程的指导转为独立参与,活动的危险性超过实际危险,遇到危险时将独自掌控,动机将侧重于内在动机
Hollenhorst(1988)[5]	攀岩	增加参与频率、经验层次、环境偏好	在针对攀岩运动者的研究中增加四个变量
Ewert & Hollenhorst(1989)[3]	攀岩、探洞、原野露营、泛舟	结合上述变量,形成个人属性、活动/环境属性、参与程度三个维度	参与者的个人属性和活动/环境的属性会随着冒险游憩活动参与的增加而有程度上的改变,参与者对活动的参与程度分别与参与频率、技术/经验水平、控制定位、风险认知、社会特性、环境偏好呈现正相关,但动机层面未如预期那样随着参与程度的增加而由外在动机变成内在动机

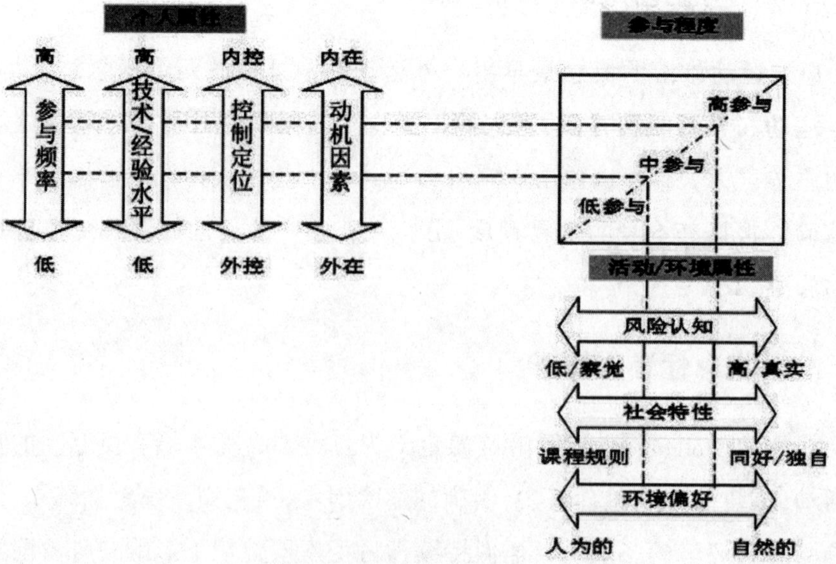

图1 概念性冒险模型

2.3 户外运动旅游者动机

旅游动机是推动人进行旅游活动的内部动力。麦金托什等人将旅游动机分为身体健康动机、文化动机、人际交往动机以及地位和声望动机四类。由于旅游者经常通过旅游活动满足多种需要,故而旅游行为中不会单纯涉及其中的某一种动机,它们经常会共存并产生一定联系,对旅游活动产生一定的影响。Mannel等人的旅游动机源于“推—拉”动机理论,由此产生了旅游活动中的“逃—寻”二维度理论[7]。Ewert[8]、McIntyre[9]、Schuett[10]等人分别研究了登山、攀岩等不同情境下户外运动旅游者的动机因素(见表2)。基于此,本文假设,户外运动旅游者的动机以身体健康动机及人际交往动机为主,具体表现为通过运动健身促进身体健康,促进人际交往,通过户外运动旅游以获得他人的认同,同时为了逃离现有的生存环境,追求新鲜的冒险刺激。

表2 户外运动旅游者动机因素

学者	研究情境	动机因素
Ewert(1985)[8]	登山	挑战/冒险、净化作用、认知、控制定位、自然环境
McIntyre(1992)[9]	攀岩	认知、创造性、自然环境、挑战、逃避、控制
Schuett(1993)[10]	激流泛舟	逃避个人/社会压力、逃离自然环境压力、成就/激励、自主/领导、冒险、户外学习、结交同类人群、结交新朋友、享受自然、测试设备、锻炼身体、创造性

2.4 持久涉入理论

涉入理论最早由美国学者Sherif和Cantril在研究社会判断理论时提出。营销学者遂将该理论应用于营销学研究,并将涉入的概念予以扩展,将其定义为一个人对某项事物所感觉到的攸关程度或关切程度。McIntyre提出,涉入概念适用于休闲游憩领域。当人们通过参与过程得到愉悦,将活动视为有自我认同的、重要的且为休闲生活的中心时,参与者对活动的涉入就逐渐产生。涉入逐渐产生就是对活动攸关程度由低到高的持续过程，可用“持久涉入”一词来说明[11]。表3列举了部分学者在不同情境下研究持久涉入理论选取的不同维度。

表3 持久涉入理论运用于营销学及休闲游憩领域的相关研究

代表性学者	研究情境	维度
Kapferer & Laurent(1985)[12]	消费者对产品的价值认知	重要、愉悦与满足、自我表现
McIntyre(1989)[11]	海岸露营游客	吸引力、自我表现、生活方式中心
Schuett(1993)[10]	激流泛舟	重要性、愉悦与满足、自我表现、生活方式中心

Buchana提出，随着专业程度的加深，个人将沿着一个连续的阶段发展，最初主要考虑的是能否坚持下去(延续)，然后是对归属于某一活动群体(凝聚力)的感知，再到完全认同的境地，此时自我认同和自我观念已经渗透到个人生活的主要方面(控制)[13]。用持久涉入理论解释，意味着与专业程度较低的同龄人相比，专业程度较高的人会表现出相对较高水平的自我表现和生活方式中心。其中，愉悦与满足和重要性代表了前提基础层次，自我表现和生活方式中心则体现更高程度的持久涉入[11]。由于Ewert的冒险模型中的参与程度没有明确的测定尺度，所以本研究以持久涉入程度取代活动参与程度，并结合铁人三项赛中不同的户外运动项目来验证冒险模型。

根据Ewert等人的冒险模型[3]，结合持久涉入理论，本文试图探讨户外运动旅游者的动机和行为特征，提出如下假设：

假设一：对户外运动旅游持久涉入较深的参与者倾向内在控制，反之，持久涉入较浅的参与者则倾向外在控制。

假设二：对户外运动旅游持久涉入较深的参与者倾向独自参加，反之，持久涉入较浅的参与者则倾向与相似爱好者同伴参与。

假设三：对户外运动旅游持久涉入较深的参与者对风险的认知高，反之，持久涉入较浅的参与者则对风险的认知低。

3 研究设计

3.1 研究背景

李白国际户外旅游节自2007年举办以来，到2017年已成功举办11届，其中最吸引人的项目是国家级赛事——铁人三项赛，即划艇竞渡、10公里自行车赛及10公里徒步越野。每年来自全国各地的近千人通过网络报名参赛，更有数以万计的本地及附近居民前来观赛。

3.2 问卷设计

本文在分析已有量表的基础上，结合本次活动及样本特点，把个人属性因子分为参与频率、控制定位、动机因素三个维度，其中动机因素参考了Ewert等人研究的相关量表，由14个题项组成；活动/环境属性分为社会特性、环境偏好、风险认知三个维度；持久涉入程度分为四个维度，由10个题项组成。所有题项都采用李克特5点量表计分。

3.3 数据收集

笔者于2017年10月28日在马鞍山市滨江公园，即第十一届马鞍山李白国际户外旅游节开幕式现场对活动参与者进行问卷调研。此次调研共发放问卷306份，剔除无效问卷14份，得到有效问卷292份，有效回收率为95.42%。

使用SPSS17.0统计分析软件，对本次问卷调研的样本进行初步分析（见表4）。样本基本情况：婚姻状况，已婚比例略高，占样本总数的56.16%；性别比例，男性居多，占样本总数的58.22%；年龄多集中于18~24岁（34.59%），次之为35~44岁（22.60%）；学历情况，本科及以上学历所占比例最高（38.01%），其次为高中及以下学历（31.51%）；职业分布，企事业单位员工居多(33.90%),其次为在校学生(25.34%),此外还有公务员(3.08%),文教、技术人员(3.08%),离退休人员(6.85%),个体经营者(9.59%)及其他(18.15%),分布较为分散。

表4　样本描述统计(N=292)

社会人口特征		频率	百分比
婚姻状况	已婚	164	56.16%
	未婚	128	43.84%
性别	男	170	58.22%
	女	122	41.78%
年龄	18岁以下	10	3.42%
	18~24岁	101	34.59%
	25~34岁	56	19.18%
	35~44岁	66	22.60%
	45~54岁	43	14.73%
	55岁以上	16	5.48%
学历	高中及以下	92	31.51%
	大专	89	30.48%
	本科及以上	111	38.01%
职业	公务员	9	3.08%
	企事业单位员工	99	33.90%
	文教、技术人员	9	3.08%
	离退休人员	20	6.85%
	在校学生	74	25.34%
	个体经营者	28	9.59%
	其他	53	18.15%

4 研究结果

4.1 量表信度与效度检验

4.1.1 信度检验

本研究运用SPSS17.0软件,采用Cronbach's α系数测度进行信度检验,量表总体信度为0.838,量表中各潜变量的Cronbach's α系数均大于0.70,说明可信度较高。

4.1.2 效度检验

本研究采用探索性因子分析进行效度检验。经检验发现:户外运动旅游者参与动机题项的KMO值为0.866,大于0.7;巴特勒球形检验值为607.524,自由度为91,显著水平达到0.000。控制定位题项的KMO值为0.641,小于0.7;巴特勒球形检验值为88.329,自由度为10,显著水平达到0.000。持久涉入程度题项的KMO值为0.856,大于0.7;巴特勒球形检验值为1456.929,自由度为253,显著水平达到0.000。各维度题项的因子载荷均高于0.5,说明各维度的相关系数矩阵间存在公因子,适合进行因子分析。

4.2 持久涉入程度

根据持久涉入理论,本研究把户外运动旅游者的涉入程度分成四个维度,即重要性、愉悦与满足、自我个性的表现和生活形态中心。研究表明,各选项平均值均达到中立以上的同意程度(见表5),其中"当生活的压力增加,户外运动旅游能使我放松""我对户外运动旅游非常有兴趣""户外运动旅游是令我感到愉悦的活动之一"三项平均值分别达4.28、4.11和4.11,表明受访者整体对户外运动旅游满意度较高。相对而言,"我的朋友中大部分人与户外运动旅游相关"题项平均值较低,为3.37,可能是由于本次赛事的活动具有较强的综合性，参与难度低，参与者类型多样且基数大，受访者对周边朋友生活改变的程度不易感受。

整体而言，受访者对“自我个性的表现”和“生活形态中心”这两个维度并不是特别认同，这表明户外运动旅游对他们而言最大的作用是获得愉悦与满足，所以它虽具有一定重要性，但并不代表可以体现户外运动旅游者的生活形态中心。

表5 受访者户外运动旅游持久涉入程度

持久涉入程度	选项	平均数	标准差	信度
重要性	我喜欢和朋友谈论户外运动旅游	3.97	1.71	0.841
	我对户外运动旅游非常有兴趣	4.11	1.80	
	户外运动旅游对我来说非常重要	3.97	1.71	
愉悦与满足	当生活的压力增加，户外运动旅游能使我放松	4.28	1.90	0.720
	户外运动旅游是令我感到愉悦的活动之一	4.11	1.80	
自我个性的表现	当我从事户外运动旅游时，我希望别人将我视为户外者	3.61	1.54	0.839
	当我在进行户外运动旅游时，我能真正的做我自己	3.79	1.62	
	当游客在参与户外运动旅游时，我能很容易分析出他们的特质	3.57	1.52	
	户外者可以代表我的形象	3.57	1.53	
生活形态中心	我的朋友中大部分人与户外运动旅游相关	3.37	1.46	0.835
	我发现我的生活与户外运动旅游息息相关	3.55	1.52	

注：1=非常不赞同，2=不赞同，3=中立，4=比较赞同，5=非常赞同。

为进一步说明，笔者将持久涉入程度四个维度的分数加总后以四分位数分组（见表6），四分位数介于12~33分为持久涉入程度最浅者，共70人；四分位数介于34~38分的共69人，四分位数介于39~43分的共79人；四分位数介于44~60分的为持久涉入程度最深者，共74人。

表6　受访者不同持久涉入程度分组

持久涉入程度(四分位数分组)	样本数/人	百分比
12~33分	70	23.97%
34~38分	69	23.63%
39~43分	79	27.05%
44~60分	74	25.34%

4.3　个人属性

4.3.1　参与频率

受访者参与户外运动旅游的时间以“2~3年”居多,“1年及以下”及“4年及以上”分别占32.48%和25.9%,这表明户外运动旅游发展正处于快速成长阶段,具有较大发展潜力。此外,在过去一年内,约31.5%的受访者参加户外运动旅游1~2次,约31.5%的受访者参加户外运动旅游3~5次,约27%的受访者为资深参与者,每年参加户外运动旅游6次及以上。

4.3.2　动机因素

调查显示,受访者参与户外运动旅游的动机因素中,重视程度最高的前五项依次为“远离工作压力并放松身心”(平均数4.44)、“欣赏自然风景”(平均数4.36)、“增进家庭亲子关系”(平均数4.33)、“运动健身”(平均数4.28)、“避开拥挤的人群和噪声”(平均数4.02)。具体见表7。

表7　参与户外运动旅游的动机因素

选项	平均数	标准差	选项	平均数	标准差
避开所需面对的人、事和物	3.51	1.50	发展个人技术和能力	3.86	1.65
远离工作压力并放松身心	4.44	2.02	运动健身	4.28	1.91
避开拥挤的人群和噪声	4.02	1.74	欣赏自然风景	4.36	1.97
为了冒险和刺激	3.37	1.46	为了交朋友	3.86	1.65
追求自我独立的感觉	3.89	1.67	为了传授技巧给他人	3.51	1.50

续 表

选项	平均数	标准差	选项	平均数	标准差
寻找自信的感觉	3.97	1.71	增进家庭亲子关系	4.33	1.94
享受克服困难后的成就感	3.92	1.69	测试我的户外运动旅游设备	3.44	1.48

注：1=非常不赞同，2=不赞同，3=中立，4=比较赞同，5=非常赞同。

研究显示，户外运动旅游者以远离工作压力并放松身心、欣赏自然风景、增进家庭亲子关系、运动健身、避开拥挤的人群和噪声等为主要参与动机。这符合本文之前假设的户外运动旅游者的参与动机，同时也证明了“逃—寻”二维度理论适用于户外运动旅游。

4.3.3 控制定位

为了测量参与者在参与户外运动旅游过程中遇到困难时表现出的是较为依赖还是自我克服，本文采用李克特5点尺度（–2 ~ 2）设计了五个题项。–2表示倾向于外控（被动、缺乏自信），2表示内控（较主动、自信），每组题项利用平均数加以判断。对控制定位进行分析发现（见表8），五个层面中有四组倾向于内控，其中三组平均数介于0.90 ~ 1.03。由此推论，受访者倾向为强自信和自我控制，由个人决定如何选择和执行计划。整体而言，受访者是倾向内控者。

表8　受访者控制定位分析

题项			平均数	标准差	持久涉入程度	
					Pearson	显著性
生活中许多决定是依赖猜测或掷铜板决定	VS.	就个人而言，做什么决定与运气无关	0.90	1.67	0.197	0.002***
成功主要依赖于天时地利	VS.	成功是靠自己的努力，与运气无关	0.97	1.72		
生活中许多不如意的事部分是因为运气不佳所造成	VS.	生活中许多不如意是因个人缺乏能力、疏忽和懒惰所造成	1.03	1.75		

续 表

题项			平均数	标准差	持久涉入程度	
					Pearson	显著性
计划想得太仔细并非聪明的做法，因为有许多事是靠运气的	VS.	当我做计划时，我几乎会确定计划是能够执行的	0.33	1.45	0.197	0.002***
我相信机会和运气在生命中扮演重要角色	VS.	要我相信机会和运气在生命中扮演重要角色是不可能的事	0.09	1.42		

为进一步探究户外运动旅游者控制定位与持久涉入的关系，本文在资料处理上采用加总方式与持久涉入程度进行相关性分析，结果显示二者呈正相关，其相关系数为0.197。这一结果表明持久涉入程度较深的户外运动旅游者倾向内控，倾向较主动、自信的内控者；反之，持久涉入程度较浅的户外运动旅游者倾向外控，倾向较为被动、没有主见的外控者，本文假设一成立。

4.4 活动/环境属性

4.4.1 社会特性

由表9分析可知，一同前往户外运动旅游的对象以“同学、朋友”为主，平均数为3.39；其次为“家人”，平均数为3.25；然后是“具有相似经验和技术的同好”，平均数为2.81；“俱乐部会员”平均数最低，为2.43。为进一步探究户外运动旅游者持久涉入程度与参与对象之间的关系，在资料处理上与持久涉入程度进行相关性分析。结果显示除“自己单独前往”与持久涉入程度无显著相关性外，参与户外运动旅游的同行对象皆与其呈现正向关系，即随着户外运动旅游的持久涉入程度的增加，参与者倾向与家人、俱乐部会员、同好、同学、朋友一同前往的机会都会增加。笔者分析，由于本次活动属大众型户外运动旅游，对技术等级、难度要求不高，故参与者的同行对象选择范围较广，假设二不成立。

表9　户外运动旅游同行对象

选项	平均数	标准差	持久涉入程度	
			Pearson	显著性
自己单独前往	2.48	1.51	0.082	0.104
与家人	3.25	1.44	0.153	0.000**
与俱乐部会员	2.43	1.52	0.149	0.002**
与具有相似经验和技术的同好	2.81	1.43	0.182	0.026*
与同学、朋友	3.39	1.47	0.185	0.039*

注:1=不曾,2=偶尔,3=有时,4=经常,5=总是。

4.4.2　环境偏好

环境偏好指冒险游憩参与者所偏好的自然环境。有研究表明,参与程度低的个体趋于偏好高度开发的环境,随着参与程度的增加,参与者较偏好人为管理少且有适当自然资源的环境,如偏远的荒野地区、激流或峭壁[3,5]。

调查表明(见表10),受访者对户外运动旅游的环境赞同度最高的两项分别是"周围的天然景色、植被及野生动物对我从事户外运动旅游的满意度有很大的影响""我最满意的是一个没有任何人为干扰和污染的天然运动场所",平均值分别是4.01和3.98。这一结果表明,参与者比较重视自然环境对户外运动旅游效果的影响。即使平均值最低的"我喜欢挑战高难度的户外运动旅游场所"选项,平均数也超过了3,即倾向"赞同"。这表明户外运动旅游者对环境偏好的要求比较高。

表10　受访者对户外运动旅游的环境偏好

选项	平均数	标准差
我较偏好具有完善公共设施的户外运动旅游场所,如停车场、餐饮店及安全设施等	3.77	1.61
我喜欢挑战高难度的户外运动旅游场所	3.30	1.45
当我从事户外运动旅游时,并不在乎舒适的设施(如更衣室、盥洗室)	3.34	1.45

续 表

选项	平均数	标准差
我较喜欢在离开都市及人群的偏远地方从事户外运动旅游	3.73	1.59
周围的天然景色、植被及野生动物对我从事户外运动旅游满意度有很大影响	4.01	1.74
我最满意的是一个没有任何人为干扰和污染的天然运动场所	3.98	1.72

注：1=非常不赞同，2=不赞同，3=中立，4=比较赞同，5=非常赞同。

4.4.3 风险认知

风险认知是个人参与冒险活动后，主观评估实际危机的总和。本研究采用Cheron和Ritchie的七种类型风险模型[14]进行测量。结果如表11所示，风险认知的7个选项中，除了“整体而言，参与户外运动旅游令人失望”选项平均数没有超过3外，其他选项平均数都大于3。由此可知，受访者参加户外运动旅游可以达到预期，且认为值得花费时间与金钱去参与，但同时也认识到参与户外运动旅游有一定的风险性，如肢体的伤害、设备的问题等。

基于风险认知在户外运动旅游中的重要作用，本文进一步分析户外运动旅游者持久涉入程度与参与对象之间的关系。在7项风险认知中，“整体而言，参与户外运动旅游令人失望”与持久涉入程度无显著的相关性；“机械、设备或行程可能在户外运动旅游过程中发生问题”“户外运动旅游可能造成我肢体上的伤害”“投入了很多金钱很值得”“投入了很多时间很值得”四项与持久涉入程度呈现正相关。这一结果表明，随着受访者户外运动旅游持久涉入程度的增加，旅游危险性会增加，但是受访者对时间、金钱的花费是认可的；另外两项“户外运动旅游无法提供我个人的满足感”“户外运动旅游不会影响他人对我的看法”与持久涉入程度呈现负相关，这两项分别属于满意度风险与社会风险。这表明随着户外运动旅游持久涉入程度的增加，受访者能够在参与过程中表现出良好的社会交往能力以及增加满足感。此部分结果与Ewert和Hollenhorst的研究结论相似[3]，本文假设三成立。

表11　受访者对户外运动旅游的风险认知

选项	平均数	标准差	持久涉入程度	
			Pearson	显著性
机械、设备或行程可能在户外运动旅游过程中发生问题	3.39	1.47	0.143	0.016*
户外运动旅游可能造成我肢体上的伤害	3.19	1.43	0.136	0.028*
户外运动旅游无法提供我个人的满足感	3.01	1.41	−0.133	0.004**
户外运动旅游不会影响他人对我的看法	3.56	1.52	−0.124	0.000**
投入了很多金钱很值得	3.26	1.44	0.129	0.031*
投入了很多时间很值得	3.63	1.55	0.119	0.017*
整体而言,参与户外运动旅游令人失望	2.41	1.53	−0.105	0.047

注:1=非常不赞同,2=不赞同,3=中立,4=比较赞同,5=非常赞同。

5　研究结论与展望

5.1　研究结论

本研究样本男女人数比例较均衡,说明本次活动相对攀岩、泛舟等运动而言,整体冒险性、挑战性较低,参与性较强;年龄以18～34岁的青年群体为主;学历本科及以上居多;职业以企事业单位员工为主。参与户外运动旅游的动机除了减轻工作压力外,以追求风景欣赏、运动健身、增进家庭关系等为主;遇到困难时所显现出来的个人特质较倾向自己克服的内控者;对于参与户外运动旅游的环境质量要求较高,如天然景色、无污染等;受访者认为参与户外运动旅游存在肢体风险与设备风险,但是财务、时间、满意度、心理、社会等风险不存在,整体而言,户外运动旅游能满足预期中的期望值。

在持久涉入程度与其他属性相关性分析方面,持久涉入程度较深的户外运动旅游者倾向内控;反之,持久涉入程度较浅的户外运动旅游者倾向外控。随着户外运动旅游者持久涉入程度的增加，其与家人、俱乐部会员、同好、同学、朋友一同前往的机会也会增加，故本研究无法验证冒险模型所指出的随着对活动持久涉入程度的增加户外运动旅游者会倾向单独前往参与。在风险认知方面，户外运动旅游者的持久涉入程度越深，就更加清楚肢体的伤害与设备损耗的风险存在，但因为户外运动旅游活动给个人带来的愉悦度与满足感高，所以他们对金钱与时间的花费不太在乎，并且认为户外运动旅游能够增进家庭、社会的交往。

5.2 研究展望

研究发现，户外运动旅游最主要的风险来自对肢体的伤害和机械、设备的问题。相关活动组织部门或单位应充分利用各类媒体普及安全知识，加强保险宣传以及风险宣传教育，培养参与者的风险规避意识；设置户外运动监督和管理机构，从立法上进行资质限定；建立俱乐部资格证书制度，持证上岗；实行分类管理，建立有益于户外运动旅游发展的管理体制。

户外运动旅游强调旅游者亲自参与并从中获得某种自然环境带来的旅游体验，参与者比较关注户外运动旅游资源及环境问题，因此，可将户外运动旅游与生态旅游、休闲旅游、文化旅游整合，激发人们回归自然生活的欲望，并加强人文资源的挖掘与开发，这是户外运动旅游开发涉足较少但是有丰富潜在市场的开发点。同时，针对不同持久涉入程度的参与者，可设计不同的组合产品，提供高品质的活动体验，如滑雪场地多样化设计、越野骑行设备多样化等，让参与者在体验中增加新鲜度、自信与成就感。

参考文献：

[1] STEBBINS R A. Optimal leisure lifestyle: Combining serious and casual leisure for personal well-being[C]//Cabeza M C. Leisure and Human Development: Proposals for the 6th World Leisure Congress. Bilbao: University of Deusto, 2000: 101-107.

[2] 刘畅，严艳. 基于旅游涉入的深度休闲者旅游体验研究：以户外运动旅游者

为例[J].重庆理工大学学报(自然科学),2017,31(3):165-170.

[3]EWERT A, HOLLENHORST S. Testing the adventure model: empirical support for a model of risk recreation participation[J]. Journal of Leisure Research, 1989, 21(2): 124-139.

[4]EWERT A. Risk recreation poses a new management problems[J].Park Science, 1987, 8(1): 7-8.

[5]HOLLENHORST S J. The relationship between recreation specialization and characteristics, behaviors and preferences of selected rockclimbers[J]. Dissertation Abstracts International A, 1988.

[6]ROBERT W M, SHASHIKANT G. Tourism: Principles, Practices, Philosophies[M]. Ohio: Grid Publishing, Inc, 1977.

[7]MANNEL R C, ISO-AHOIA S E. Psychological nature of leisure and tourism experience[J]. Annals of Tourism Research, 1987, 14(3): 314-331.

[8]EWERT A. Why people climb: The relationship of participant motives and experience level to mountaineering[J]. Journal of Leisure Research, 1985, 17(3): 241-250.

[9]MCINTYRE N. Involvement in risk recreation: A comparison of objective an subjective measures of engagement[J]. Journal of Leisure Research, 1992, 24(1): 64-71.

[10]SCHUETT M. Refining measure of adventure recreation involvement[J]. Leisure Sciences, 1993(15): 205-216.

[11]MCINYYRE N. The personal meaning of participation: enduring involvement[J]. Journal of Leisure Research, 1989, 21(2): 167-179.

[12]KAPFERER J N, LAURENT G. Consumers' involvement profile: new empirical results[J]. Advances in Consumer Research, 1985, 12(3): 290-295.

[13]BUCHANAN T. Commitment and leisure behavior: A theoretical perspective[J]. Leisure Sciences, 1985(7): 401-420.

[14]CHERON E, RITCHIE J. The organization of leisure in human society[J]. Journal

of Leisure Research, 1982, 14(1): 139-154.

指导教师评语：

陈瑞泽同学论文写作态度非常端正，科研作风扎实，常常主动与老师沟通，探讨论文写作方法、思路，并积极学习相关软件、模型的使用方法，将之较好地运用于论文写作中。论文选题符合时代发展潮流，具有较强的理论意义和实践意义。论文条理清晰，研究方法扎实可靠，数据来源真实，能够较好地将所学的基础理论和专业知识运用于实际问题的理性分析，是一篇优秀的本科毕业论文。

地理与旅游学院王莉副教授

《水浒传》中武器和人物形象的关系浅论

陈思敏，吴诗宇

（文学院）

摘　要　本文主要探讨了《水浒传》中的武器与人物形象塑造的关系，从人物职业、人物身份、人物性格三个方面入手，使用并列结构进行举例论证。研究认为，《水浒传》中英雄们的武器，不仅能够反映人物相应的职业、身份、性格，更能够进一步丰富和印证人物形象。

关键词　《水浒传》；武器；人物形象

《水浒传》作为中国四大名著之一，历来有许多学者专家对其进行不同角度的研究，但用“武器”观来探究水浒人物形象塑造的论著并不多。事实上，一件称手的武器，对行走江湖的水浒英雄们来说是必不可少的。《水浒传》作为我国第一部章回体长篇白话小说，在叙述过程中大量描写不同类型的武器和武术技巧。虽说《水浒传》里枪、棒、朴刀这类武器常常出现，但不同的人哪怕使用同类型的武器，侧重点也会不同，各具特色。本文将武器与人物的职业、身份、性格三个方面相结合，来探究《水浒传》的武器和人物形象塑造的关系。

1　武器与人物职业

《水浒传》作为我国第一部章回体长篇白话小说，广泛而深刻地反映了宋代社会生活。书中描写的多数人物都有一定的职业,本部分将目光主要集中于他们的日常生活,列举其中部分武器与对应的人物职业,点明两者之间的相关性。

在《水浒传》塑造的一百零八将中,有31人为胥吏、武将。其中,最知名的莫过于东京八十万禁军教头林冲。天雄星豹子头林冲所使用的武器很多,如第九回中棒打洪教头使用的棒,第十一回中与杨志打斗时所使用的朴刀。有名的丈八蛇矛是其上了梁山后所使用的武器,《水浒传》中有这样的描述,“丈八蛇矛紧挺,霜花骏马频嘶”[1]648。这丈八蛇矛也是张飞所持武器,杆长一丈,尖长八寸,刃开双锋,游蛇之状,因此得名。《水浒传》将林冲形象塑造得与张飞相似,何以“满山都唤小张飞”[1]648? 两人外貌都是豹头环眼状,武器相同,都使丈八蛇矛,皆武功高强,但性格近乎相反。

在上梁山之前,到达风雪山神庙时,花枪是林冲的武器,这是他当时被贬为看草料场的兵卒的象征。因职位限制,故只能用配发的枪。林冲所使武器种类很多,使用时也可谓得心应手,究其原因,一方面是林冲武艺高强,什么兵器都会用,另一方面在于其原来的禁军教头这一职位。禁军是宋代朝廷的正规军,教头的职责是操练士兵武艺。禁军教头是军队中教练武艺的军官,既然教练武艺,武功自然高强,也肯定善使各种武器。这样林冲一人使用多种武器与其职位特点形成呼应,相互印证。

再看惯使一口青龙偃月刀的天勇星大刀关胜,曾为浦东巡检,其武器是如何印证其职业的呢?《水浒传》称关胜为“义勇大刀关胜”[1]851,其中“凛凛寒冰”的青龙刀就是其所使的青龙偃月刀了。小说中他是三国关羽的后代,无论是“大刀”之绰号,“关胜”其名,还是所用武器,无一不使人联想起关羽。青龙偃月刀本身十分沉重,主要用于练习臂力。若想将此刀作为自己的武器,必然臂力了得,武力值高。而作为浦东巡检的关胜主掌训练甲兵,巡逻州邑,后成为梁山一员大将,在招安后成为大名府正兵马总管,主掌操练军马,职位有所晋升。持青龙偃月刀作战,作战实力必强,甚至可以一敌百。故青龙偃月刀这一武器代表了实力,同时也印证了其武将职业。

值得一提的人物还有地文星圣手书生萧让，他是《水浒传》中一个特别的人物，因其所使用的“武器”既不是棍、棒、刀、枪，也不是斧、剑、暗器，并不能用于战场杀敌，却也颇有奇用。这一神奇的武器便是天地如意笔。他使用这一“武器”在三打祝家庄时制造伪文书，假扮知府引李应、杜兴二人上山；在大聚义时抄录天书，担起行文走檄调兵遣将之责；招安后与随军石匠立碑记事，碑上所有文字都出自他手。可见他担任的一直都是文职工作。有赞诗曰“米蔡苏黄能仿佛”[1]523，是说萧让善写米、蔡、苏、黄四种字体。事实上他什么字体都能模仿，书法功底极高。除此之外他还会使枪舞棒，曾与王矮虎交战，有一定的军事才能，在攻打王庆时使出空城计。再观其职业轨迹，从当地著名书法家到梁山上的掌管行文及调兵遣将的文职将领，再到招安后、征方腊前成为蔡太师家的门馆先生。从善用其笔，善行书法到用笔行事，用笔进攻，最后以笔为生，萧让的这一“武器”无处不反映着其从事的文职职业。

天速星神行太保戴宗也是一个特别的人物，依据《水浒传》中的描述，此人仿佛有特异功能，有赞诗曰：“程途八百里还来。”[1]495 戴宗会神行法，能够日行八百里，靠的就是其拴在腿上的神行甲马。甲马为何？有“世俗祭祀，必焚纸钱、甲马”之说。甲马便是民间祭祀神祇时所使用的物品，与道术有关。说其武器为神行甲马实际上是说其善用这一道术。古时靠驿站传输文件，一般每隔20里有一个驿站。古语说的“八百里加急”则是紧急情况下最快传输速度为每日800里。由此看来，会神行之法的戴宗若行传送密件、传递紧急消息的工作则可以省却诸多人力物力，且由其一人传送文书保密性极强，消息不会轻易泄露。而事实上戴宗的职位的确是与其神行甲马这一利器对应的。戴宗在梁山上担任山寨总探声息头领，两赢童贯时行飞报军情、调兵遣将之职，虽从未披甲斩将，却在传递军情、军令方面功不可没。这又是一个武器与人物职位相印证的典例。

而除却胥吏、武将，《水浒传》中还有不少从事普通职业的人物，如卖鱼贩、酒店老板、屠夫等，他们的武器往往也对其职业有所印证。如浔阳江卖鱼牙子张顺的武器是夺命鱼叉，十字坡包子铺老板娘孙二娘使的是两口钢刀，登州猎户解珍使的是浑铁点钢叉。

总之，水浒英雄们所持武器在其形状特点、使用者使用状况、武力值等方面反映了人物的职业特点，使人物形象更丰满立体，对人物形象塑造有重要作用。

2　武器与人物身份

梁山好汉们实行“论秤分金银，论套穿衣服”[1]448的平均制，也可用“大碗喝酒，大块吃肉”来总结各英雄的共同特点，虽然各路好汉们“交情浑似股肱，义气真同骨肉”[1]250，但不可否认的是，水浒英雄每个人的出生环境是不同的，其身份也是各具特色。本节列举了四类较为典型的不同身份阶层的例子，来印证文本中人物所持武器与该人物身份之联系，以稍作补充。

《水浒传》中一百零八位好汉虽然都或多或少拥有武艺，但能真正称得上是武艺精湛者还是非常有限的。坐上第二把交椅的“玉麒麟”卢俊义就是武艺精湛者中的一位。卢俊义是开解库的河北大名府的“第一等长者”，他是一个维护封建礼教和统治秩序的循规蹈矩的富贵人，同时也以出身于“世家门第”而自豪。作为富贵员外的他师从周侗。据史料记载，周侗为北宋名噪一时的武术大师，这也不难解释卢俊义武术之高强。当然，这一身的武艺，也是他为封建王朝效力的本钱。卢俊义不同于大部分梁山好汉的地主身份，他使的武器也与众不同，那就是“金贵”，他的武器麒麟黄金矛和麒麟黄金甲，是通体用黄金打造的长矛和盾甲，足以反映出卢俊义作为一名富贵人的资金雄厚。黄金所做的武器与卢俊义的富贵身份相得益彰。

“双鞭将”呼延灼则是《水浒传》中将相阶层中的一员，他出生在武将家庭，是北宋河东开国名将呼延赞的嫡派子孙，各样兵器都较为精通，擅长骑术，具备智慧谋略，有诗为证：“仗剑能探虎穴，弯弓解射雕群。”[1]727其中，呼家的家传鞭法最闻名于世。因而，呼延灼最为突出的武器是两条水磨八棱钢鞭。与此同时,作者在描写他的打斗场面时都爽快明朗,也体现出呼延灼是一个刚正不阿、有勇有谋的将者,其双鞭武器和正统的武术特色与个人的家庭出身是分不开的。

除了上述两个阶层,书中在描写农工阶层时也体现了武器与身份的关系。如“白日鼠”白胜的身份是安乐村的一个市井闲汉,他并没有什么武术功底和特殊的技能,而是个游手好闲的赌客。在上梁山后,他成为军中走报机密步军头领,主要负责处理情报机密。白胜善用的武器是哨棒,哨棒相较于其他有特色的武器来说,可以说是平淡无奇的。“此种兵器平日里可做挑担包裹的担杆,又能用作钩来使用,棍子前方加上梢子头能够很好的利用棍子的长度优势,又能弥补棍这种长兵器灵活性不足的劣势。”[2]仅从这种武器的特点来看,其更适合隐藏使用者的武术能力,这与白胜本人是闲汉而又武艺不精的身份十分相配。

武松的出场是较为狼狈的,他因躲避官府追捕在柴进府里过了一年有余,虽然文中并没有提武松最开始的身份,但是从只言片语中可以窥探出,他应该是位无业游民。在柴进府里,他只要喝醉了酒就会打人,可见其综合素质和身份阶层并不高。武松的武器经过了多次改变,且都与其身份相关。在景阳冈上,武松虽用一根哨棒做武器,但因打在树枝上而折断,便不得已孤身用拳脚打死老虎。这与武松曾是一名少林弟子,在少林寺习武多年,更善于使用拳脚功夫是分不开的。值得说明的是,哨棒在严格意义上并不算是武器,它更像是一种防身的简易工具。武松后期的武器则体现了其身份转变。在打虎后,县官看到武松的武艺高强,人品优秀,就挽留他在县里做了都头。这时武松的身份就转变为将相阶层中的基层军队首领,也拥有了自己的第二种武器——解腕尖刀。在之后发生的杀西门庆、大闹飞云浦和血溅鸳鸯楼时,武松使用的都是朴刀和腰刀。所谓“不打不相识”,武松在巧合下和张青、孙二娘相识并成为朋友。而为了帮助武松躲避官府的查办,夫妻二人为武松扮上头陀模样,并为他配备了“如常半夜里鸣啸的响”[1]407的戒刀两把。这戒刀由雪花镔铁打成,可谓是真正的宝刀,正如文中所描写:

“戒刀两口，擎来杀气横秋。”[1]409有了雪花镔铁戒刀以后，武松加紧了刀艺的学习，在以后的多次征战中，杀匈奴、斩敌首，立下了赫赫功劳。由此可见，武松从柴进的门客到打虎英雄，再到都头和头陀，其武器的精巧度和使用度也随其身份的改变而发生变化。

由此可以看出，在《水浒传》中，武器的精巧度与人物身份有所挂钩，如卢俊义作为富贵员外，其武器便很“金贵”，白胜作为闲人，其武器便相对简单。部分人的武器会跟随其身份转变而变化，如武松的武器，从平淡无奇的棍棒再到行者所用的雪花镔铁戒刀。可以说，他们的武器既反映了他们不同的身份，也为塑造人物形象提供了有力物证。

3　武器与人物性格

不可否认，历来文学作品中对人物性格的刻画都是重点。《水浒传》中一百零八将性格不同，各有侧重，可谓是文学史上塑造人物的典范。文中人物性格典型的有很多，这里就列出几类武器与性格密切关联、互为映照的例子。这里的武器已不仅仅是作战用具，更象征着人物品行，成为人物个性形象不可分割的一部分。

“黑旋风”李逵是其中非常典型的人物形象。他像是一块纯正的璞玉，没有虚伪的精雕细琢，却更添真实。他胆大心粗，率真鲁莽，做事皆凭“最初一念之本心”[3]。金圣叹评价他“一片天真烂漫到底”[4]。李逵第一次看到宋江，便问戴宗：这黑汉子是谁？在戴宗说他说话粗鲁时，李逵却问：怎地是粗鲁？仅从这两问便可体现出李逵的粗猛憨直。李逵还具有大无畏的英雄勇猛气概。他在没有任何帮手的情况下，孤身一人劫法场救宋江，可见其勇敢和极重义气。同时，李逵又是憨厚诚恳的，嗜酒的他在答应戴宗不吃酒来照顾宋江后，果真做到了，很讲诚信。李逵的武器是鬼王斧，实际上也就是两个板斧。板斧扁平而宽，质朴平凡，没有什么独到之处，却锋利无比。“李逵抢将过来，只一斧劈胸膛砍倒，便把两颗头都割下来，栓做一处”[1]958，足见李逵的莽撞痛快。李逵身上,鲜明地表现出了武器与人物性格相符合,两把板斧朴实无华,与李逵“真”的性格相得益彰。若是作者仅给李逵一副精巧腰刀,不仅贻笑大方,也会让李逵的形象变得滑稽可笑,凸显不出李逵真正的性格。

“没羽箭”张清的武器是《水浒传》中的一股清流,即石子。虽看起来是平淡无奇的石子,张清用起来却出神入化,这从其称号就可看出。“没羽”的“没”读音是去声,意思是他射出的箭插入物体中就只剩尾羽,这间接地说明其善用飞石,精准且力道很大。张清武功高强,谨慎,坚毅,侠肝义胆,在《水浒传》的第七十回中,张清守城,面对梁山一众好汉,他毫不畏惧,英勇善战,有勇有谋,既伤了梁山十五员大将,又活捉了“赤发鬼”刘唐,可见张清性格坚定,临危不乱。同时,他也有柔情的一面,他和琼英的爱情可谓是《水浒传》中最温情的画面了。两个人因石子而结缘,又因梦而产生情感,最终因比武而缘定终生。石子这种武器精巧,体积小,需要使用者有极强的功力,还要有耐心细心,临危不乱。石子难用,想要准确命中目标,就不能鲁莽,张清柔情的一面也为其出神入化地使用飞石提供了保障。可以说,张清的性格与其石子的使用是面面对应,完全符合的。也正是对石子这一独特武器的高超使用,张清的独特个性跃然纸上,令人印象深刻。

除了上述两类,《水浒传》里还有一种独一无二的武器——那就是鲁智深的禅杖。禅杖原本是佛门中坐禅时用来警睡的工具,有一头用棉花包裹着,坐禅的时候,如果遇到昏睡之人,就用软头将其点醒。鲁智深将其作为武器可谓是绝无仅有了。他初上五台山时,让山下的铁匠打造了一把重六十二斤的水墨禅杖。这把“重量级”的武器,伴着“花和尚”鲁智深粗大的身材、背上的刺绣、浑厚的力量,一起成为他的标识。可以说,禅杖是鲁智深性格的实体化,一方面,禅杖作为佛门的警睡工具,在鲁智深手中救人于危难,警醒世人,体现出鲁智深的真佛性和真善良;另一方面,禅杖也是鲁智深爽快、豪迈性情的象征。鲁智深在快意之时,禅杖飞将出来,把水火棍一隔,丢去九霄云外……紧急关头,先出禅杖,给人以深刻的印象。“直教禅杖打开危险路，戒刀杀尽不平人”[1]53。金圣叹这样赞赏这位草莽英雄：“心地厚实，体格阔大。”[4]18在书末，鲁智深在一别数年，经历无数磨难之后，终于圆寂，修得正果。鲁智深的禅杖警醒世人，救人于危难之中，与鲁智深的善良、豪迈可谓是一一对应。

李逵的板斧、张清的石子、鲁智深的禅杖，都是极能体现人物性格的武器，甚至已经成为人物性格的实体标志。因此，通过对兵器描写的分析可以判断出不同类型的人物特征，即除了梁山好汉共有的集体精神外，他们之间也存在着明显的性格差异。

4 结语

本文从“武器”的角度，探讨了水浒英雄的武器与其职业、身份、性格三个方面的关系。研究认为：《水浒传》是一部时代的百科全书，也是一部伟大的文学巨著。它描写的武器多、精、杂，有共同点，更有独特之处，通过对武器描写的分析可以判断出不同类型的人物特征。水浒英雄们所持武器在形状特点、使用者使用状况、武力值等方面反映了人物的职业特点，进而使人物形象更丰满立体；武器的精巧度与人物身份也有所挂钩，有些人的武器会跟随其身份转变而变化；同时，除了梁山好汉共有的集体精神外，他们之间也存在着明显的性格差异，部分兵器已成为人物性格实体化的象征。因此，《水浒传》中的武器不仅能够反映人物的身份、职业和性格，还能够更好地塑造人物形象，让一百零八将独特而鲜明的形象跃然纸上。《水浒传》的英雄豪杰们各有不同的职业，他们或曾是朝廷命官，或曾以打铁、杀猪为生；有不同的身份阶层，有地主阶层，也有市井流民；有不同的性格，或豪爽，或谨慎，但都相聚一堂，贯彻着忠义武侠精神，共同谱写了一曲梁山好汉之歌。

参考文献：

[1]施耐庵.水浒传[M].2版.北京：人民文学出版社，1997.

[2]黄一帆.对《水浒传》中武术英雄人物及其所持兵器的特征探讨[D].开封:河南大学,2017:39-40.

[3]李贽.《焚书 续焚书》[M].北京:中华书局,1975:98

[4]陈曦钟,等.水浒传会评本[M].北京:北京大学出版社,1981:18.

指导教师评语:

小说《水浒传》中的诸多人物,同是梁山英雄,却使用不同的武器。探讨武器与人物职业、身份、性格之间的关系,是一个很有意思的话题。该论文以上述角度为切入点,分析阐述《水浒传》中系列重要人物的武器特征与形象特征,选题巧妙,观点明确,论述从容恳切,结构清晰,层次井然,语言表达明白晓畅,读来趣味横生,是一篇出色的本科生科研论文。

文学院俞晓红教授

异代光景：古典文学中的“月照床”意象

邓沛裕

（文学院）

摘　要　“月照床”系古诗意象典型，它源自《古诗十九首》中《明月何皎皎》的场景，分别具备“士”与“女”两种抒情角度；南朝时，“月照床”进入体物视角，表现内容得以拓展，嗣后成为唐诗专门描写的对象，并衍生出新语典“半床月”；宋诗中的“月照床”形象趋向冷静，而宋词却多赋予其浪漫奇想，两类书写均体现了主体象征的强化。从天然的歌咏到意趣的经营，“月照床”的层累创作反映出特定意象审美观念的历代演变过程。

关键词　古诗；意象；月照床

1　引言

中国古典诗歌由经文学加工、能够实现诗意自足的艺术形象构成[1]，存在于文学集体记忆中的可谓意象。人们熟知的意象往往经历过反复塑造，包涵了多重审美经验。《诗薮》云：“五言古意象浑融。”[2]45 被誉为“五言古诗冠冕”的《古诗十九首》意象具有相当的接受广度。《明月何皎皎》的“月照床”意向与情景象征下的忧愁贯穿全诗，天然地融入“思归”母题；当《静夜思》再次用“床前明月”作为吟咏起兴以引发“思故乡”的感悟时，曾“三拟《文选》”的作者极有可能受到熟悉的文本影响，而“月照床”意象所涉题材并不止“思归”一端。清代大型官修韵书《佩文韵府》下置“月照床”条目，显示了编写者对该语典的关注，但书中摘录的“月照床”例诗过于简略，界定标准未明，没有反映出该意象在古典文学作品中的具体分布。经基本古籍库检索，古代诗词涵括“月照床”的作品计有358句，这些作品间既有经典借鉴关系，又根据时代分布侧重不同的审美体验。由于人称不明，《明月何皎皎》情绪强烈而主体朦胧，魏晋时期则根据“女”与“士”的抒情特质分化为“抒情”与“写志”两种主题；南朝诗歌将“月照床”的风景特征铺陈开来，于意态中表现意象“情”的内容；唐诗中的“月照床”被塑造为纯熟的场景配置，产生了成功翻新“思妇”“游子”题材的名作《望月怀远》和《静夜思》，在赠答间传递的“半床月”成为寄托心意的常见表达，伴随中唐诗风的内敛，“月照床”也被用作哲理心灵的比喻；宋代“月照床”与士大夫的精神世界联系密切，宋诗对意象的感知偏重沉着质感，而宋词尽可能发挥其铺叙展衍的体式优长，苏轼与朱敦儒作为“以诗为词”的代表，完成了“月照床”内涵中哲理和抒情成分的高度统一。“月照床”意象在不同时代的作品集合中呈现常用常新的形态，本文将根据类比对象、含义特征和体裁手法三种要素分析各时期典型作品，探察古典诗词中特定意象审美认识的发展。

2 “月照床”意象的生成

“月”与“床”是人们十分熟悉的名物。作为指示时令的发光天体，月亮受到的观察密切而持久，“月离于毕”对应大雨滂沱的天象，“日月逾迈”寄托了古人的忧患，“日居月诸”则是拟人化呼告的遗存，《月出》以月色类比佼人，《天保》将“如月之恒”作为对新君的祝颂，《天问》中“夜光何德”的设问把天体运动浪漫地转化为人类活动，先秦文学作品塑造了一系列极具启发性的“月”形象。“床”是人类起居的家具，昼夜活动的起始和休止在这里完成。“月照床”作品通常涉及古床的功能问题，对此简要梳理如下：史学家童书业先生的器物研究《“床”与“胡床”》[3]中提到，早期古人在床上也会呈现坐姿，“古人之卧，隐几而已”，床与几的搭配即能佐证；《礼记·内则篇》里的床可以“执”，说明彼时已有规格较小的床具，《说文》《韵会》《玉篇》一类辞书直接把“床”释作“安身”处所，具有普遍而私密的观感。“乃生男子，载寝之床”[4]631“唯天子居床”[5]864等记载说明位尊者居床，古代绘画也常将主要人物隔置于床中，在透视截面内制造空间聚焦。现代围绕《静夜思》“床前明月光”之“床”的释义引入了民俗学解读，观点集中于西域传入的“胡床”说[6]和认为是四至八边形的井上围栏或轱辘架的“银床”说[7]，近年又出现了屋檐下台基或檐廊的“月台”说[8]，同时也不乏在分析《全唐诗》包含“床”字诗句的义项比例后坚持“睡床”本义说[9]。就意象演绎而言，历代“月照床”创作不仅反映了作者的生活现实，还受到文本的接受与改编影响，这也是本文从审美发展角度进行研究的意义所在。

最早的“月照床”意象见于《古诗十九首》末篇首句“明月何皎皎，照我罗床帏”，这一画面令人联想到《豳风·七月》的“十月蟋蟀入我床下”[4]451，类似自然现象介入主体及处所的起兴在汉魏五古中形成了固定句式，如“日出东南隅，照我秦氏楼”（《陌上桑》）[10]2、“北风初秋至，吹我章华台”（《古八变歌》）[11]36、“鸣声何啾啾，闻我殿东厢”（《鸡鸣》）[11]53等。诗中截取的场景受到物象、方位、季节的限定，具有时间的流动感，和《诗经》断续的四言句组不同，这些起兴场景与篇中叙事句连属浑成，并在后代诗人的接受过程中发挥着象征功能。

“月照床”的生成还与早期赠答诗内容相关。托名李陵所作的《录别诗》有“愿言所相思，日暮不垂帷。明月照高楼，想见余光辉”[11]35的寄语，意使对方在入夜将寝时莫要以床帷遮挡月光，隐喻离思之情不可断绝。汉末秦嘉四言《赠妇诗》列举了一系列物象[10]59，“皎皎明月”“飘飘帷帐”恰好与《明月何皎皎》首句对应，秦嘉赠诗“长夜不能眠，伏枕独展转”与古诗“忧愁不能寐，揽衣起徘徊”，徐淑答诗“长吟兮永叹，泪下兮沾衣”与古诗“引领还入房，泪下沾裳衣”等也有类似关系。《明月何皎皎》的抒情身份一向未明，但它遵循“忧来如循环”的线索，在出室望月与归床泪下间转换画面，恰有“士”“女”隔空对话的幽微意味。

《明月何皎皎》以“月照床”为中心布局，按顺序叙述，场景始终服务于“游子思妇”的心理活动，深化了比兴可感性，结构与秦嘉夫妇赠答的倾诉特征相似，具有深婉的古意[12]。《明月何皎皎》中“月照床”的起兴看似偶然而成，却保留了年代相近诗作的影响痕迹，“言在带衽之间，奇出尘劫之表”[2]15，无论是《明月何皎皎》与《凛凛岁云暮》浓缩了秦徐本事，抑或夫妇二人自熟悉作品中汲取相同情景后精心改写，“月照床”时空下怀人恋乡、思而不见的抒情形象已然确立在后世文学认知之中。

3 魏晋时期：“月照床”抒情模式的明确

魏晋的四首“月照床”诗歌沿袭《明月何皎皎》“怨情”和“宦游”两条叙事线索，分化出“女”与“士”的抒情身份，唐代象征“怀人”的《望月怀远》和象征“思乡”的《静夜思》两大名篇也是“古意”风貌的后继。

3.1 以女性为主体的“月照床”创作

《燕歌行》接《明月何皎皎》，明确以“空房贱妾”口吻抒写明月床帏中的思妇怨情。魏文帝将古诗中“皎皎”“明月”“照我床”合成一句七言歌词——“明月皎皎照我床”，和“星汉西流夜未央”形成“星月”的对举，或许受到了《九辩》“仰明月而太息兮，步列星而极明”[13]1083和《赠妇诗》“皎皎明月，煌煌列星”[10]59的影响，并通过强调自然现象的光线与时长放大了人物情感的具象。

托名魏明帝的《伤歌行》同样以女子为抒情主体，相较于引用意象语词的《燕歌行》，它对《明月何皎皎》的套用频率更高：如“昭昭”对应“皎皎”的叠词，原诗句式作了改动，“明月”前加上“素”的定语，“照”替换为同义且更具修饰性的“烛”，古诗中的“忧愁不能寐”被“忧人不能寐”取代，视角由内而外，“揽衣曳长带，屣履下高堂。东西安所之，徘徊以彷徨”是“揽衣起徘徊”“出户独彷徨”的延伸，结束动作“伫立吐高吟”则与“引领还入房”相对，将两诗主人公的情绪区分开来。地位不独立的封建社会妇女对遭到抛弃常怀忧虑,因而更难承受分离的苦痛,女性怀人的内容遂以“怨”为主,“忧来思君不敢忘”的《燕歌行》式女性呈现出“怨而不怒”的含蓄,“舒愤诉穹苍”的《伤歌行》式女性显然直露锋芒。

《燕歌行》和《伤歌行》作为魏晋时期“月照床”怨情诗的代表,深化了意象的情感容量,引发了许多绮丽的效仿。“东西四五百回圆”的汉唐明月从长信宫移向上阳宫,照耀了无数“一生偏向空房宿”的不幸女子,“真成薄命久寻思”“红罗帐里不胜情”仍旧徘徊着意象中人“揽衣瞻夜”“泪下沾衣”的旧影。《望月怀远》是唐代描写“月照床”怀人题材的名篇:明月从幽晦海面跃出的壮观开场令人想到“月重轮”和“海重润”的久远譬喻,情绪张力随有生光亮延展到天涯尽端,较《燕歌行》星汉与明月的对举更富神韵。“天涯共此时”体现了“同望同怀”的时空一致性;“灭烛”“披衣”“不堪盈手”是六朝“思妇”形象的再现,“同梦佳期”立意亦与前代“隔千里兮共明月”相类,表明离人心意相通的愿望,超越了一贯的悲凉基调,独立于该意象的怨情模式。

3.2　以士人为主体的“月照床”创作

“游子”是“月照床”的另一抒情形象。战国时的许多辩士因从事游说离开故土,汉代宦游现象则更加普遍。文学原本是一门进身的技艺,却在文士的切磋中提升到“经国之大业,不朽之盛事”[13]1669的地位,“月照床”的独特背景也为诗人的自我表达设置出一个巧妙的现场。《明月何皎皎》中“客行虽云乐,不如早还家”的宣言宛如弹剑歌曰“归来去”遗风,阮籍《咏怀》中的主人公也有起坐鼓琴的举动,“薄帷鉴明月,清风吹我襟”[11]69沿用古诗“自然现象+动词+我+处所”的句式,视角由内而外,穿透帷帘的明月和吹入衣襟的清风使感知范围延伸到外野、北林,似有无尽之怀。“忧思独伤心”常被牵涉到魏晋迭代的丧乱现实,不过阮氏早年写成的《乐论》曾阐发“顺天地之性,体万物之生”[5]584的观念,可见该诗对意象的运用不但体现了逃遁名教的倾向,也当是作者把握自然与人文关系的美学实践。

陆机的《拟明月何皎皎》[13]994是从"宦游"视角摹拟古诗的作品，不同于原作的愁肠百结，陆诗的"安寝北堂上"显示主体处于欣赏的位置，"照之有余辉，揽之不盈手"是"相见余光辉"的延伸，从《文选》注引《淮南子》"天地之间，巧历不能举其数；手征忽怳，不能览其光"[13]626可知，简单的动作蕴含了仰观俯察而知幽明的启示，可谓"事、情、理"兼备。陆氏广览坟典，自负雄才，"游宦无成"是这首拟诗在离思之外点明的焦虑源头，体现出士人的恋乡表达与述志动机密不可分的特点。

陆机所作拟古诗有"一字千金"之誉，钟情于月的李白也通过"此堂见明月，更忆陆平原"[14]33的慨叹表达对《拟明月何皎皎》的审美认同。李白有"三拟《文选》"的记载，其名作《静夜思》对"月照床"景观的把握同样能够向汉魏六朝追溯。众所周知，明代的《唐诗品汇》和《唐诗选》都对古诗有所改窜，现今流行版本已经遭到干扰，为了更接近创作的发生，可从宋刻本"床前看月光，疑是地上霜"的早期异文[14]140展开分析：床前月光的物态起兴延续"月照床"古诗与拟作的经典结构，一"看"一"疑"明示主体存在，"月光"照在"床前"之"地"，继而投射到视角感知内，引发主人公对"霜"的联想。关于"月"与"霜"，《赠妇诗》中已出现两者的对举，谢朓所造雩祭歌辞《白帝》一章中则出现了"夜月如霜"[15]的譬喻，白帝对应秋季，这一譬喻也应视作诗人在礼乐背景下有意组合的事典。梁简文帝"影类九秋霜"[5]7（《望月诗》）与"夜月似秋霜"[5]72（《玄圃纳凉诗》）即由宫体诗视角对雩祭歌典故加工的拟句，《静夜思》喻净意远，以其自然流利的特色后来居上，传诵最为广泛。寻找月光来源的动作对应《子夜四时歌》的"仰头看明月"，也重现了古诗结尾呼诉无门的"引领"一望，"低头思故乡"则和拟诗"离思难常守"一脉相承，"月照床"的游子怀乡象征就此传行于世。

4　南朝时期："月照床"表现形式的拓展

南朝"月照床"作品辑有10首，它们一改此前同题拟作的形式遵循，不断增进表现风景的技巧,其景物布局和细节描写相继受山水诗和宫体诗特点影响,诗歌声律的发展也促进了意象提炼。

4.1 景物布局的增饰

晋宋之际,游览山林与开拓庄园的社会现象极大丰富了自然景观的文学描写,隐逸取代游宦成为士人审美的新风尚,发展中的诗体受“气貌山海,体势宫殿”的汉赋影响[16],安排多种景物组合整体风景,作者们开始以山水画的眼光审视“月照床”这一独立的古诗片段。《子夜四时歌·秋风入窗里》营造的“罗帐秋月,寄情千里”是南朝作品中影响深远的“月照床”风景,不惟上文涉及的《静夜思》,谢庄的《月赋》与苏轼的《水调歌头·明月几时有》两篇名作也有对其化用的痕迹。宋南平王刘铄以拟诗闻名,其《拟明月何皎皎》中“玉宇来清风,罗帐延秋月”[13]1008一句,以清风路径勾勒“罗帐延月”,“月照床”和“浮云”“层阙”“河山”意象叠加,产生了散点透视的效果。山水诗盛行之时,“月照园”“月照岭”“月照池”等意象组合也见诸笔端,如“月出照园中,珍木郁苍苍”[13]626“秋月照层岭,寒风扫高木”[11]208“风朝拂锦幔,月晓照莲池”[11]379,显示出诗人不再满足于应用套语,而是自觉协调画面景观。不过,尽管景物搭配呈现多样,“月照床”意象仍具有与户外风景区别的空间感知,例如沈约所制《夜夜曲》[11]368:

北斗阑干去,夜夜心独伤。
月辉横射枕,灯光半隐床。

以“北斗”为远景,突出室内人物中心,“月辉”与“灯光”是一对清晰的特写,放大了“月照床”在明暗关系上的表现力。《夜夜曲》解题云“伤独处也”,该题虽沿用古诗思妇题材,却悬置了抒情对象,侧面表现人物心理的写景形式较前代别具纤细朦胧。梁简文帝的《拟沈隐侯夜夜曲》则再现原诗中伤心人独处卧房的场景:

愁人夜独伤，灭烛卧兰房。

只恐多情月，旋来照妾床。

用“灭烛”动作强调下文“月照床”的介入属性，“只恐多情月，旋来照妾床”如民谣口吻，尤使意象生动含情。伴随观照意识的进步，“月照床”以其匀称优美的画面结构从古诗套语中走进诗人有情的描写视野。

4.2 心灵动态的外化

早期“月照床”诗歌以“游子思妇”为叙事中心，场景作为高度类型化的习语仅起指示作用，如同出自一口。魏晋之后的诗人转变写作方式，致力于还原自然物态，注重细节刻画的咏物诗还向意象注入了更多人物情性，意在传达突破传统诗教的唯美主义观念[17]。宫体诗是南朝咏物诗颇具代表性的支流，它对“月照床”表现内容的深化起到很大作用。曹道衡先生认为，以梁简文帝为首的宫体诗人受“新变”主张影响，注重物色搭配，他们熟悉宫闱女性的生活，并向前代《高唐赋》《洛神赋》等极力描写女子形貌的作品学习，通过比拟手法，使所咏意象生发出如人物一般的鲜活动态[18]。

“月照床”意象描写的创新实践还与频繁的文娱活动相关。彭城刘绘、刘孝绰父子扮演了齐梁文学交游中的重要角色，一场有沈约、王融、萧衍等当世名家参与的宴会上，诸主宾同赋鼓吹曲古题《有所思》。刘绘诗作中的“佳人不相见，明月空在帷”[11]160被张玉谷《古诗赏析》称道“虚拓一笔，意已跃然”[19]，“空床”出自《古诗十九首》中《青青河畔草》末句“荡子行不归，空床独难守”，西晋张华《情诗》以其“儿女情多”的基调改写了原诗的怨情冲突，潘岳《悼亡诗》则从私人视角写到妻子亡故之后的“空床明月”场景，“士”与“女”两类抒情主体统一于失偶主题下，汉魏古诗的内涵区别在此减退。此处“月照床”是人物思而不见的情感的譬喻，仍以写意为主，而刘孝绰的《望月有所思》[20]1179却更着力摹拟新月的物态。它不是普通的临摹，而是

用女郎就寝的姿态比拟月光照射:

秋月始纤纤,微光垂步檐。
朣胧入床簟,仿佛鉴窗帘。

其实鲍照《玩月》已有“夜移衡汉落,徘徊帷户中”[20]819的拟人化想象,而刘孝绰诗对月光照射过程的铺叙延展更凸显“文章放荡”的志趣,心灵外化的体物观便是本时期以新调赋古题的一个特征。

4.3 物色音声的提炼

随着汉魏古体的式微,声律偶对的要求令意象在吟诵上生发出音韵之美,如刘铄《拟明月何皎皎》曾获得“浏亮”的评价,永明体的提倡者沈约在《夜夜曲》中于动词“射”与“隐”前添上“横”与“半”的状语,细化物态意趣的同时使朗读节奏更加整饬。受到侯景之乱冲击,南朝文学事业快速衰颓,一方面,劫后的士族沉湎宴乐,创作现实更加推崇声色;另一方面,北上士人把齐梁以来的诗歌经验传入关陇,完成向唐诗高峰的迈进。梁朝宗室萧捴曾作《孀妇吟》[11]160:

寒夜静房栊,孤妾思偏丛。
悲生聚绀黛,泪下浸妆红。
蓄恨萦心里,含啼归帐中。
会须明月落,那忍见床空。

诗人将寒夜“孤妾”作为描叙对象,在铺垫“悲生”“泪下”“蓄恨”“含啼”系列动作之后,亦以“会须明月落,那忍见床空”[11]160总结,继潘岳后又一次将“空床明月”应用于悼亡内涵,句意与刘绘《有所思》相类,而层意与音节都有新体特色。萧捴后来成为北周文学博士,其同僚王褒创作的《咏月赠人诗》[13]821进一步协调着“月照床”的物色与音声：

月色当秋夜，斜晖映薄帷。
上弦如半璧，初魄似蛾眉。
渡云光忽驶，中天影更迟。

此处使用“半璧”“蛾眉”的双音节譬喻调动读者在语外的想象，五、六句意兴益发飞动，足与唐诗艺术齐观。随着古诗向近体诗演进，七言诗的艺术表现力也开始向五言学习。早期七言诗被视为“小而俗”的杂体，对意象内涵的发挥也受限于篇章结构，如汤惠休《白纻歌》首句“秋风袅袅入曲房，罗帐含月思心伤”[11]308，采用了事类对举，但仍不免逐句押韵的紧促感。江总《姬人怨》的首句“天寒海水惯相知，空床明月不相宜”[11]337，从开端就传达出悲凉彻骨的体验，意象均取自《古诗十九首》，写法受齐梁赋题拟诗的影响，发扬古诗意象的声色之美，句间转韵带动全诗情感，曲折表露末代狎客的内心矛盾[21]。体裁演进扩充着意象表现的艺术容量，近体诗里“月照床”大多独句或联对成意，同全诗内容保持着更为自由跳跃的关系。

5　唐宋时期：“月照床”典故意指的定型

“月照床”最负盛名的象征出自唐诗《静夜思》与《望月怀远》，宋词《水调歌头·明月几时有》中不眠望月的想象也广为流传，唐诗中的“月照床”重在描写光影关系的情韵，宋诗中的“月照床”则富含日常观察的格物理趣，“月照床”意象在经历“以诗为词”改造的宋词中达到情与理的高度统一，其典故内涵臻至成熟。

5.1　情韵生动的“月照床”唐诗

唐代涉及“月照床”意象的诗歌有37首，它们中的大多数褪去南朝咏物诗的靡丽绮艳,积极地摄取画面瞬间,简洁字眼的活用体现出诗人的匠心独运。

5.1.1 咏物寄兴的丰富化

唐朝诗人致力于以生活经验融入“月照床”意象,此前的“月照床”描写多用“烛”“延”“鉴”“垂”等动词,即借室内器物形态比拟光照特征。唐诗例如“山月临床近”[22]76“隙月斜枕旁”[23]“一片月落床”[22]451等句则限定了月的形态,并选用更为直观的动词——“临”说明物象之间的距离,“斜”说明光线折射的角度,“落”说明物象接触的区域。它们是久经揣摩的句眼,也是唐人自然观照经验的多彩呈现。

先唐作品大多遵循严格的骈偶意识,《南齐书·文学传论》关于齐梁文学的批评“三体”之一即“辑事比类,非对不发”[24],这类倾向生产出“月映寒蛩褥,风吹翡翠帷”[11]246“枕席秋风起,房栊明月悬”[11]257一类的“月照床”诗文,它们追求事类对举,久之则陷入形式化的审美窠臼。唐诗咏物有意避免前代轻艳刻板的印象,追求神韵生气,如初唐刘元济的“虚牖风惊梦,空床月厌人”[22]451,“风”从“虚牖”而来,“月”照“空床”之内,作者的意识活动即刻传达到阅读层面。该句也是另一位唐朝诗人岑参的范本,他相继吟出“水驿风催舫,江楼月透床”[22]451“砌冷虫喧坐,帘疏月到床”[22]1238“疏钟入卧内,片月到床头”[22]1242,在类似句式中运用不同的知觉,使阅读者不感到雷同,《河岳英灵集》论岑诗“语体峻,意亦造奇”[25],这一系列对生活体验的创作可谓“平中见奇”。

5.1.2 生于酬唱的“半床月”

唐诗中大量出现一个新词——“半床月”,它是“月照床”意象的衍生表达,在历代358句“月照床”创作中共出现51次。或许从初唐诗句“月斜山半阴”[22]4984处得到灵感,它的来处应当是元稹与白居易的嘉陵酬唱:

墙外花枝压短墙,月明还照半张床。

无人会得此时意,一夜独眠西畔廊。[22]2735(元稹)

露湿墙花春意深，西廊月上半床阴。

怜君独卧无言语，惟我知君此夜心。[22]2919（白居易）

同一个独卧场景入了两位诗人的想象，友情和才情在诗中呈现为光与影、真与幻的往还徘徊，一赠一答的意象重复强调了知己的彼此认同，这份认同也成为意象约定俗成的新内涵。“半”喻示着二分，代表时间推移，如“梦中相聚笑，觉见半床月”[22]2646“半床秋月一声鸡，万里行人费马蹄”[22]4424；和长距离的山水相比，“床”对画面人物的突出更适合以小见大，如“欲知万里情，晓卧半床月”[22]2532“山鸟一声人未起，半床春月在天涯”[22]3648；“珠帘半床月，青竹满林风”[22]5535吟唱良宵美景，“半床斜月醉醒后，惆怅多於未醉时”[22]4628抒发蓦然消沉，“半床月”的意象传递效应或许是诗论所谓“兴象”感染力的代表。

5.1.3 “援禅入境”的新内涵

中唐以降，“月照床”往往作为譬喻被援引到禅理当中。王缙早以文翰与其兄王维齐名，弟兄皆奉佛，“缙晚年尤甚”[26]，他的《古别离》结句“谁能待明月，回首见床空”[22]223便用古题古语隐喻《大般涅槃经》如来告迦叶故事：“譬如有人见月不现，皆言月没而作没想，而此月性实无没也。”[27]含有禅意的“月照床”唐诗还有“洗药冰生岸，开门月满床”（无可和尚）[63]和“江云入袈裟，山月吐绳床”（岑参《赠僧诗》）[28]，借“月照床”等情景描绘悟禅时清净澄澈的境界。晚唐方干自谓“半是学禅人”[29]6，是对句奇警的名家，其“月照床”作品有“光含半床月，影入一枝花”[22]4446“竹里断云来枕上，岩边片月在床头”[22]4473“映巘月向床头没，湿烛云从柱底生”[29]20三句，它们在动静升沉的时空中展开“物我合一”的禅意，折射出忘机避世的心态。

5.2 质理分明的“月照床”宋诗

宋代有“月照床”诗文68首，书写中凸显士大夫身份意识，景物描写追求深刻，内容多表现生活中的理性观察，唐诗意象的典型内涵发生转移。

5.2.1 传统抒情的分流

宋代文学主流虽被崇尚谈义理、重叙述的文人诗占据，但"月照床"的"怨"与"怀"抒情传统却没有被时人回避。怨情方面，"月照床"可受温度与感情的修饰，构成萧瑟凄苦的环境，如"寒信霜风似叶黄，冷灯残月照空床"[30]"高梧挂月照床头，聒彻寒夜似怨秋"[31]；离别之情则如周紫芝《秋闺词》"不恨郎不归，恨月入我床"[32]一句，返归乐府民歌的浅显风味；赵师秀在悼念亡友时所写的"哭君日无光，思君月照床"[33]，通过至暗全明的对比拉长时间跨度，情景打动人心。

5.2.2 理性格调的彰显

浪漫奔逸的诗歌气象自中唐开始收敛，理性则是宋诗最主要的气质。宋代诗人向往唐诗，习仿唐人的用词，在"月照床"诗文中体现为"半床月"（出现13处）和"满床月"（出现9处）的运用，这两个语词也常见于中唐诗坛领袖白居易的文集中，然而宋人为了追求格调削减了意象原有的情态，继之以质理充实内涵。北宋前期的"月照床"诗文尚存唐诗写景的神韵，如范仲淹的"澄宵半床月，淡晓数峰云"[34]，王安石的"翠幙卷东冈，欹眠月半床"[35]，此后的孔平仲则写出"是非荣辱不相关，独卧南轩半床月"[36]的心理内容，将景物抽象为隐居生活的象征。"月照床"有时仅作为叙事的时刻指向，例如"水满南河月满床，市楼灯火隔秋江"[37]35"试拈茹草同君舞，后夜闻鸡月满床"[38]572，即便情绪张力下降，它们还是参与了全诗意境的构成。

作为独居景物的语典的"月照床"说理气息更加浓厚，南宋方岳笔下的"月照床"就是底层文人的自我寓托——"半床明月老秋风，未必诗人一例穷"[39]25"夜寒梦到西窗竹，明月一床冰一壶"[39]26"那似冰桥楮夫子，满床明月解微吟"[39]102，沉吟寒士的形象跃然纸上。又譬如汪莘的《夜兴》[40]：

簟纹如水浸蟾光，睡觉湖边月半床。
道是广寒疑不是，月中那得藕花香。

“月半床”既指示时间，又喻示诗人半睡半醒间的状态，后二句的设疑自答是对虚构与真实的观察体会，同样强调着诗人格物的理趣。

5.2.3 形象感知的转变

与长于幻想的唐诗不同，宋诗在描写“月照床”时侧重冷静地感受。诗人多采用“侵”和“窥”这两个新语词，前者出现14处，后者出现6处。“侵”字反映出一些诗人由于苦思带来长久的失眠，而“窥”字体现出栖身于床的作者对“月”的主动感应，他们往往处在“灯暗不复续，卧看月侵床”[41]“夜长无寐月窥床，拥被孤吟起还想”[38]219的环境中，镇定甚至苦闷地观察时间的推移。这种表现习惯确实削弱了诗歌的华彩，但人文意识对自然意象的渗透也在“月照床”宋诗中得到了体现。黄庭坚有句“秾李四弦风拂席，昭华三弄月侵床”[42]，富有声光流动感，其余如“山幽云傍户，林迥月窥床”[43]“缺月窥我床，皎皎一室空”[44]，这类观照中的描叙，想象与情致不可谓不充实。

宋诗力求“言之有物”，意象结构中主客体的互动在“月照床”创作中表现为两种形式。第一种表现形式较为蕴藉，如“空余破窗月，流影到床垠”[45]“午夜风翻幔，三更月到床”[46]“寒声摇谷口，侧月到床边”[47]“夜静滩喧枕，窗开月到床”[48]，它们在写景中改写了杂言诗《独漉篇》“罗帷舒卷，似有人开；明月直入，无心可猜”[14]20的事典，目的是显示诗人磊落放旷的怀抱。第二种表现形式则直露许多：诗人有意结合“月”与“床”书写“心”与“物”的互动关系，通过“移床就月”揭示人物意志对情景相接的向往，如“移床就堂下，仰见月成钩”[49]“恰好来深夜，移床对月明”[50]“扫床留月宿，种药带云锄”[38]239“竹风满院凉无价，最好移床就月明”[51]，乃至主动追求，如“据床招佳月，月转床屡移”[52]，这种积极的欣赏心态不断延伸，便形成了极具个性的“观象取物”——“翛然六尺床，更许佳月共”[37]22“举头揽取明月光，置我堂上六尺床”[37]53，后一句出自七言歌行《秋夜行》，利用大开大阖的唐诗经典，给人以狂放疏朗的印象，这正是吕氏“活法”诗论的亲身实践[53]。

5.3 情怀激荡的“月照床”宋词

宋代诗人对理路和法度的崇尚在一定程度上影响了诗作的情感表现容量,而起源于倚声传唱的宋词则发展了富于变化、宛转自如的体式所长,词人先是关注了“月照床”婉转含情的内涵,闺阁之词向文人之词转化后,意象内涵又进入了豪迈生情的境界。

“月照床”曾被填入教坊曲词《清平乐》:“梦觉半床斜月,小窗风触鸣琴。”[54]一如早期词作“拟情”式情景再现模式[55],这种叙写欢娱之情的代言体现出晚唐世风对中唐“复古重道”文潮的反拨,接过了诗歌所压抑的表现部分。

李之仪以《花间集》为宗准,称许“铺叙展衍”的文学,倡言词体“自有一种风格”[56]149(《跋吴思道小词》),他的《千秋岁》使用“檀篆灭,鸳衾半拥空床月”[56]168来描叙“柔肠寸折”的别情。受到晚唐创作类型的影响,“月照床”宋词产生了一系列大胆生动的情语:程垓以“半床月”譬喻闺中之情,如“一枕新凉,半床明月,留人欢意”[57]5“若是知人风味,来分付,半床月”[57]12“露华凄凄月半床,照得人,真个断肠”[57]16;贺铸写“无奈占床燕月,侵鬓吴霜”[58],毛滂写“明月侵床愁不睡,眉儿吃皱,为谁无语,阁住阳关泪”[59],为别后愁怨难挨的境况作出动情写照。这些情语是重深刻忌轻艳的宋诗里所见不到的。

即使语言特点背离“雅正”观念,经典意象在俚语唱词中的参与还是显示出宋词趋向雅化的态势,前期“月照床”宋词中有浓厚的女性抒情属性,苏轼等人则把以文人为主体的“以诗入词”推行到底,“月照床”意象对士大夫情志的表现达到新的艺术高度。

作为家喻户晓的长调杰作,《水调歌头·明月几时有》展开了古今、物理、世情多方面的哲学思考,在词坛上获得巨大成功。它从古老的怀远主题出发,以巨笔绘制“月照床”时空下虚实相生的画面:月宫高洁的光芒照亮了天上起舞的清影,也照亮了朱阁绮户下的“无眠人”,天地建筑间的转换或许受沈约出守东阳郡所作《登台望秋月》影响，作品中的月光由“三爵台”“九华殿”至“飞燕户”“班姬床”流转，同样暗示远离御阙的自身处境。苏轼用离合圆缺的普遍规律缓和了理想与遭际的对立，“千里共婵娟”的愿景又照应了《望月怀远》“天涯共此时”的许诺，这是诗人的“伫兴之作”[60]（王国维语），又是“月照床”历史情韵的厚积薄发。

继苏轼之后，朱敦儒又对宋词发展作出卓著贡献，他对待自然如同极亲切的友人，曾在《燕归梁》中写“放教明月上床来，共清梦，两徘徊”[61]28，又在《念奴娇》中将“月照床”扩充为“插天翠柳，被何人，推上一轮明月。照我藤床凉似水，飞入瑶台琼阙雾”[61]3，“插”“推”“照”“飞”等动词浑然天成，当作尘外之想。辛弃疾《念奴娇·近来何处》自述“效朱希真体”，而他另一阕《水调歌头》“唤起一天明月，照我满怀冰雪，浩荡百川流”[62]也应有所借鉴朱氏范式。

6 总结

五言古诗通过意象传达人世间的至情恒理，这些意象又受撷取塑造，记录下文学审美取向的流动轨迹，《古诗十九首》等早期诗歌出现的事物组合在后世创作中的反复再现逐渐引起研究者关注。起初人们注意到《静夜思》与古诗《明月何皎皎》、阮籍《咏怀》、陆机《拟明月何皎皎》间存在以“游子怀乡”为主题的影响路径，继而发现同时还有一条与之并行的“思妇怨情”主题。近年来出现了以“模件”“套语”等概念来冠名此类事物的研究，笔者认为，这些舶来词尚不如古典诗学中的“意象”贴近古诗词的创作批评。通过梳理，“月照床”意象在魏晋、南朝、唐宋之际的三次演变表现为主体模式的分化、表现形式的拓展和典故涵义的成型，指向涉及思人、怀乡、隐逸、艳情等内容。宋以下“月照床”诗文共218句，占计入总数的三分之二，其中也有可观之作，如“谁知一片关山月，曾照连床十载心”[63]与“鄂渚尚传棠满树，庾楼莫负月盈床”[64]，事典淹雅；又如“清悬四壁剡溪霜，高卧梅花月半床”[65]与“可怜堕白云封户,犹有昏黄月到床”[66],用“月照床”分别借代情状类似的纸帐和落梅,比喻精巧。“月照床”在盛行过程中也不免出现不良创作,如“秋风今夜十分凉,斜月欺人巧照床”[67],用语板腐,对意象的艺术性造成了损伤。康熙年间,《佩文韵府》将“月照床”作为典故汇总为卷二十二之七条目[68],这是古人对该意象创作情况正式关注的开始。韵书同时还有与“月照床”并存的“明月床”条目,从意象构成来看,它们表现的场景都是月光照射在以床为中心的空间内,应当属于同一范畴。

当“欧西文思”与古典发生碰撞,“月照床”意象又立即出现在被誉为“改造新境”标杆的《今别离》中:《今别离(其四)》[69]歌咏了近代科学的产物——电报,这一“新材料”被置于“望月怀人”的古典场景,内容回归到思妇对游子的想象,“眠起不同时”传达了地理科学认知,工业时代的新发明也让“佳期与共”的美好想象终于成为现实,古诗情境在启蒙思想中再次解放。梁启超、陈三立、胡适等新旧诗坛的领军人物都给予《今别离》很高赞誉,它的成功从另一面说明,创作理念存在新旧交替,经典意象所在的作品却总能为后来者提供超越的范本。

“月照床”意象不惟是研究创作技法与体式流变的样本集合,也是叙述历代作者个性心声的载体,“明明如月,何时可掇”,当诗人远离白昼的繁忙偃卧在床,无往不至的月光便构建起具有普遍表现力的审美时空,它所包含的生命体验丰盈如月、泽被古今,并且为世人平等享用,艺术价值的永恒追求正是如此。

参考文献:

[1]蒋寅.语象·物象·意象·意境[J].文学评论,2002(3):69-75.

[2]胡应麟.诗薮[M].明刻本.

[3]童书业.童书业史籍考证论集[M].北京:中华书局,2005.

[4]毛亨传,郑玄笺,孔颖达疏.毛诗注疏[M].清嘉庆二十年南昌府学重刊宋本十三经注本.

[5]欧阳询.艺文类聚[M].清文渊阁四库全书本.

[6]程瑞君.唐诗名篇词语新解五则[J].北京大学学报,1995(2):109-111.

[7]朱鉴珉.床·井栏·辘轳架[J].北京师范大学学报,1989(5):111.

[8]周同科."床前明月光"本义与"床"—"牀"通假字说[J].南京大学学报,2013(6):118-125.

[9]相琳,汤海鹏.《静夜思》"床"字解诂再探[J].清远职业技术学院学报,2014,7(1):104-108.

[10]徐陵.玉台新咏[M].四部丛刊景明活字本.

[11]王闿运.八代诗选[M].清光绪十六年江苏书局刻本.

[12]葛晓音.论汉魏五言的"古意"[J].北京大学学报(哲学社会科学版),2009,46(2):11-21.

[13]萧统.六臣注文选[M].李善,等注.四部丛刊景宋本.

[14]李白.李太白集[M].宋刻本.

[15]谢朓.谢宣城诗集[M].明末毛氏汲古阁影写宋本.

[16]归青.从赋到诗:山水诗成因初探[J].中州学刊,1994(2):91-96.

[17]归青.论南朝诗学对"吟咏情性"说的改造[J].齐鲁学刊,2000(3):35-40.

[18]曹道衡.南朝文学的衰落[J].文史知识,1998(12):11-20.

[19]张玉谷.古诗赏析[M].清乾隆姑苏思义堂刻本.

[20]李昉.文苑英华[M].明刻本.

[21]裴殿玲.江总与宫体诗[D].厦门:华侨大学,2012.

[22]曹寅.全唐诗[M].清文渊阁四库全书本.

[23]贾岛.长江集[M].四部丛刊景明翻宋本.

[24]萧子显.南齐书[M].清乾隆武英殿刻本.

[25]殷璠.河岳英灵集[M].四部丛刊景明翻宋本.

[26]刘昫.旧唐书[M].清乾隆武英殿刻本.

[27]大般涅槃经[M].昙无谶,译.大正新修大藏经本.

[28]李龏.唐僧宏秀集[M].明末毛氏汲古阁刻本.

[29]方干.玄英集[M].清文渊阁四库全书本.

[30]秦观.淮海集[M].四部丛刊景明嘉靖小字本.

[31]释道潜.参寥子诗集[M].四部丛刊三编景宋本.

[32]周紫芝.太仓稊米集[M].清文渊阁四库全书补配清文津阁四库全书本.

[33]赵师秀.清苑斋集[M].汲古阁景宋钞本.

[34]范仲淹.范文正公文集[M].四部丛刊景明翻元本.

[35]王安石.临川先生文集[M].四部丛刊景明嘉靖本.

[36]王遽.清江三孔集[M].清文渊阁四库全书补配清文津阁四库全书本.

[37]吕本中.东莱诗集[M].四部丛刊续编景宋本.

[38]陈起.江湖小集[M].清文渊阁四库全书补配清文津阁四库全书本.

[39]方岳.秋崖集[M].清文渊阁四库全书补配清文津阁四库全书本.

[40]汪莘.方壶存稿[M].清文渊阁四库全书本.

[41]孙覿.鸿庆居士集[M].清文渊阁四库全书本.

[42]黄庭坚.豫章黄先生文集[M].四部丛刊景宋乾道刊本.

[43]李纲.梁溪先生文集[M].清文渊阁四库全书本.

[44]冯时行.缙云集[M].清赵氏小山堂钞本.

[45]梅尧臣.宛陵先生集[M].四部丛刊景明万历梅氏祠堂本.

[46]沈辰垣.御选历代诗余[M].清文渊阁四库全书本.

[47]刘子翚.屏山集[M].明刻本.

[48]赵汝鐩.野谷诗稿[M].汲古阁景宋钞本.

[49]蒲积中.岁时杂咏[M].清文渊阁四库全书补配清文津阁四库全书本.

[50]徐侨.毅斋诗集别录[M].清嘉庆宛委别藏本.

[51]程公许.沧洲尘缶编[M].清文渊阁四库全书本.

[52]陈渊.默堂先生文集[M].四部丛刊三编景宋钞本.

[53]祝尚书.吕本中“活法”诗论针对性探微[J].中山大学学报,2011,51(4):34-41.

[54]赵崇祚.花间集[M].四部丛刊景明万历刊巾箱本.

[55]刘军政.中国古代词学批评方法论[D].天津:南开大学,2010.

[56]李之仪.姑溪居士集[M].清文渊阁四库全书本.

[57]程垓.书舟词[M].明崇祯刻宋名家词本.
[58]贺铸.贺方回词[M].民国双照楼钞本.
[59]毛滂.东堂词[M].明崇祯刻宋名家词本.
[60]王国维.人间词话[M].民国十六年王忠慤公遗书本.
[61]朱敦儒.樵歌[M].清嘉庆宛委别藏本.
[62]辛弃疾.稼轩词补遗[M].民国刻彊村丛书本.
[63]陈邦瞻.荷华山房诗稿[M].明万历四十六年牛维赤刻本.
[64]阮大铖.咏怀堂诗集[M].明崇祯八年刻本.
[65]顾嗣立.元诗选[M].清文渊阁四库全书本.
[66]瞿式耜.瞿忠宣公集[M].清道光刻本.
[67]杨基.眉庵集[M].四部丛刊三编景明成化刻本.
[68]张玉书.佩文韵府[M].清文渊阁四库全书本.
[69]黄遵宪.人境庐诗草[M].民国铅印本.

指导教师评语：

邓沛裕同学对中国古代文学研究一直保持着一颗赤子之心，她受所学诗歌《古诗十九首》中《明月何皎皎》、曹丕《燕歌行》、李白《静夜思》等的启发，注意到传统的月意象研究中的疏漏之处，发现了“月照床”意象，对该意象从生成到定型的发展阶段进行了深入研究，选题十分新颖、巧妙，具有较高的研究价值。论文思路清晰，视野宏阔，资料翔实，观点明确，显示出作者扎实的理论基础、丰富的学识和较高的学术研究能力以及文字掌控能力。

文学院王轶老师

“红船精神”研究

李嘉欣

（马克思主义学院）

摘　要　“红船精神”是早期共产党人革命实践的精神凝结，是中国共产党的建党精神，更是中国共产党“初心”的凝结和升华。习近平总书记将其概括成“开天辟地、敢为人先的首创精神”“坚定理想、百折不挠的奋斗精神”和“立党为公、忠诚为民的奉献精神”，并将其定位为“中国革命精神之源”。深入学习和把握“红船精神”的形成条件、科学内涵、重要意义及其弘扬路径，对于在新时代推动全面从严治党、为党的思想建设提供重要的理论资源、建设社会主义现代化强国具有积极意义。

关键词　红船精神；形成条件；科学内涵；重要意义；弘扬路径

2005年6月，习近平在《弘扬“红船精神”　走在时代前列》一文中首次提出“红船精神”的科学概念，并将其概括为“开天辟地、敢为人先的首创精神”“坚定理想、百折不挠的奋斗精神”“立党为公、忠诚为民的奉献精神”[1]。“红船精神”源于早期共产党人革命实践，不仅是建党精神的重要体现，也是党的初心的凝结和升华。深入学习和把握“红船精神”的形成条件、科学内涵、重要意义及其弘扬路径，对于在新时代推动全面从严治党、为党的思想建设提供重要的理论资源、建设社会主义现代化强国具有积极意义。

1 “红船精神”的形成条件

“红船精神”诞生在半殖民地半封建社会的近代中国，源自人民群众的革命斗争实践。自1840年鸦片战争以来，中国的政治制度、经济发展、文化组成和社会生活在不同程度上受到了西方工业文明的冲击。中华民族面临着生存危机，“中国将往何处去”的道路问题成为摆在国人面前无法回避的首要问题。20世纪初，十月革命的胜利为马克思主义和工人运动的结合提供了契机，中国革命终于找到了适合中国国情的道路，为“红船精神”的形成创造了必要条件。

1.1 “红船精神”形成的理论基础

“理论在一个国家实现的程度，决定于理论满足这个国家的需要的程度。”[2]中国之所以选择马克思主义，并把马克思主义作为“红船精神”的理论基础，最根本的原因在于马克思主义能够切实解决中国的道路困境并指导着中国革命实践发展。

第一，社会主义和共产主义的理想深深吸引着当时的国人。马克思认为未来社会“将是这样一个联合体，在那里，每个人的自由发展是一切人的自由发展的条件”[3]。人类社会将遵循社会发展的历史规律逐渐过渡发展成为共产主义社会。马克思主义对未来社会的建构与资本主义的剥削和压迫形成了鲜明的对比，它深深地吸引了当时中国的先进知识分子。他们生活在帝国主义、封建主义、官僚主义三重压迫下，迫切渴望民族解放和自由发展。同时，五四运动期间的数次“主义论争”，进步青年们逐渐学会了用马克思主义原理来认识和改变近代中国的社会问题，切身体会到了马克思主义的实践性和科学性。

第二，马克思主义提供了阶级斗争和无产阶级专政的革命方法。列宁认为，无产阶级政党的根本任务就是在马克思主义的指导下，“维护工人的利益,代表整个工人运动的利益”[4],也就是领导广大人民群众进行阶级斗争和无产阶级专政,进而创建无产阶级政党,建设代表人民群众最根本利益的国家政权。1840年的鸦片战争及一系列不平等条约的签订,使中国被迫沦为半殖民地半封建社会。为了救亡图存和捍卫自身的权益,当时先进的中国知识分子尝试了无数条救国道路。但由于阶级局限和思想局限,没有一条道路适合近代中国复杂的国情,最终都走向了失败。马克思主义的出现,为中国革命找到了阶级斗争和无产阶级专政的先进手段。中国共产党的建立就是马克思主义从理论到现实的成功转化。马克思主义是指导中国共产党革命实践的强大思想武器。

作为中国共产党的建党精神,“红船精神”是从马克思主义的坚实信仰中生发出来的,是对共产主义崇高理想的不竭坚持。中国早期马克思主义者坚持解放思想、实事求是,毅然选择了俄国式革命道路,以马克思主义为指导思想创建了中国共产党。“红船精神”汲取了马克思主义的原理和方法论,以社会主义和共产主义为自身的奋斗目标,把阶级斗争和无产阶级专政作为自己的战斗武器,激励着中国人民走向自由与解放。

1.2 “红船精神”形成的历史依据

1840年,鸦片战争打破了大清帝国的天朝梦,中国被迫步入世界近代史。在帝国主义列强的步步吞噬中,中国逐渐沦为半殖民地半封建社会。中国人民为救亡图存和改变现状,同西方列强和本国封建势力进行了英勇顽强的斗争,这为“红船精神”的诞生提供了丰富的历史经验。

第一,多种救国方案的尝试。为了挽救前所未有的国家危亡和民族灾难,社会各阶层开始探求“中国将往何处去”的道路问题。农民阶层首先发动了反帝反封建斗争,他们积极投身太平天国运动和义和团运动,在革命斗争中发挥了积极作用。但由于缺乏先进的领导阶级和革命思想,斗争最终走向了失败。接着是洋务派“中体西用”,积极学习西方的科学技术,虽然在一定程度上促进了民族工业的发展,但这种发展是建立在旧的思想和制度之上的，最终也以失败而告终。资产阶级保守派力图使传统封建思想嫁接西方观念，但南橘北枳，维新变法运动最终被顽固派扼杀了。资产阶级革命派仿效资本主义国家的民主共和方案，成功推翻了清王朝的封建专制统治，建立了中华民国。但不到三个月，革命果实就被北洋军阀政府所窃取，也没有改变近代中国的社会现状，最终还是归于失败。历史表明，农民战争、走官僚资本主义的发展道路、自上而下的改良主义、资本主义的建国方案都不能挽救半殖民地半封建的中国[5]。但是这些革命斗争为“红船精神”的形成提供了丰富的历史经验：中国革命需要先进的领导阶级、科学的革命理论和革命方法以及广大人民群众的支持，只有这样中国革命才能走上正确的道路。

第二，十月革命的成功典范。1917年俄国十月革命的胜利，在20世纪资本主义国家环绕的世界打开了一个突破口，世界上出现了社会主义国家和资本主义国家相对立的新局面。对于长期饱受帝国主义侵略又在反帝斗争中屡受挫折的中国人民来说，十月革命的胜利不仅带来了成功典范和新的希望，还指明了中国革命的前进方向。中国还可以摒弃资本主义道路，选择社会主义道路，建立无产阶级专政。十月革命的胜利为“红船精神”的诞生提供了历史支撑，坚定了中国人对马克思主义的理论自信，鼓舞了中国人民革命斗争的信心。这种历史性的选择开天辟地、敢为人先，对“红船精神”的形成产生了直接影响。由此中国革命以俄为师，沿着十月革命的道路逐步走向了胜利。

1.3 “红船精神”形成的实践依据

以陈独秀、李大钊为主要代表的早期马克思主义者领导广大人民群众开展革命运动，把马克思主义与中国工人运动紧密结合，创建了中国共产党。五四爱国运动的开展、无产阶级队伍的壮大以及中国共产党早期的实践活动，都是“红船精神”得以形成的实践依据。“红船精神”就是在一代代革命青年的革命实践中变得愈发丰实厚重，又反过来指导中国革命的深入发展。

辛亥革命后，民国政府出台了一系列促进民族工商业发展的政策，加之帝国主义国家忙于“一战”，民族资本主义经济得到了良好发展。大批破产农民投身于工业生产中，壮大了工人阶级的队伍，无产阶级逐渐成为近代中国社会庞大的阶级力量。1919年5月4日前后，北京、上海和天津等地爆发了以“三罢”为主要形式的群众性反帝爱国运动。中国工人阶级积极响应这场反帝爱国运动，以其斗争的彻底性、革命的坚决性和组织的严密性在革命运动中逐渐充当主力军，开始作为一支独立的政治力量登上历史舞台并逐渐发展为“自为”阶级。中国工人阶级开始承担起中国革命的任务，并在马克思主义理论的指导下成为中国革命的领导力量，成为“红船精神”形成的真正阶级基础。

随着马克思主义在中国的广泛传播及其与工人运动的结合，中国早期的马克思主义者在共产国际的帮助下召开了中国共产党第一次全国代表大会，正式成立了中国共产党。中国共产党从此带领广大人民群众开展香港海员大罢工、安源路矿工人大罢工、京汉铁路工人大罢工等工人运动，建立与国民党的第一次合作并投身到大革命运动中去。这些革命实践显示了中国工人阶级作为先进政党所具有的革命性与斗争性，扩大了中国共产党的政治影响力，彰显了中国共产党人开天辟地、敢为人先，坚定理想、百折不挠和立党为公、忠诚为民的精神品质。

1.4 “红船精神”形成的文化渊源

“红船精神”的形成不仅具有扎实的理论基础、丰富的历史依据和实践依据，还有着深厚的文化渊源。中华民族悠悠五千年历史，凝聚成世代延绵、博大精深、底蕴深厚的优秀传统文化。“红船精神”从中华优秀传统文化中汲取营养，为马克思主义与中国革命实践的结合提供了思想文化基础。

在几千年的历史中，中华民族形成了“人生自古谁无死？留取丹心照汗青”的精忠报国、舍生取义的爱国情怀，形成了“天下兴亡，匹夫有责”的担当道义、经世致用的大丈夫精神，也形成了“兼爱”“尚同”的天下大同理想……这些优秀的中华传统文化在马克思主义中国化的历程中，日益成为中国革命精神中的重要文化基因。中国共产党人作为中华儿女的杰出代表，他们汲取了众多优秀传统文化的智慧，并将其浓缩为指导革命实践的理论思想。“红船精神”对中华优秀传统文化进行了继承与发扬，它既深深扎根于中华优秀传统文化中，又是对中华优秀传统文化的升华与超越。同时，中华优秀传统文化与马克思主义的有机结合，促进了马克思主义中国化，为马克思主义在中国的传播提供了良好的文化土壤："大同"思想与共产主义理想的契合，"均贫富"与平等思想的呼应，家国一体观念与群体意识的对应。中华优秀传统文化与马克思主义有着相似的价值理念，孕育着“红船精神”。而作为建党精神的“红船精神”形成于马克思主义与工人运动结合的革命实践中，是对中华优秀传统文化的继承和发展。

2 “红船精神”的科学内涵

2005年，习近平在《弘扬“红船精神”走在时代前列》一文中将“红船精神”的深刻内涵概括为“开天辟地、敢为人先的首创精神”“坚定理想、百折不挠的奋斗精神”“立党为公、忠诚为民的奉献精神”[1]。上述“红船精神”的三个方面的内涵，全面回答了中国共产党“从何来”“因何来”“向哪去”这一历史命题，更是高度凝结和概括了革命先辈们在革命实践中形成的建党精神。其中，首创精神是“红船精神”的源泉，奋斗精神是“红船精神”的动力，奉献精神是“红船精神”的核心。

2.1 首创精神是“红船精神”的源泉

首创精神是“红船精神”的源泉，中国共产党领导广大人民群众寻找中国式的革命道路。革命和建设没有固定的模式可仿照，一切都要实事求是，一切都要依据国情出发。中国共产党在历史洪流中响应人民群众的诉求，义无反顾地登上历史舞台，肩负起为中国人民谋幸福、为中华民族谋复兴的历史使命，开创中国革命的新道路。

首创精神是一种关乎“破”和“立”的革命斗争精神。不破不立，破而后立，“否则不塞不流，不止不行”[6]。苟日新，日日新，又日新。近代中国之所以落后挨打，就是因为没有主动积极适应时代的发展，落后于时代的发展。为了改变这种状况，先进的中国知识分子尝试了多种救国方案，都以失败告终。在民族危亡的关键时刻，中国共产党人开天辟地、敢为人先，创立了中国共产党。首先，中国共产党以马克思主义为指导思想，将马克思主义与中国革命实践相结合，找到了阶级斗争和无产阶级专政的革命方法。其次，中国共产党在创建过程中特别重视人民群众和工人阶级的领导作用。中国共产党成立后不久就组建了领导工人运动的第一个公开机构——中国劳动组合书记部，在各地开展工人运动。最后，中国共产党首创性地开辟了一条农村包围城市，武装夺取政权的独具中国特色的革命道路。中国共产党在向俄国革命模式学习的过程中，意识到照搬俄国十月革命的经验，在大城市发动武装起义，在中国是走不通的。在秋收起义失败后，毛泽东带领革命队伍走上井冈山，开创了工农武装割据、农村包围城市的中国革命道路。

中国共产党之所以能够走在时代的前列，由一个领导人民为夺取政权而奋斗的党，成为一个带领人民群众走中国特色社会主义道路的执政党，正是因为其推陈出新、革故鼎新的创新意识。首创精神是推动党和人民不断前进的强大动力，始终占据着中国革命和建设实践的整个过程，带领人民群众走出一个又一个难关。

2.2 奋斗精神是“红船精神”的动力

奋斗精神是“红船精神”的动力，中国共产党在革命实践中始终坚定共产主义的信仰，担当起民族复兴和国家富强的大任。这种奋斗精神，是党始终高扬马克思主义旗帜，坚守共产主义信念，铭记“求民族独立，谋人民解放”的初衷，朝着既定目标不懈奋进的志向和毅力，历经千辛万苦而矢志不渝,经受重重考验而初衷依然。

坚定理想、百折不挠的奋斗精神是一种“明知山有虎,偏向虎山行”的坚持执着。在上海法租界望志路的深夜,李达、李汉俊等13名国内各地党组织和旅日党组织的代表汇聚一堂,讨论成立无产阶级政党的事宜。在白色恐怖中,他们艰难地辗转嘉兴南湖,顺利召开了中共一大并完成了成立中国共产党的使命。而又是在国民党反动派屠杀共产党员和革命进步分子的白色恐怖中,中国共产党人不畏艰险,迎难而上,以生命捍卫革命信仰。贺龙、徐特立等人在大革命最低潮的时候入党,坚决跟共产党走到底。他们身上彰显的这种坚持不懈、奋发向上的革命精神,不断支撑着中国共产党由小变大,从弱到强,在大革命失败后重新调整革命方针,提出极具中国特色的“农村包围城市、武装夺取政权”的思想,纠正了一次次的“左”倾错误,突破了一次次国民党的“围剿”封杀,更是爬雪山、过沼泽,完成了长达二万五千里的长征……经过长期奋斗,中国共产党带领中国人民完成了新民主主义革命,建立了中华人民共和国和社会主义基本制度,带领人民群众解决了温饱问题,奔向小康社会,建设社会主义现代化强国。中国共产党就是凭借着这种不怕风吹雨打、不畏艰难险阻的坚强信念,诠释着奋斗的深刻意义,不断推动着中国革命和建设事业向前迈进。

2.3 奉献精神是“红船精神”的核心

奉献精神是“红船精神”的核心,中国共产党从诞生那天起,就以实现广大人民群众的根本利益为出发点,将家国复兴与个人诉求紧密结合,保持党与人民群众的血肉联系。中国共产党自成立以来就以完成“民族独立和人民解放”与“国家繁荣富强和人民共同富裕”这两大历史任务为己任,并为此奉献自己的全部力量。

奉献精神是“天下兴亡,匹夫有责”的家国情怀。建党之初,一批志士仁人放弃了优渥的生活条件,深入人民群众中去,与人民群众同甘共苦,将个人命运与国家生死存亡紧密联系在一起。中共二大的组织章程明确指出:“我们既然是为无产群众奋斗的政党,我们便要‘到群众中去’要组成一个大的‘群众党’。”[7]在党的革命实践中,“铁肩担道义”的李大钊、“寻得真理救中华”的瞿秋白、“尽善尽美唯解放”的王尽美、年逾半百的教育家徐特立……一批又一批早期共产党人不计个人得失,把一切献给了党和人民,以自己的实际行动,践行了共产党员的信念和宗旨。在农村革命根据地土地革命时期,中国共产党人根据各地实际制定了相应的《土地法》,带领农民群众“打土豪,分田地”,使众多地区的无地少地农民获得了自己的土地,生产积极性不断提高,基本生活得到很大改善,在政治上、经济上的地位不断提高,真正翻身成为农村的主人。随着日军侵华野心的不断扩大,中国共产党从大局出发,积极促成国共第二次合作,从而形成了空前强大的抗日民族统一战线,为抗日战争的胜利献出了自身所有的力量。

奉献精神是“红船精神”的核心,中国共产党以解放全人类、实现共产主义为己任,以全心全意为人民服务为宗旨,尽自身最大努力维护广大人民群众的根本利益,恪尽职守、勤勉工作,时刻保持党同人民群众的血肉联系。

3 “红船精神”的重要意义

“红船精神”形成于中国共产党的早期实践,发展于中国共产党的革命、建设、改革和发展中。随着革命实践的不断发展,“红船精神”在一代又一代的中国共产党人中传承发扬开来,又反过来指导着中国共产党继续向前发展。嘉兴南湖这艘“红船”承载着首创精神、奋斗精神和奉献精神,是中国共产党在历史实践中形成的优良传统,具有深厚的历史意义、理论意义和现实意义。

3.1 “红船精神”是中国共产党革命精神的源泉

“红船精神”正是中国革命精神之源:中国共产党历史上形成的优良传统和革命精神,无不与之有着直接的渊源关系[1]。作为中国共产党革命精神的重要源头,"红船精神"的概括总结,填补了从中共一大召开到井冈山革命根据地建设这段历史上社会意识的空缺。其重要的历史意义表现在两个层面:

第一,"红船精神"是一种价值符号,以独特的价值情感、价值目标、价值追求和价值评价,凝聚着、感召着千千万万共产党员,树立起中国共产党的坚定信仰。在中国革命史上,"红船"不仅仅是中共一大召开的临时场所,还是无数中国共产党人为之向往的崇高信仰和心灵慰藉。"红船"是中国共产党的"母亲船","红船精神"是中国共产党的建党初心。

第二,"红船精神"是中国革命精神体系的开端,"红船精神"与"井冈山精神"等其他革命精神是"源头"与"支流"的关系。其涵盖的首创、奋斗和奉献三种精神层面贯穿于中国共产党的整个革命历史进程,构成了其他革命精神价值追求的基础。中国共产党在"红船"里扬帆起航,走向井冈山建立根据地,走向瓦登堡建立抗日民族统一战线,走向西柏坡建立我们的新中国,走向深圳讲述春天的故事,走向神州大地奔赴我们的新时代。

3.2 "红船精神"丰富和发展了中国共产党思想建党的理论宝库

党的十九大以来,虽然中共中央全面从严治党已经取得良好成效,但还是存在一些问题,全面从严治党仍在路上。而思想建党则是全面从严治党的基础性工程,必须始终坚定共产主义的理想信念,用马克思主义和革命精神武装头脑。在新时代下弘扬和发展"红船精神",有利于丰富和发展中国共产党思想建党的理论宝库,进而推进全面从严治党。

"红船精神"形成于浙江嘉兴南湖,其背后的首创精神、奋斗精神和奉献精神是独特而珍贵的政治资源,是中国共产党宝贵的精神财富。首创精神能够推动中国共产党人不断解放思想、勇于创新、敢为人先,适应时代的发展;奋斗精神能够坚定中国共产党人的理想信念,树立崇高信仰,为思想建党固本培元、补钙壮骨;奉献精神能够时刻警醒中国共产党人不忘初心,与人民群众保持密切联系,设身处地解决人民群众的难题,为广大人民群众谋幸福。

由此可见，“红船精神”是一种坚定的理想信念，能够在中国共产党的建设和发展中不断坚定党员自身的理论自信，培养高度的政治自觉性和思想纯洁性，武装头脑、指导实践，丰富和发展中国共产党思想建党的理论宝库。

3.3 “红船精神”是实现中华民族伟大复兴的精神动力

中国共产党自诞生之日起，就为实现中华民族伟大复兴付出了巨大的努力，取得了彻底的反帝反封建的民主革命的胜利，建立了人民当家作主的新中国，确立了社会主义基本制度，开创了中国特色社会主义道路。作为建党“初心”的“红船精神”，不仅是在中国共产党领导广大人民群众寻梦过程中形成和发展起来的革命精神，还是实现中华民族伟大复兴的精神动力。

“走得再远、走到再光辉的未来，也不能忘记走过的过去”[8]，我们要永远牢记近代中国黑暗的屈辱史，要永远记得中华民族曾经遭受了怎样的灾难，要永远牢记中华儿女是在经历多种救国方案的失败后才找到马克思主义，探寻出属于自己的道路。“红船精神”是伴随着中国共产党的诞生而形成的，在历史的演变中不断支撑着中华民族的繁荣发展。在实现中华民族伟大复兴、“两个一百年”奋斗目标的道路上，我们更需要弘扬与发展“红船精神”，在这种社会意识的强大作用下，推动中国的繁荣昌盛。

4 “红船精神”的弘扬路径

习近平总书记强调：“上海石库门、南湖红船，诞生了中国共产党，十四年抗战、历史性决战，才有了中华人民共和国。共和国是红色的，不能淡化这个颜色。”我们要从“红船精神”中提取红色基因，不断提高自身的政治信仰和理论自信，就要将弘扬“红船精神”融入党员教育中，优化方式方法，把“红船精神”注入工作和生活，以契合群众的需要和人民的需要。

4.1 拓宽“红船精神”的教育渠道，利用多种教育方式进行宣传教育

发挥各地基层党校教育的主渠道作用。针对各地基层党员的实际情况，党校开展不同形式的学习活动。如对年龄偏高、文化水平普遍不高、以务农或者外出务工为生的农村党员进行教育时，需要将“红船精神”的教材“化繁为简”，力求通俗生动；在广大党员干部党性教育中，通过邀请高校“红船精神”研究专家讲解“红船精神”，实现党员教育专业化；在高校，通过在现有思想政治教材中增加“红船精神”学习材料，利用校园宣讲、社团建设和第二课堂的方式打造“红船精神”校园文化，以教育活动的灵活多样增强大学生对“红船精神”的学习。以活动的针对性、模式的专业化、方法的多样性加大宣传教育的力度，在全社会创造一种教育的积极氛围，让党员群众不仅知道嘉兴南湖红船，更知道“红船精神”。

4.2 实现典型人物学习、重大革命纪念日活动弘扬“红船精神”的常态化

重大革命事件和重要革命历史人物生平事迹、革命英烈的英雄事迹，都是中国革命精神的重要载体，也是弘扬革命精神常态化的重要载体。如在中共一大的周年纪念日，举办大型座谈会、学术研讨会、专题讲座、专题展览等学习“红船精神”，以丰富多彩的纪念活动，教育和引导人们铭记历史、缅怀先烈，弘扬“红船精神”，不断加深对中国革命精神的认识。

4.3 强化社会传播机制，利用新传媒、互联网弘扬“红船精神”

在大数据时代下，网络已经成为我们日常学习、生活和工作不可或缺的工具。在今天大数据时代背景下，利用互联网承载信息量大、传播速度快、可适时互动交流、受众面广等优势来弘扬“红船精神”，可以扩大“红船精神”的弘扬范围。

一方面，通过全国党员干部现代远程教育频道、全国党员干部现代远程教育网、共产党员手机报、共产党员网和共产党员微信易信五大网络平台，在各地建立“红船精神”学习网络班级，定期培训、线上考试并颁发合格证书。另一方面，利用微信公众平台、微博等人们喜闻乐见的新媒体工具，制作具有故事情节的“红船纪事”，向人民群众讲述中国共产党诞生的历程；利用互联网技术开发“红船精神”等革命精神系列学习软件，使人们能够在智能电子产品上随时随地学习“红船精神”；可将“红船”背后的建党故事改编为电视连续剧，使人们能够在休闲娱乐的同时潜移默化地学习“红船精神”。

参考文献：

[1]习近平.弘扬“红船精神” 走在时代前列[N].光明日报，2005-06-21(01).

[2]中共中央马克思恩格斯列宁斯大林著作编译局.马克思恩格斯选集：第1卷[M].北京：人民出版社，2012：11.

[3]马克思，恩格斯.共产党宣言[M].北京：人民出版社，2018：51.

[4]中共中央马克思恩格斯列宁斯大林著作编译局.列宁专题文集 论无产阶级政党[M].北京：人民出版社，2009：17.

[5]中共中央党史研究室.中国共产党历史：第1卷1921—1949上[M].北京：中共党史出版社，2011：34-37.

[6]陈独秀.独秀文存·论文：上[M].北京：首都经济贸易大学出版社，2018：64.

[7]中共中央文献研究室.建党以来重要文献选编(1921—1949)：第一册[M].北京：中央文献出版社，2011：162.

[8]习近平.在纪念毛泽东同志诞辰120周年座谈会上的讲话[N].人民日报，2013-12-27(002).

指导教师评语：

“红船精神”是中国革命精神和红色文化的重要组成部分，加强对“红船精神”的研究具有重要意义和价值。本文选题有意义，作者对“红船精神”的生成依据、主要内容、重要意义、弘扬路径作了初步阐述和思考。全文思路清晰，结构合理，技术路线可行，体现出作者较好地掌握了本专业基础知识和基本理论，论文达到了学士学位论文水平。

马克思主义学院姚宏志教授

分析师意见分歧、投资者行为与股价信息含量
——信息供给抑或信息消融?

徐飞,范晓雯

(经济管理学院)

摘　要　分析师作为重要的信息媒介,其评级意见会在一定程度上影响市场上特质信息的流通速度,其后果是影响股价信息效率。本文构建分析师意见分歧、投资者交易积极性与股价同步性分析框架,并基于2007—2018年A股上市公司样本,探究分析师意见分歧所带来的究竟是信息供给抑或是信息消融,进而深入挖掘分析师意见分歧对股价信息效率的作用机制。本文主要研究结论包括:(1)分析师意见分歧会抵消投资者对于特质信息的反应,导致股价同步性提高;(2)分析师意见分歧可以通过降低投资者交易积极性而间接增加股价同步性,存在显著中介效应。(3)异质性检验表明,分析师意见分歧对于股价同步性的影响在环境不确定性高的公司更为显著。根据本文研究结论,监管部门要充分发挥监管职能,采取有效措施激励分析师提供更准确的信息;提升分析师专业素养,提供有效信息;投资者应正确对待分析师评级意见,做出理性决策。

关键词　分析师意见分歧;股价同步性;投资者交易积极性;中介效应

1 引言

股价同步性是指公司股价变动与市场平均变动之间的相关性[1]。本文沿用Morck等[2]的做法,以股价同步性衡量股价信息含量,股价同步性越高

意味着各公司之间股价的个性化差异越小,因而股价信息含量越低,股价对证券市场资源配置的有效性也会被弱化。多份跨国研究表明,在当前时代背景下,由于证券市场的监管体系尚不完善及宏观经济环境等因素的影响,中国的股价同步性居高不下[3][4]。因此,关注股价同步性的成因以及探究如何降低股价同步性以提高股价信息含量是当前金融研究领域的一个热点话题。

本文重点研究分析师意见分歧对股价信息含量的作用机制。证券分析师是资本市场中重要的信息“中转站”,因而分析师的意见可以在一定程度上影响市场上信息的流通进而影响股价信息含量。但分析师的评级结果究竟会对证券市场内的信息流通产生怎样的影响呢?对于这一问题,已有文献多采用分析师跟踪人数作为解释变量,但得出的结论并不一致。一方面,朱红军等发现分析师关注的增加能够促进更多特质信息融入股价,进而提升股价信息效率[5];另一方面,Chan 等则认为中国的证券分析师所提供的信息大部分停留在市场层面,因而分析师评级结果的发布反而使股价信息含量降低[6]。我们认为,现有研究基于分析师关注的角度并不能够完全揭示分析师意见对股价同步性的影响机制。实际上,依据信息加工理论,分析师作为行为个体,对信息的处理存在一定局限性,因而不同分析师对于同一公司出具的评级意见也很可能会产生分歧。因此,本文采用分析师意见分歧作为解释变量,旨在探究分析师意见分歧所带来的究竟是信息供给还是信息消融,进而深入挖掘分析师意见分歧对股价信息效率的作用机制。

由于分析师拥有较高的专业水准和丰富的调研资源,他们的评级建议往往成为投资者的重要参考,分析师的评级结果对各类投资者的交易行为会产生不同程度的影响。肖作平等认为,分析师意见分歧越大,企业的信息不对称程度越高,投资者的期望回报率和交易行为也会因此受到影响[7]。基于投资者有限注意力框架下的竞争性信息对投资者决策的影响,也是当前金融研究领域的热点话题。基于已有研究,肖奇等[8]发现投资者行为是影响股价信息含量的一个重要因素。而大量研究表明,分析师关注对股价信息效率会产生显著影响。因此,我们认为,分析师意见分歧对股价信息含量有影响,并且这种影响不只是直接产生的,还可能是基于投资者行为这一中介变量而产生的,即分析师意见分歧可以通过影响投资者交易行为进而影响股价信息效率。而依据已有的结论[9],分析师意见分歧代表公司经营难以准确预测,这意味着在高度环境不确定的公司,分析师意见分歧对投资者交易行为和股价同步性的影响可能更显著。

为验证上述假设,本文基于2007—2018年A股上市公司样本进行实证检验。本文的主要贡献在于:第一,给出了分析师评级结果影响股价信息含量的直接证据。现有研究主要从分析师关注、分析师预测偏差等角度研究分析师对股价同步性的影响,而本文采用分析师意见分歧作为解释变量,这在一定程度上丰富了分析师意见对股价同步性作用机制的研究。第二,本文基于投资者行为视角,不仅证明了投资者行为是分析师意见分歧影响股价同步性过程中的重要中介,还进一步验证了环境不确定性会增加投资者交易积极性的中介效应。第三,本文的研究对分析师、投资者等市场主体都具有重要的实践意义,为规范分析师的报告披露以及鼓励投资者进行理性交易提供了启发。

2 文献回顾与假设提出

2.1 分析师意见与股价信息含量

证券分析师在向市场提供信息方面起到重要的媒介作用,但就分析师的评级结果给市场究竟带来的是信息供给抑或是信息消融这一话题,现有文献基于不同角度得到的结论并不一致。陈钦源等[10]认为分析师增加了投资者可获得的信息集,提高了企业的信息披露质量,进而显著提升了股价信息效率。围绕这一话题,Crawford等也展开了丰富的研究,认为通过分析师一系列的挖掘和解读上市公司信息的行为,能够起到减少证券市场所存在的信息不对称现象的作用[11]。朱红军等指出分析师的一系列信息搜集行为可以使股票价格中含有更多公司特质信息,从而提高股价信息效率[5]。姜超也证明了我国证券分析师的一系列活动可以增加股票价格中的公司特质信息含量[12]。在此基础上,肖作平等提出分析师意见分歧的高低反映的是上市公司的信息不对称程度[7]。可以说,针对同一上市公司,分析师意见分歧产生于分析师所收集到的公司层面的特质信息的不同,相较而言,后续分析师出于竞争意识会有更加强烈的动机去搜集更多公司特质信息,因而他们所提供的分析报告为投资者提供了更多有效信息。

因此,本文认为,分析师意见分歧会向市场提供更多有效信息,从而提升股价信息效率。本文提出如下假设:

假设 1a:分析师评级分歧可能使股价同步性降低。

然而,也有学者提出不同意见。Chan 等发现由于公司特质信息搜集难度相对较大等一系列原因,分析师的作用更多表现在促使股票价格中包含更多市场信息[6]。因此,分析师评级建议的发布反而对股价同步性有提升作用。结合社会心理学理论,投资者因注意力有限,不能及时吸收信息,所以更倾向于买入那些吸引他们注意力的股票[13]。方军雄等则基于有限注意力和信息竞争相关假说并结合实证分析证明,分析师行业的确存在因为竞争性信息而导致投资者注意力分散的现象,进而引发市场反应不足的问题[14]。基于已有研究,我们发现,对于投资者而言,分析师发表不同评级意见会阻碍投资者对有效信息的吸收,这类竞争性信息会分散投资者有限注意力而影响投资者的决策,进而影响股价信息含量。换而言之,针对同一公司,不同分析师发布的不同评级意见,会造成信息抵消,导致特质信息被反面信息所掩盖而得不到反应。

因此,我们认为,分析师意见分歧会导致投资者有限注意力被分散,分歧意见会抵消分析师特质信息的市场反应,引起公司股价同步性提高。由此提出如下竞争性假设:

假设 1b:分析师评级分歧可能使股价同步性提高。

2.2 分析师意见与投资者行为

由于分析师拥有较高的专业水准和丰富的信息资源,他们的评级意见往往会成为投资者交易行为的重要参考。一般认为,投资者会给予分析师关注较高的公司更多的关注。李洋等人研究发现,为降低信息不对称程度,投资者会不断吸收分析师报告中的新信息,并据此进行交易行为[15]。Malmendier等人指出,由于投资者处于信息劣势,投资者特别是个人投资者多依据分析师评级的字面含义进行投资操作[16]。李志生等人研究发现,分析师荐股信息的公布在很大程度上影响了个人投资者的行为,对被推荐股票的收益率、换手率和波动率也会形成显著影响[17]。因此,分析师预测的变化,会使投资者的情绪与决策产生波动,进而影响股票的特质波动率[18]。

分析师意见能够抑制投资者非理性行为,使公司的股价更接近其基本面价值,从而提高股价信息含量[1]。然而,随着分析师意见分歧增加,分析师的信息中介功能可能被削弱,有用信息被反面意见所抵消。Gebhardt等人指出,分析师意见分歧代表公司经营难以准确预测,意味着投资者要承担更高的公司特有风险,在无法保障更高回报率情况下,投资者交易积极性下降[9]。在理想状态下,分析师群体作为信息媒介,会积极搜集特质信息。对于同一公司,分析师给出的总体评级结果越一致,投资者认为这些评级意见越具可信度,由此而引发的买入或者卖出行为将更加显著,同时会引发市场信息堵塞[19]。这意味着分析师意见分歧度越低,投资者交易积极性越高;分析师意见分歧越大,投资者交易积极性越低。

基于上述研究,本文认为,分析师意见对投资者交易积极性产生显著影响,即分析师意见分歧越大,投资者交易积极性降低。由此本文提出如下假设:

假设2:分析师意见分歧会降低投资者交易积极性。

2.3 投资者行为与股价同步性

基于现有文献,投资者对股价信息含量的作用,主要产生于投资者交易行为使其私人信息传递的过程,只有参与交易才能释放更多的公司特质性信息,进而提升股价信息效率。伊志宏等人便指出,分析师影响股价信息效率的过程是通过吸引投资者的关注,使得股价更多地吸收公司特质信息[20]。由此可见,投资者的积极交易行为能够促进投资者私人信息充分反映到股价当中。活跃投资者有助于传导更多公司信息,投资者关注度越高的信息能够更快地融入股价,从而提高信息效率[8]。刘宇尧等以股票平均换手率反映股票交易活跃程度,研究发现,交易越活跃,特质性信息含量越多,股价同步性越低[21]。何贤杰等指出,股票换手率越高的公司,其股价中蕴含的公司特质信息越多,股价同步性越低[22]。胡军[23]、伊志宏等[24]也得出类似结论。

综上所述,本文认为,分析师可以通过影响投资者行为进而影响股价信息含量,由此提出如下假设:

假设3:投资者交易积极性的提高可能引起股价同步性降低。

3 变量说明与研究设计

3.1 样本选取与数据来源

本文选取2007—2018年A股上市公司为研究对象,数据来自CSMAR数据库。为排除异常值影响,本文对连续变量在上下1%水平上进行Winsorize缩尾处理。分析师股票评级数据也来自CSMAR数据库,根据数据库给出的标准化评级,将分析师评级划分为“买入”“增持”“中性”“减持”“卖出”五类。

3.2 主要变量的定义与计算

3.2.1 股价同步性(*SYN*)

借鉴Durnev等的研究[25],本文采用模型(1)衡量股价同步性:

$$R_{i,t} = \beta_0 + \beta_1 R_{m,t} + \beta_2 R_{m,t-1} + \varepsilon_{i,t} \quad (1)$$

模型(1)利用个股周收益率对市场周收益率和滞后一期的行业周收益率进行回归,$R_{m,t}$指的是A股所有股票在第t周经流通市值加权的平均收益率,$R_{m,t-1}$指的是A股所有股票在第t-1周经流通市值加权的平均收益率。

模型(1)回归后得个股拟合优度R^2,为使数据正态化,利用模型(2)对R^2进行对数化处理,所得*SYN*值即股价同步性的衡量指标。

$$SYN = \ln\left(\frac{R_i^2}{1 - R_i^2}\right) \quad (2)$$

*SYN*计算出来的股价同步性指标,值越大,说明公司与市场同涨同跌的程度越大,所反映的公司特质信息越少,即股价信息含量越低。

3.2.2 分析师意见分歧(*DISSCORE*)

参考国外成熟资本市场分析师相关研究[26],本文选取评级数据而非盈余预测数据,借鉴许汝俊的研究[27],本文将股票评级分为五类并赋值。分值1到5分别对应"卖出""减持""中性""增持""买入"五个评级。

由于不同样本企业的分析师评级意见数量存在差异,本文采用变异系数*DISSCORE*来衡量分析师意见分歧,见模型(3):

$$DISSCORE = \frac{SDSCORE}{SCORE} \quad (3)$$

其中,*SDSCORE*为某一上市公司所有评级得分的标准差,*SCORE*为某一上市公司所有评级得分的均值。

3.2.3 投资者交易积极性(*TURN*)

换手率能够反映市场股票交易活跃度,是投资者交易行为的重要测度指标。本文借鉴李哲[28]、刘维迪[29]等的研究,以上市公司平均周换手率衡量投资者的交易积极性。

3.3 模型设定

首先，为了检验分析师意见分歧对股价信息含量的影响，本文构建如下检验模型：

$$SYN_{i,t+1}=c+\gamma_1 DISSCORE_{i,t}+\gamma_2 X_{i,t}+\mu+FE+\varepsilon \quad (4)$$

式中，$SYN_{i,t+1}$ 为企业 i 在 t+1 年的股价同步性，$DISSCORE_{i,t}$ 为企业 t 年度分析师意见分歧。如果 γ_1 显著大于0，则表明分析师意见分歧与股价同步性呈正相关，从而验证假设1b，反之则验证假设1a。

其次，为进一步探究分析师意见分歧作用于股价信息含量的机制，本文引入投资者交易积极性中介变量，并构建模型(5)以验证前述关于分析师通过影响投资者行为进而影响股价信息含量的假设。为了验证分析师意见分歧对投资者交易积极性的影响，本文构建如下模型：

$$TURN_{i,t+1}=c+\alpha_1 DISSCORE_{i,t}+\alpha_2 X_{i,t}+\mu+FE+\varepsilon \quad (5)$$

如果(5)式中 α_1 显著小于0，表明分析师意见分歧与投资者交易积极性呈负相关，从而验证假设2。

最后，为了检验投资者交易积极性对股价信息含量的影响，本文进一步构建检验模型(6)：

$$SYN_{i,t+1}=c+\zeta_1 TURN_{i,t+1}+\zeta_2 DISSCORE_{i,t}+\zeta_3 X_{i,t}+\mu+FE+\varepsilon \quad (6)$$

其中，如果(6)式中 ζ_1 显著小于0，说明投资者交易积极性与股价同步性呈负相关，从而验证假设3。

本文主要变量说明如表1所示。

表1 本文主要变量说明

变量类型	变量名称	变量代码	测度说明
被解释变量	股价同步性	*SYN*	经对数调整后的个股拟合优度
解释变量	分析师意见分歧	*DISSCORE*	评级得分标准差除以评级得分均值

续 表

变量类型	变量名称	变量代码	测度说明
解释变量	投资者交易积极性	*TURN*	年度平均周换手率
控制变量	评级得分均值	*SCORE*	均值分析师评级得分
	资产负债率	*LEV*	总资产占总负债比率
	企业规模	*SIZE*	总资产自然对数
	总资产报酬率	*ROA*	总资产报酬率
	账面市值比	*GROWTH*	营业收入增长率
	盈余管理	*ABSNDA*	操纵性应计利润绝对值
	经营现金流	*OPCASH*	经营现金流比例
	创新特质	*INOVATE*	研发创新强度
	董事会治理	*DIRECTOR*	董事会规模
	成立年限	*AGE*	公司成立年限

4 实证检验与结果分析

4.1 变量描述性统计

表2所示为主要变量描述性统计结果。

表2 主要变量描述性统计

变量	观测值	均值	标准差	最小值	最大值
SYN	23,243	−0.7099	1.0554	−9.4110	2.0911
TURN	15,148	0.0915	0.0603	0.0083	0.2951
DISSCORE	17,881	0.0923	0.0667	0.0000	0.8660
SCORE	17,881	4.1935	0.5048	1.0000	5.0000
LEV	22,406	0.3003	0.1766	0.0358	0.9348
SIZE	25,681	21.9433	1.4253	19.1138	27.0350

表3为主要变量*Pearson*相关性检验结果。其中,分析师评级分歧DISSCORE与公司股价同步性SYN在1%水平上呈显著负相关,表明分析师意见分歧会降低股价信息含量,初步验证假设1b。同时,分析师意见分歧DISSCORE与投资者交易积极性TURN在1%水平上呈显著负相关,投资者交易积极性TURN与股价同步性SYN在5%水平上呈显著负相关,表明分析师意见分歧可能通过降低投资者交易积极性而增加公司股价同步性,初步验证假设2和假设3。

表3 主要变量*Pearson*相关性检验

变量	*SYN*	*TURN*	*DISSCORE*	*SCORE*	*LEV*	*SIZE*
SYN	1					
TURN	−0.0202**	1				
DISSCORE	0.0672***	−0.1500***	1			
SCORE	−0.1550***	−0.0260***	−0.0106	1		
LEV	0.0216***	−0.0789***	0.0271***	0.0421***	1	
SIZE	0.1130***	−0.3083***	0.2098***	0.1257***	0.3123***	1

表4为基于分析师意见分歧的分组检验。其中,高分析师意见分歧组的股价同步性在5%水平上显著高于低股价同步性组,进一步表明分析师意见分歧会增加股价同步性,降低股价信息含量,验证假设1b。同时,高分析师意见分歧组的投资者交易积极性在1%水平上显著低于低股价同步性组,表明分析师意见分歧会降低投资者交易积极性,验证假设2。

表4 单变量分组检验结果

变量	分组*T*均值检验			分组Wilxcon秩和检验		
	高	低	*T*	高	低	*Z*
SYN	−0.71	−0.75	−2.11**	8385	8206	−2.26**
TURN	0.083	0.10	15.35***	4919	5922	15.93***

4.2 多元回归检验

表5为分析师意见分歧与股价同步性回归检验。结果显示,分析师意见分歧与上市公司股价同步性在1%水平上呈显著正相关,表明分析师意见分歧会提高股价同步性,降低公司股价信息含量,验证假设1b。在控制其他变量、年度效应和个体固定效应后,证券分析师评级分歧依然显著增加公司股价同步性。检验结果表明,证券分析师发表不同意见的评级报告,由于信息抵消效应和投资者注意力分散效应,反而弱化了投资者识别特质信息能力,从而降低了公司特质波动率和公司股价信息效率。控制变量中,公司资产规模、总资产报酬率、创新强度、董事会规模与股价同步性呈显著正相关,资产负债率、营业收入增长率、会计信息质量与股价同步性呈显著负相关。

表5 分析师评级分歧与股价同步性回归检验

变量	SYN_{T+1}	SYN_{T+1}	SYN_{T+1}	SYN_{T+1}
	(1)	(2)	(3)	(4)
DISSCORE	0.6345^{***}	0.1355	0.9278^{***}	0.5203^{**}
	(5.26)	(0.66)	(3.39)	(2.48)
SCORE	-0.1287^{***}	0.0387	0.1297^{***}	-0.0601^{*}
	(−8.18)	(1.35)	(3.11)	(−1.94)
SIZE	—	0.0763^{***}	0.2413^{***}	0.4028^{***}
	—	(5.53)	(4.09)	(8.20)
LEV	—	−0.0684	−0.3202	-0.3805^{*}
	—	(−0.63)	(−1.20)	(−1.81)
ROA	—	−0.3688	0.6262	1.5170^{***}
	—	(−1.19)	(1.11)	(3.57)
GROWTH	—	-0.1644^{***}	-0.0827^{*}	−0.0467
	—	(−5.51)	(−1.80)	(−1.52)

续 表

变量	SYN_{T+1}	SYN_{T+1}	SYN_{T+1}	SYN_{T+1}
	(1)	(2)	(3)	(4)
ABSNDA	—	0.3827***	0.6090***	-0.0200
	—	(3.85)	(5.16)	(-0.18)
OPCASH	—	-0.0251	0.0317	-0.0975
	—	(-0.25)	(0.24)	(-1.06)
INOVATE	—	-0.6091*	1.3925	2.3392***
	—	(-1.92)	(1.58)	(3.60)
DIRECTOR	—	0.0136***	0.0139*	0.0043
	—	(2.64)	(1.65)	(0.73)
AGE	—	0.0054**	0.0152	-0.1728***
	—	(2.14)	(1.11)	(-14.69)
C	-0.2232***	-2.8353***	-7.1817***	-7.5927***
	(-3.36)	(-9.74)	(-6.15)	(-7.75)
年度固定效应	NO	NO	NO	YES
个体固定效应	NO	NO	YES	YES
N	14997	7576	7576	7576
R^2	0.01	0.02	0.02	0.48

注：***、**、*分别代表 $p<0.01$、$p<0.05$、$p<0.1$，本文其余表格中的*意义同此。

表6为分析师意见分歧、投资者积极性与股价同步性回归检验。模型(1)和模型(2)的结果显示，分析师意见分歧与投资者换手率在1%水平上呈显著负相关，表明分析师意见分歧会降低投资者交易积极性，验证假设2。模型(3)和模型(4)的结果显示，投资者换手率与股价同步性在1%水平上呈显著负相关，表明投资者交易积极性有助于降低股价同步性，提高股价信息含量。模型(1)和模型(2)的检验结果，表明分析师意见分歧会通过降低投资者交易积极性而增加公司股价同步性，验证假设3。

表6 分析师分歧、投资者积极性与股价同步性检验

变量	$TURN_{T+1}$	$TURN_{T+1}$	SYN_{T+1}	SYN_{T+1}
	(1)	(2)	(3)	(4)
DISSCORE	-0.0515***	-0.0205*	0.4032***	0.6411***
	(-7.43)	(-1.82)	(3.49)	(2.60)
$TURN_{T+1}$	—	—	-2.5163***	-3.9034***
	—	—	(-13.07)	(-8.75)
SCORE	-0.0026**	0.0043**	-0.0737***	-0.0221
	(-2.51)	(2.38)	(-4.41)	(-0.61)
SIZE	—	-0.0150***	—	0.4308***
	—	(-4.01)	—	(5.27)
LEV	—	-0.0001	—	-0.4128
	—	(-0.01)	—	(-1.44)
ROA	—	-0.0934***	—	1.9106***
	—	(-3.26)	—	(3.32)
GROWTH	—	-0.0013	—	-0.0440
	—	(-0.78)	—	(-1.06)
ABSNDA	—	-0.0063	—	-0.0739
	—	(-0.56)	—	(-0.48)
OPCASH	—	-0.0049	—	-0.3617***
	—	(-0.79)	—	(-3.24)
INOVATE	—	-0.0507	—	2.3135**
	—	(-1.39)	—	(2.57)
DIRECTOR	—	-0.0005*	—	0.0098
	—	(-1.67)	—	(1.24)
AGE	—	-0.0008	—	0.0004
	—	(-0.97)	—	(0.02)

续 表

变量	$TURN_{T+1}$	$TURN_{T+1}$	SYN_{T+1}	SYN_{T+1}
	(1)	(2)	(3)	(4)
C	0.0765***	0.4335***	0.8294***	−9.4316***
	(16.80)	(5.76)	(11.69)	(−5.73)
年度固定效应	YES	YES	YES	YES
个体固定效应	NO	YES	NO	YES
N	9709	4974	9703	4968
R^2	0.50	0.57	0.44	0.51

表7为分析师意见分歧通过投资者交易积极性而影响股价同步性的程度。检验结果显示，分析师意见分歧不仅直接增加股价同步性，还会通过降低投资者交易积极性而间接增加股价同步性，存在显著中介效应。

表7 分析师意见分歧、投资者积极性中介效应检验

变量	(1)	(2)
	SYN_{T+1}	SYN_{T+1}
总效应	0.5238	0.7211
直接效应	0.4032	0.6411
间接效应	0.1296	0.0800
Sobel test	7.0604***	1.7915*
Aroian test	7.0538***	1.7804*
Goodman test	7.0671***	1.8028*

4.3 公司环境不确定影响

前述研究表明，分析师意见分歧由于降低投资者交易积极性从而增加了股价同步性，分析师意见分歧代表公司经营难以准确预测，意味着公司环境高度不确定，分析师意见分歧对投资者行为和股价信息含量的影响可能

更显著。因此,本部分进一步研究公司环境不确定性对分析师意见分歧经济后果的影响。

本文采用申慧慧等人[30]的做法,剔除销售收入中稳定成长部分的影响,来测量环境不确定性。首先,构建如下销售收入年度回归模型:

$$Sale_{i,t}=C+\beta Year_{i,t}+\varepsilon_{i,t} \tag{7}$$

其中,*Sale*为销售收入,*Year*为年度变量,从过去4年至当前年度分别取1—5。模型(7)所得的残差$\varepsilon_{i,t}$即非正常销售收入。接着计算样本公司连续5年非正常收入标准差,再除以过去5年销售收入平均值,得到环境的不确定性,并根据平均环境不确定性将样本划分为高环境不确定性和低环境不确定性组。

表8为基于环境不确定性的分析师意见分歧与股价同步性检验,其中模型(1)和模型(3)为低环境不确定性公司检验,模型(2)和模型(4)为高环境不确定性检验。检验结果显示,分析师意见分歧对于股价同步性影响在环境不确定性高的公司更为显著,环境不确定性低的公司受分析师意见评级分歧影响减弱。同时,环境不确定性还对于投资者积极性的中介效应起到前半程调节作用,即环境不确定性增加了投资者交易积极性的中介效应。

表8 基于环境不确定性的分析师意见分歧与股价同步性检验

变量	$TURN_{T+1}$	$TURN_{T+1}$	SYN_{T+1}	SYN_{T+1}
	(1)	(2)	(3)	(4)
DISSCORE	-0.0316	-0.0287**	0.3583	0.9004***
	(-1.30)	(-2.11)	(0.69)	(2.93)
$TURN_{T+1}$	—	—	-5.2983***	-3.2029***
	—	—	(-6.24)	(-5.48)
SCORE	0.0046	0.0041	0.2114***	-0.0983**
	(1.43)	(1.62)	(2.80)	(-2.09)
SIZE	-0.0089	-0.0166***	0.5014**	0.4163***
	(-1.22)	(-3.38)	(2.04)	(4.49)

续 表

变量	$TURN_{T+1}$	$TURN_{T+1}$	SYN_{T+1}	SYN_{T+1}
	(1)	(2)	(3)	(4)
LEV	−0.0126	0.0134	−1.0408	−0.3866
	(−0.55)	(0.73)	(−1.51)	(−1.04)
ROA	−0.0991*	−0.1264***	4.3326**	1.0919
	(−1.69)	(−3.47)	(2.49)	(1.63)
GROWTH	−0.0149	−0.0005	−0.0094	−0.0399
	(−1.57)	(−0.29)	(−0.04)	(−0.90)
ABSNDA	0.0452**	−0.0101	−0.0109	0.0405
	(2.01)	(−0.79)	(−0.02)	(0.24)
OPCASH	−0.0030	0.0000	0.3064	−0.4617***
	(−0.21)	(0.00)	(1.00)	(−3.84)
INOVATE	0.0789	−0.1115***	2.0390	0.7156
	(0.89)	(−2.97)	(0.64)	(0.80)
DIRECTOR	−0.0002	−0.0004	0.0456***	−0.0157
	(−0.35)	(−0.97)	(3.37)	(−1.46)
AGE	0.0126***	−0.0006	0.0567	0.0182
	(7.08)	(−0.52)	(1.34)	(0.88)
C	0.0662	0.4647***	−13.3493***	−8.6893***
	(0.44)	(4.82)	(−2.62)	(−4.70)
年度固定效应	YES	YES	YES	YES
个体固定效应	YES	YES	YES	YES
N	1669	3305	1668	3300
R^2	0.70	0.51	0.51	0.52

5　进一步分析:机构投资者交易行为中介效应

前述研究基于市场数据验证分析师意见分歧通过影响投资者交易行为而增加股价同步性,为清楚反映投资者行为中介作用,本部分进一步考虑机构投资者交易行为中介效应。相较于普通投资者,机构投资者更具有专业性和规模性,与分析师联系更加密切,其投资行为受分析师影响也更为直接。本部分通过检验机构投资者交易行为受分析师意见分歧影响的程度,验证机构投资者交易行为对于分析师意见分歧与股价同步性关系影响。

本部分根据机构投资者本年底持股变化情况,构建如下机构投资者交易策略指标:

$$Invest = \begin{cases} 1, \text{增持策略} \\ 0, \text{维持策略} \\ -1, \text{卖出策略} \end{cases}$$

其中,增持策略指机构投资者当年增持目标公司股份,维持策略指机构投资者当年维持持股数量,卖出策略指机构投资者当年降低持股数量。

接着,计算包括基金、券商、保险、社保、信托在内的5家机构投资者交易策略标准差,以测度机构投资者交易策略分歧*DISINVEST*。同时,以基金持股为基准,测度券商、保险、社保、信托4家机构投资者持股策略与基金持股策略是否存在分歧,分别记为$DISFUND_1$~$DISFUND_4$。

表9为分析师意见分歧与机构投资者交易策略回归检验。结果显示,分析师意见分歧会显著降低机构投资者持股策略分歧度,验证了分析师意见分歧确实会影响投资者交易行为。从影响方向上看,分析师意见分歧降低了机构投资者交易策略分歧,表明分析师发布的不同评级意见并没有被投资者全部识别,反而由于信息抵消和投资者注意力分散,降低了投资者交易策略分歧,进一步验证假设2。表10为机构投资者交易策略与股价同步性回归检验。

表9　分析师意见分歧与机构投资者交易策略回归检验

变量	*DISINVEST*	$DISFUND_1$	$DISFUND_2$	$DISFUND_3$	$DISFUND_4$
	(1)	(2)	(3)	(4)	(4)
DISSCORE	−0.1347*	−0.2922***	−0.3057***	−0.3288***	−0.2530**
	(−1.76)	(−2.80)	(−2.86)	(−2.96)	(−2.12)
SCORE	0.0214*	0.0157	0.0286*	0.0410**	0.0299
	(1.80)	(0.95)	(1.72)	(2.34)	(1.63)
SIZE	−0.0333**	−0.1262***	−0.1332***	−0.1105***	−0.0403*
	(−2.15)	(−5.55)	(−5.75)	(−4.64)	(−1.72)
LEV	−0.0190	0.0837	−0.0054	−0.0857	−0.0509
	(−0.27)	(0.78)	(−0.05)	(−0.82)	(−0.48)
ROA	0.2367*	0.0261	0.1890	−0.1314	0.1813
	(1.73)	(0.13)	(0.94)	(−0.61)	(0.90)
GROWTH	0.0153	0.0317**	0.0321**	0.0266*	0.0390***
	(1.59)	(2.20)	(2.27)	(1.75)	(2.65)
ABSNDA	−0.0402	−0.0707	−0.0780	−0.1083*	−0.1334
	(−0.86)	(−1.22)	(−1.44)	(−1.78)	(−1.54)
OPCASH	0.0390	−0.0176	0.0102	−0.0200	−0.0357
	(1.36)	(−0.46)	(0.26)	(−0.47)	(−0.78)
INOVATE	−0.0941	0.0943	0.0672	0.0547	0.5263
	(−0.43)	(0.29)	(0.20)	(0.15)	(1.56)
DIRECTOR	−0.0002	−0.0021	−0.0026	−0.0007	−0.0028
	(−0.09)	(−0.68)	(−0.85)	(−0.22)	(−0.91)
AGE	−0.0024	−0.0150**	−0.0255***	−0.0382***	−0.0287***
	(−0.58)	(−2.38)	(−3.86)	(−5.85)	(−4.57)
C	1.2608***	3.5265***	3.7582***	3.4133***	1.8477***
	(4.12)	(7.85)	(8.23)	(7.17)	(3.95)

续 表

变量	*DISINVEST*	$DISFUND_1$	$DISFUND_2$	$DISFUND_3$	$DISFUND_4$
	(1)	(2)	(3)	(4)	(4)
年度固定效应	YES	YES	YES	YES	YES
个体固定效应	YES	YES	YES	YES	YES
N	7548	7548	7548	7548	7548
R^2	0.03	0.05	0.06	0.05	0.03

表10 机构投资者交易策略与股价同步性回归检验

变量	SYN_{T+1}	SYN_{T+1}	SYN_{T+1}	SYN_{T+1}	SYN_{T+1}
	(1)	(2)	(3)	(4)	(4)
DISINVEST	-0.2057^{***}	—	—	—	—
	(−4.96)	—	—	—	—
$DISFUND_1$	—	-0.1589^{***}	—	—	—
	—	(−5.69)	—	—	—
$DISFUND_2$	—	—	-0.1108^{***}	—	—
	—	—	(−3.91)	—	—
$DISFUND_3$	—	—	—	-0.0604^{**}	—
	—	—	—	(−2.27)	—
$DISFUND_4$	—	—	—	—	-0.0751^{***}
	—	—	—	—	(−2.82)
DISSCORE	0.5388^{**}	0.5197^{**}	0.5327^{**}	0.5490^{**}	0.5481^{**}
	(2.47)	(2.39)	(2.44)	(2.51)	(2.50)
SCORE	−0.0339	−0.0351	−0.0352	−0.0358	−0.0361
	(−1.05)	(−1.08)	(−1.09)	(−1.11)	(−1.12)
SIZE	0.3992^{***}	0.3853^{***}	0.3917^{***}	0.3998^{***}	0.4029^{***}
	(7.91)	(7.65)	(7.77)	(7.93)	(7.99)

续 表

变量	SYN_{T+1}	SYN_{T+1}	SYN_{T+1}	SYN_{T+1}	SYN_{T+1}
	(1)	(2)	(3)	(4)	(4)
LEV	−0.4002*	−0.3810*	−0.3928*	−0.3992*	−0.3979*
	(−1.87)	(−1.78)	(−1.84)	(−1.86)	(−1.86)
ROA	1.8360***	1.7969***	1.8115***	1.7791***	1.8031***
	(4.19)	(4.10)	(4.15)	(4.07)	(4.13)
GROWTH	−0.0416	−0.0404	−0.0418	−0.0436	−0.0419
	(−1.39)	(−1.33)	(−1.39)	(−1.44)	(−1.39)
ABSNDA	−0.0989	−0.0985	−0.0950	−0.0933	−0.1014
	(−0.63)	(−0.61)	(−0.59)	(−0.58)	(−0.65)
OPCASH	−0.1049	−0.1163	−0.1131	−0.1152	−0.1159
	(−1.17)	(−1.28)	(−1.25)	(−1.26)	(−1.28)
INOVATE	2.4150***	2.4422***	2.4404***	2.4297***	2.4711***
	(3.57)	(3.67)	(3.63)	(3.62)	(3.67)
DIRECTOR	0.0058	0.0056	0.0055	0.0058	0.0056
	(0.97)	(0.94)	(0.92)	(0.97)	(0.95)
AGE	−0.1724***	−0.1744***	−0.1749***	−0.1744***	−0.1742***
	(−14.20)	(−14.36)	(−14.41)	(−14.31)	(−14.29)
C	−7.5540***	−7.2406***	−7.4041***	−7.6158***	−7.6719***
	(−7.50)	(−7.19)	(−7.34)	(−7.56)	(−7.62)
年度固定效应	YES	YES	YES	YES	YES
个体固定效应	YES	YES	YES	YES	YES
N	7345	7345	7345	7345	7345
R^2	0.49	0.49	0.49	0.48	0.48

表9进一步检验了机构投资者交易策略分歧与股价信息效率之间的关联性。可以发现，机构投资者交易策略分歧与股价同步性在1%水平上呈显

著负相关,这表明机构投资者交易策略分歧的确可以使股价同步性显著下降,分歧的机构投资者会融入不同信号,进而提高股价信息效率。综合表9和表10的检验结果,我们可以得出以下结论:分析师意见分歧通过降低机构投资者交易策略分歧进而增加股价同步性,进一步验证了分析师意见分歧会通过影响投资者交易行为而增加股价同步性。

6 结论与启示

分析师是重要的信息媒介,投资者以及市场整体对于分析师意见分歧的反应是一个具有重要实践意义的话题。本文结合有限注意力和信息竞争的假说,证明了分析师意见分歧通过降低投资者交易积极性进而降低股价同步性。研究发现,分析师的分歧意见会分散投资者有限注意力进而抵消市场对特质信息的反应,并且这一现象在环境不确定性高的公司表现得更为显著。进一步检验机构投资者的交易行为对分析师意见分歧影响股价信息含量机制的中介效应,我们发现,分析师意见分歧降低了机构投资者交易策略分歧进而降低股价同步性。这一发现也验证了分析师意见分歧通过影响投资者行为进而影响股价信息含量的结论。

现有资本市场上,在面对内容复杂、类型繁多的信息时,投资者处于信息弱势,往往并不具备甄别和理性决策能力。而分析师作为信息媒介,其评级建议往往成为投资者开展交易行为的依据。可以说,分析师群体承担了加速公司特质信息流向市场的责任,分析师的理性决策对于市场的资源合理配置而言极其重要。基于本文研究,现提出以下建议:

(1)充分发挥政府职能,完善证券市场监管体系。监管部门要强化对证券市场内各行为主体的监管,进一步规范分析师分析报告的披露行为,避免公司和分析师串通发布虚假信息影响投资者的决策。同时,相关监管部门也应采取有效措施激励分析师提供更准确的信息,并引导投资者作出理性投资决策。

(2)提升分析师专业素养,提供有效信息。分析师要充分运用专业技能和理性判断能力,深入挖掘公司特质信息,提供更高质量的评级报告以提高自身的职业价值和行业影响力,更好地为投资者服务,并推动市场资源合理配置。

(3)正确对待分析师意见,做出理性投资决策。投资者应仔细阅读分析师评级报告,并从中提取有价值的信息;加强对宏观市场环境的了解和相关专业知识的学习,在面对竞争性信息时,应当保持谨慎,多方面权衡后作出投资决策。

参考文献:

[1]金大卫,冯璐茜.过度自信、分析师跟进与资本市场定价效率:基于R2视角的实证研究[J].管理评论,2016(12):41-53.

[2]MORCK R K, YEYNG B, WU W.The information content of stock markets: why do emerging markets have synchronous stock price movements?[J].Journal of Financial Economics, 2000, 58(1-2):215-260.

[3]LI J, MYERS S C.R^2 around the world: New theory and new tests[J].Journal of Financial Economics, 2006(79):257-292.

[4]ALVES P, PASNELL K, TAYLOR P.The use of the R^2 as a measure of firm-specific information: A cross-country critique[J].Journal of Business Finance&Accounting, 2010(37):1-26.

[5]朱红军,何贤杰,陶林.中国的证券分析师能够提高资本市场的效率吗:基于股价同步性和股价信息含量的经验证据[J].金融研究,2007(2):110-121.

[6]CHAN K, HAMEED A.Stock price synchronicity and analyst coverage in emerging markets[J].Journal of Financial Economics, 2006, 80(1):115-147.

[7]肖作平,曲佳莉.分析师意见分歧、经验与权益资本成本[J].证券市场导报,2013(9):18-26.

[8]肖奇,屈文洲.投资者关注、资产定价与股价同步性研究综述[J].外国经济与管理,2017,39(11):120-137.

[9]GEBHARDT W R,LEE C M C,SWAMINATHAN B.Toward an implied cost of capital[J].Journal of Accounting Research,2001,39(1):135-176.

[10]陈钦源,马黎珺,伊志宏.分析师跟踪与企业创新绩效:中国的逻辑[J].南开管理评论,2017(3):15-27

[11]CRAWFORD S S,ROULSTONE D T,SO E C.Aanalyst initiations of coverage and stock return synchronicity[J].The Accounting Review,2012,87(5):1527-1553.

[12]姜超.证券分析师、内幕消息与资本市场效率:基于中国A股股价中公司特质信息含量的经验证据[J].经济学(季刊),2013,12(2):429-452.

[13]孔东民,刘莎莎,谭伟强.分析师评级与投资者交易行为[J].管理世界,2019(1):167-178,228.

[14]方军雄,伍琼,傅欣.有限注意力、竞争性信息与分析师评级报告市场反应[J].金融研究.2018(7):193-206.

[15]李洋,王春峰,房振明,等.中国分析师预告的有效性研究:基于投资者间信息不对称的研究视角[J].预测,2019(1):52-59.

[16]SHANTHIKUMARD M,MALMENDIER U. Are small investors naive about incentives?[J]. Journal of Financial Economics,2007.

[17]李志生,李好,刘淳,等.天使还是魔鬼?——分析师媒体荐股的市场效应[J].管理科学学报,2017,20(5):66-81.

[18]戴方哲,尹力博.证券分析师“变脸”行为会增加股票特质波动率吗?[J].管理评论,2017,29(5):14-22,130.

[19]蔡庆丰,杨侃,林剑波.羊群行为的叠加及其市场影响:基于证券分析师与机构投资者行为的实证研究[J].中国工业经济,2011(12):111-121.

[20]伊志宏,杨圣之,陈钦源.分析师能降低股价同步性吗:基于研究报告文本分析的实证研究[J].中国工业经济,2019(1):156-173.

[21]刘宇尧,陆家骝.融资约束、财务松弛与股价信息含量[J].管理科学,2018,31(5):147-160.

[22]何贤杰，王孝钰，孙淑伟，等.网络新媒体信息披露的经济后果研究：基于股价同步性的视角[J].管理科学学报，2018，21(6)：43-59.

[23]胡军，王甄.微博、特质性信息披露与股价同步性[J].金融研究，2015(11)：190-206.

[24]伊志宏，申丹琳，江轩宇.基金股权关联分析师损害了股票市场信息效率吗：基于股价同步性的经验证据[J].管理评论，2018(8)：3-15.

[25]Durnev A，Morck R，Yeung B，et al. Does greater firm-specific return variation mean more or less informed stock pricing?[J]. Journal of Accounting Research，2003，41(5)：797-836.

[26]FRANCIS J，SFFER L.The relative informativeness of analysts'stock recommendations and earnings forecast revisions[J].Journal of accounting research，1997，35(2)：193-211.

[27]许汝俊.分仓基金重仓股与分析师荐股评级乐观倾向研究：来自行为金融视角的新证据[J].经济与管理，2018(6)：63-69.

[28]李哲."多言寡行"的环境披露模式是否会被信息使用者摒弃[J].世界经济，2018，41(12)：167-188.

[29]刘维迪.基金经理投资积极性及其与基金业绩关系的研究[D].杭州：浙江大学，2016.

[30]申慧慧，于鹏，吴联生.国有股权、环境不确定性与投资效率[J].经济研究，2012，47(7)：113-126.

指导教师评语：

本文在已有研究基础上，构建分析师意见分歧、投资者交易积极性与股价同步性分析框架，论文选题新颖，具有理论意义和现实价值。

论文应用实证研究范式，研究方法科学，在以下两个方面有所创新：一是，以分析师意见分歧作为解释变量，一定程度上丰富了分析师行为对股价同步性影响研究；二是识别了投资者行为中介效应，验证了环境不确定性的调节效应。论文观点鲜明,逻辑严密,数据准确可靠,结论和建议具有现实价值,综合来看是一篇有一定学术价值的论文。

经济管理学院徐飞副教授

(本文发表于《上海金融》2020年第1期,有改动)

论廖家骅音乐家身份的三重面向

徐梦颖

（音乐学院）

摘　要　廖家骅先生是安徽省老一辈音乐家，在音乐美学、音乐教育学、音乐批评、音乐心理学方面均有建树，其创作的歌曲曾流传一时。本文讨论廖家骅先生音乐家身份的三重面向（音乐教育理论、音乐批评以及音乐创作），旨在阐述廖家骅先生的社会认同以及使命担当，并立足新形势下教育观念之变迁，对音乐教育文化心理的时代诉求展开探讨。

关键词　廖家骅；美学思想；音乐批评

1　引言

"生命不息，奋斗不止"是廖家骅为自己钟爱的音乐教育事业所写下的一句座右铭。在20世纪改革开放后我国音乐教育发展史上，廖家骅先生对于音乐教育雏形的形成与发展的影响与贡献是深刻的，也是多方面的。现85岁高龄的廖家骅先生曾为安徽师范大学音乐学院教授，是我国著名的音乐教育家和音乐理论家。他从事音乐教学工作40余年，一直兢兢业业，为我国音乐教育的发展奋斗在一线，其间他担任过本科生和硕士研究生的音乐教育学、音乐美学、音乐论文写作等课程的教学工作。在音乐研究方面也颇有建树，从20世纪50年代开始他就致力于音乐批评活动与革命歌曲的创作，20世纪80年代开始转向音乐教育理论、音乐美学、音乐评论等方面的研究。多年来，有不少学者探索了廖先生在音乐审美教育领域的理论思想及其个人生平的历程。但大多数学者把目光聚焦在他在音乐教育方面的成就与思想体系，对他这方面的思想理论做了剖析与点评。而在20世纪中下叶，是什么让廖先生在半个世纪里的不同时间维度下从事不同领域的研究，从一个音乐创作者到音乐评论家，再到成为老一辈中国近现代音乐教育开拓的“先锋”？廖先生的理论思维从雏形到发展成熟的过程中是否有某种思维的定式？在这些问题的思考与探究中，笔者认为他的音乐美学思想贯穿了他对音乐各个领域的思考。廖家骅先生具有同一音乐审美观念下的多重身份。他的音乐美学思想不仅体现了时代的号召性，更为宝贵的是具有时代思维局限下的前沿性。

2　时代精神下的音乐创作者

在20世纪中后期，音乐文化的创作都体现着强烈的时代精神——革命精神、英雄主义等。在这一时期，廖家骅先生以创作者的身份创作了多首具有时代气息的作品。如《跟着毛主席向前走》《治淮大军向前进》《红花献给治淮英雄》《南水北调铺锦绣》等三十余首歌曲。在这些作品中，我们不难发现廖家骅创作的手法特点多偏向聂耳、张曙等革命音乐家的创作风格。他所创作的歌曲（包括能找到谱例的），几乎都为群众歌曲题材。调式整体风格都为民族调式，且均为宫调式、徵调式或羽调式。在谱曲中，廖家骅喜欢用带有短促的音符时值的节奏型，如用小附点、前十六后八等节奏型带动整首歌曲情感的推进。

1978年，廖家骅先生为革命音乐家张曙的歌曲创作写了一篇点评文章。文章中对于革命家张曙的创作进行了三点概括性总结：强烈的时代主义精神；厚重的革命情怀；浓郁的民族风格。他认为以张曙为代表的革命音乐家所创作的歌曲是民族音乐优秀传统的典范，要从中找到可取之处去创作出具有中国作风以及中国气派的作品，在音乐创作的层面鼓励人们向“四个现代化”去奋斗。这些价值取向在他所创作的群众歌曲中都有所体现。相比廖家骅先生在音乐理论层面的成果而言,其在实践创作方面略显单调。这或许是后人很少提及其创作的原因之一。不可否认的是廖先生的创作相比同时代作曲家而言稍许“大众”了些,在创作技巧或其他谱曲方面都没有过多体现个人特点的地方,笔者认为这也是其在创作方面略显单调的原因。但从廖家骅先生在群众歌曲创作以及对民族音乐评论方面可以看出他审美取向与美学思维定论的雏形。他认为经典的作品,其一要与思想挂钩,要能体现积极意义,达到思想教育目的;其二要能反映时代精神与民族风格的结合。他认为能够反映当代人民生活积极向上的歌曲是优秀的,在歌曲创作时,更应融入时代精神和民族风格。这些在他的歌曲创作中都有所呈现。如其创作的歌曲所有的调式都采用了民族调式,具有民族风味,大部分创作都体现了当时革命精神的奋进等。廖家骅先生也曾多次在《音乐审美教育》中阐述民族审美意识的重要性。从中可以看出廖家骅先生审美观念的雏形是建立在时代精神与民族风格之上的,他的美学思想是带有一定的音乐功能性与阶级性质的。

3 求真务实下的音乐评论者

车尔尼雪夫斯基曾说,生命如果跟时代的崇高责任联系在一起,你就会感到它永垂不朽。廖家骅先生在20世纪八九十年代我国音乐教育理论基础还相当薄弱的时候,投身一线,为音乐教育理论体系的建设而奋斗。这是他品性定格的体现。

3.1 时代背景下音乐评论场的思考与反思

廖家骅先生音乐评论的理论方向之一是对音乐评论、批评的基础认知,与对当时音乐批评场背后的思考与反思。从1985年起,他陆续发表了有关音乐批评方面的见论,发表了《有感于批评家的“个人观点”》(1985年)、《音乐批评的多层次性》(1987年)、《音乐批评的历史反思》(1988年)、《音乐批评研究》(1990年)、《纷繁的音乐 软弱的批评——关于我国音乐评论现状的思考》(1996年)等文章。他从当时社会文化风气、音乐批评家的个人层面、20世纪后半叶的政治氛围等层面进行分析,说明音乐批评对于音乐发展、大众音乐审美,甚至音乐教育发展的重要性,批判音乐批评唯“政治服务”、唯“阶级斗争武器”的现状,阐明了当时多数音乐批评都是为政治环境下的阶级斗争所服务,没有实事求是,没有维护人民群众的根本利益,这样的文艺批评无疑是不健康的。因此,廖家骅先生在《音乐批评的历史反思》一文中从“左向离轨道”与“观念扭曲”两大方面对当时的音乐评论为何会“错误”发展进行了解读。在“观念扭曲”中又从政治观、道德观、价值观、美学观四个角度分别进行了多方面的现状解说,随后从“主题调节”和“复归批评的本体职能”两个方面提供了解决问题的方案。他指出要强化音乐批评的自觉意识,要在知晓音乐表现的手段和审美的规律下进行批评,不能脱离这两点而根据“个人主义”去随意批判。廖家骅先生所指出的这一点,不仅适合当时音乐发展背景下的音乐评论,同样也适合当下音乐评论的发展,这一点是没有时代界限的。只有正确认识音乐主体,才能在此基础上对评论(批评)的对象作出正确的、深刻的、严谨的音乐分析与音乐评论或批评。

同样他也多次提到实事求是是至关重要的,他认为音乐批评是为音乐艺术与人类精神文明的发展所服务的,因此要求准、求精,要贴切实际、具有科学性。做到以上几点,才能客观地从历史唯物角度与审美层面对审视对象作出“真正的实事求是”的批评。于此之外,廖家骅先生还曾指出“独立”的重要性,笔者认为这是客观的“独立”,辩证的“独立”;不盲目跟风,不为“不正当利益”所动。在经历过20世纪六七十年代音乐评论界的萧条后,我们应当吸取教训,从客观辩证的角度,独立思考,不受社会音乐思潮的干扰,作出对审视对象的正确判断,才能出现“百家争鸣,百花齐放”的局面。在基于对这方面的思考中,又引出了其他问题,如何谓客观、辩证的思考呢?怎么才能进行客观、独立的评判呢?这类问题就涉及音乐批评者这一主体。

而对于这类问题，廖家骅先生也曾作出思考，为此发表了《有感于批评家的“个人观点”》一文。他强调要以马列主义、毛泽东思想为指针和基础，提倡实事求是的评论作风，他认为“群众的爱好往往体现着社会各集团的审美观点，有一定的时代性和特定性”[1]220。因此不能全以个人的思想观念为标准，而更多地要站在大众的角度，去聆听群众对于审视主体的意见。总而言之，要在多方面的具体分析之后，在对自己思维的开拓及创新性的思考下，对审视主体进行评判，当然这所有的条件都要建立在专业素养过硬的基础之上。随着音乐教育的发展，音乐评论家专业素养的提高，音乐评论与批判的质量也随之得到相应的提高。这与廖家骅先生对于音乐评论与批评的见论也是相关的，廖先生在20世纪八九十年代，中国音乐评论与批判处于停滞与萧条的时期，对于这方面的思考与见解具有前瞻性，为当时的音乐评论与音乐批评指引了发展的方向。学科与学科是具有交融性的，廖家骅先生在其音乐评论与批判中融入了其审美及美育的观念。

3.2 音乐社会现象发展的思考与评论

对于音乐发展的社会现象的相关评论，廖家骅先生从不同角度以及各个方面对音乐发展的现状及社会问题作出了评价，如《听众各有所爱——和宋扬同志商榷》《关于新音乐运动的随想》《保持乐坛的“生态平衡”》《歌剧传播方式的现代化》《要敢于破格》《关于“音乐学院”的沉思》等文章的发表。廖家骅先生从听众的角度、音乐创作的维度、音乐传播方式的层面、音乐理念的发展以及音乐专业类院校的发展等方面对音乐社会现象的发展进行了分析阐述。他在《听众各有所爱——和宋扬同志商榷》中表达出他与宋扬同志观点的异同并加以说明。他认为音乐艺术是通过听觉来感受的，是为听众服务的艺术，但个人审美标准有所差异，因此要辩证地看待听众对音乐的需求。他对宋扬的一些观点提出了质疑，认为如果此类观点成立的话，美育的实施与音乐教育就是可有可无了，这显然是不可能的。在这篇文章中廖先生强调“音乐是为人民服务的”这一基本观点。这个观点的提出对于音乐创作有一个指引性作用，无论是过去还是现在都是有益的。然而廖先生似乎把音乐过度地与政治联系在了一起，笔者认为音乐更多的是艺术的表达，这种过度强调政治功能是有待商榷的。在音乐创作方面，他表达出自己关于音乐该如何创作的观点："文艺是生活的真实反映，生活是文艺创作的唯一源泉。"[1]211 他认为在音乐的创作中，如果不是来自对生活的情感体验，是不可能产生优秀音乐作品的。这种对创作好坏的定论，在当时的年代或许是对的。当时多数优秀的音乐创作题材来自大众生活或者体现了当时人民的生活情感状态，而随着音乐多元化的发展，音乐的种类在增加，音乐的题材来源在扩大，因此这类观点也就随之变得片面了。说到时代的发展，音乐的传播媒介也在发生着日新月异的变化，对于这种变化为音乐发展或是音乐教育带来的机遇与问题廖家骅先生都做了思考，并且指出了其中的利弊。从廖先生对音乐社会现状以及变化的评论来看，他的思想是辩证的，所表达出来的心声是实事求是的，这点是难能可贵的，在当时的音乐评论场上无疑是一股清流。

3.3 音乐教育相关类书评

其三是有关音乐教育的书评一类，他把自己对于音乐教育理论的研究和实践的切身经验应用于对基本专著的利弊双面的点评。而在廖家骅先生对于他人专著的评论中，我们也能看出他本人对于音乐教育发展的看法。"就音乐教育而言，必须在面对全球经济一体化、文化多元化的世界格局中，努力寻求自身的科学研究方法，以适应自身生存和发展的迫切需要。"[2]这是廖家骅先生对马达教授专著《音乐教育科学研究方法》的点评，他认为马达教授所写的这本书弥补了音乐教育方法论的空白。在对音乐教育领域的摸索中，廖家骅先生强调了科学方法论对于音乐教育学这门年轻的交叉性学科的重要性。他在点评中，先阐释了这本专著的价值所在，而后提出了这本专著的不足之处与自己的个人意见，其中他再次提到了音乐教育中的审美特征。他在《激活形象思维的新思路——〈形象思维的综合训练〉刍议》

中,也将音乐审美放在了核心的关注点上。于此之外,他还对《音乐学习与教学心理》《20世纪中国学校音乐教育》《视唱练耳教学论》等与音乐教育有关的书做过点评。在对此类书的点评中,他实事求是的言语态度,渊博的学科知识素养,深厚的理论研究功底,丰富的实践经验成果,较为完整的美学思想体系,无一不让人敬佩。

从他多年来对于音乐各方面的评论中可看出,廖先生一直在密切关注着音乐思潮的发展动态,对音乐发展方向与音乐的社会功能等有较为敏锐的觉察性。无论在什么时期,他自始至终都抱着对学术实事求是的态度,不跟风不盲从,辩证地看待音乐发展现状或所出现的问题。廖先生在从事音乐评论相关工作的同时还有另外一重身份——音乐教育理论家。在同一个时间维度下,是什么支撑着他同时扮演着两种角色,且做到游刃有余?在当时中国文艺工作的环境中,包括现当代学科分流,研究方向越来越细化的环境下,这是很难做到的。这说明廖先生有着较高的专业素养与丰富的学科知识储备,而这些也是一个好的评论者所要具备的能力。

4　辩证思维下的美育先行者

随着20世纪70年代改革开放政策的实施,我国与外界的交往越发密切,这种密切的往来不仅体现在经济和政治方面,也体现在学术思想方面。当时,受到美国音乐教育思潮的启发和影响,以廖先生为首的一批老一辈学者们展开了音乐审美教育哲学在音乐教育中的研究。而后这种美育的思想成为廖先生在教育观方面的思想主流。从观念呈现的角度看,百年来学校音乐美育观念经历了怎样的发展变迁?曾有学者认为中国的美育事业经历了从有到无、拨乱反正、重要决策、规范发展这样一个迂回曲折的过程,与此相伴的则是学校音乐教育所经历的建设、曲折发展、停滞、繁荣四个时期。而学校音乐美育观念始终都围绕着"涵养美感,陶冶德性"的音乐美育伦理教化观,以此为主导,彰显爱国思想与民族精神。

廖家骅先生在《科技:音乐的一柄“双刃剑”》一文中提到网络歌曲的传播以及“流行歌曲”时,常带有一种偏激的态度,称之为“恶俗”“低俗”的音乐。这样的字眼不仅在此文中提到,在他写的多篇专著中也有提及。笔者认为,对于现代“流行歌曲”廖家骅先生的态度稍显偏激。流行歌曲之所以流行,是因为作为当代社会的产物,是为当下大众所喜闻乐见的。流行歌曲当然有好坏之分,但不可全盘否定,流行歌曲的产生,也是音乐多元化发展的产物。当代音乐人三宝曾说,音乐创作是没有界限的,更没有低俗、高雅之分。因此,要用辩证的眼光去对待当今时代音乐流行化的问题。当然,不可否认的是,现在的流行音乐创作氛围有些浮躁,有些歌曲都经不起推敲,甚至有些流行歌曲的创作不能算作“音乐”。但如周杰伦等现代歌手所创作的《稻香》《青花瓷》《听妈妈的话》等歌曲,不仅为大众所喜爱,也符合教育审美意识。

廖家骅先生把自己对于音乐审美教育的研究与想法撰写成了一本书——《音乐审美教育》,这本书从对音乐和音乐审美、美育和音乐教育的概述论起,之后分别从音乐审美教育的基本原埋、心埋结构、心理功能,音乐教学中的审美教育以及音乐教师的审美修养等几个方面进行阐述,涉及多门学科,如教育学、心理学、美学、哲学等,反映了中国20世纪末对音乐审美教育体系较为全面的认知。在20世纪中叶的美国,一些学者就开始致力于建立音乐审美教育哲学体系。音乐审美教育哲学的代表人物雷默所写的《音乐教育哲学》中对音乐为什么重要、音乐教育为什么重要、学校该怎么去开设音乐教育课程等一系列理论问题展开了探讨,引发了大量关注,后被称为“审美教育运动”。此类音乐审美教育哲学的研究者注重艺术思想在音乐教育中的运用。以雷默为代表的音乐审美教育哲学的提倡者注重的是对纯音乐的鉴赏与聆听,他们主张抛开纯音乐纯艺术之外的一切,如人文环境、政治思想等,所强调的是对音乐的鉴赏与聆听。诚然,廖家骅先生正是受到了这种音乐审美教育哲学思想的启发而建立了属于中国社会环境下的音乐审美教育哲学体系。廖先生在《音乐审美教育》一书中曾提到“音乐教育是进行美育的重要手段”,“音乐教育必须以审美教育为核心”[3]。而在20世纪50年代西方学者发表的《音乐教育的基本概念》中曾说“音乐教育即审美教育正是出现的标记”。显然,廖家骅先生对于音乐审美的教育观念是受到美国“审美教育运动”的影响的。也正是音乐审美教育在中国的兴起与发展,使音乐教育在学校课程的规划中有了一席之地。中国教育一直强调“德、智、体、美、劳”的全面发展,其中的“美”即美育,当时中国音乐审美哲学思想指出用音乐艺术去培养学生的美感与审美教育。这也是中国音乐教育课程一直设有“音乐鉴赏”这门课的主要原因。以廖先生为代表的音乐审美教育研究者对于20世纪下半叶音乐教育体系的建立作出了相当大的贡献,对于音乐教育的发展具有里程碑的意义。但随着社会的发展、文化的繁荣,新时代下,音乐教育该何去何从?2013年,廖家骅先生发表了《音乐审美教育过时了吗?——多元音乐教育哲学思潮刍议》一文,表明自己对于音乐审美教育没有过时的坚定立场,在此基础上,他也发表了对以雷默为代表的音乐审美教育哲学与以埃里奥特为代表的音乐实践教育哲学的看法。难能可贵的是,对于这两种可以说是相互对立的流派,他是用辩证的观点去看待的,取其精华,并结合中国的教育格局与音乐发展情况建立适合我们自己的音乐教育体系。现在倡导音乐实践教育的热情高涨,多数学者对音乐教育的审美范式提出质疑。笔者认为盲目追随与质疑是错误的,音乐审美教育思想确实带动了中国音乐教育的发展,但一种思想只有与时俱进,才不会与发展的社会脱节,才不会成为“落后”的思想。思想的外在表现为观念,一个人的观念很顽固不懂得变通的话,思想就会变得保守。所以说音乐审美教育是成为过去式还是进行时的关键在于观念的转变,美育固然是重要的,而情景语境下的实践范式教学也是重要的。

现代青少年对中国传统经典音乐文化认可度不高,音乐审美主体出现偏差,这是一个相当棘手的问题。对此,廖家骅先生也做了分析并且提出了解决方案。在此基础上,笔者认为现在青少年出现的审美偏差是中国社会“大环境”与“小环境”相互作用的结果。“大环境”是指中国的社会环境,在信息科技发达的时代，音乐网络平台以及各类音乐媒体对青少年的影响极其广泛，这些平台或媒体推送的歌曲往往是青少年所喜爱的，青少年长久被这些音乐所熏陶就会出现一定的倾向。这些平台背后的音乐制作人以及作曲家们，尤其是为广大群众所喜爱的音乐制作人和作曲家们，他们所传播的音乐文化的影响是广泛的。廖家骅先生认为改变此类现状应首先提高教师的审美素养，并较为详细地阐述了该如何提高教师的审美素养，通过教师审美素养的提高去引导学生的审美观念。但就现在的教育现状而言，音乐课在大多数学校不被重视，而且各地区情况也不一样，各学校制度也不同。在经济发展相对好的城市（如一、二线城市），学校相对会更加重视学生全面发展，在经济发展相对落后的地区，音乐课可能没有得到应有的重视，所以说通过教师的影响仅仅只是一个方面。“小环境”是指家庭环境，家庭氛围对一个孩子的成长是起决定性作用的，例如家里父母喜欢听民族音乐、戏曲等，或从事有关工作，孩子从小受家庭氛围的熏陶，听觉审美就会有所倾向。因此要改善现状需从多方面考虑，不是仅提高教师审美素养就能解决问题的。

现当代不少学者对廖家骅先生理论思想的研究做了分析，主要探讨了廖先生的美学教育思想，但多是对他思想的总结，没有过多结合时代发展，去深掘其中的价值以及所反映出的问题。我们所要做的是在廖先生等前辈的理论体系之上再去思考，不断完善音乐教育的理论体系；对廖先生提出的“音乐审美是否过时”等问题加以探索，在实践与理论的结合中提供解决方案。

廖家骅先生等前辈所提倡的音乐审美教育的初心是为了中国音乐教育的发展，而当下的学者也应该秉承前辈们的初心，为中国音乐教育的发展作出应有的贡献。

5 结语

廖家骅先生一直为文艺建设发光发热，身为一名创作者，他更多地投入到了群众歌曲的创作中,认同群众歌曲使人积极向上的精神功能性,这体现了他的音乐审美观念。与此同时,作为一名音乐评论者,他的审美思维一直坚持好的音乐评论的实质是要为大众所服务,要能反映大众心声,要符合社会主义建设的潮流等,也体现了他的音乐审美观中所带有的功能性与明确的目的性。同时他从事音乐教学工作,为中国近现代音乐教育体系的建立与发展贡献了自己的力量。廖先生在美育与音乐审美教育哲学方面的研究,给予了音乐审美教育在中国音乐教育中明确的理论支撑。他的音乐审美教育哲学思想虽源于美国的"审美教育运动",受西方音乐教育思想的影响,但他从中国教育的实际情况出发,辩证地吸收了西方音乐审美教育哲学的思想理论体系,在自身施教的过程中,不断地用实践去检验,从而形成了一套适合中国音乐教育发展的理论体系。他所主导的音乐审美教育的美学思想是秉持着以马克思哲学观所建立的。他的音乐审美教育思想是以适应与体现社会主义建设为基础的,因此不论是作为音乐创作者还是评论者,或是音乐教育理论研究者,他所有音乐工作的展开都有着同样的审美基础,在这个基础上在不同时间维度下扮演不同角色。同时代下也有其他学者在"同一种情况下"有着多重身份。如李凌前辈,她的一生也是在持有特定美学思想下同时扮演着评论者、音乐教育者以及音乐社会活动者的多重角色。

思想观念渗透在个体对各个领域的表达行为中。一种学科流派或某种学术运动的兴起与衰落,往往不在于学术思想的落伍,而在于观念的转变。当下,中国音乐教育研究者多在接受和提倡音乐教育的实践范式哲学,有的学者就说,审美范式在音乐教育中已经成为过去式了,但真的是这样吗?审美范式哲学对中国音乐教育发展的贡献是不可否定的,在多年的音乐教学实践中也获得了一定程度上的肯定。所以说无论是音乐实践教育还是音乐审美教育,它们在我国音乐教育中的推广与应用,关键在于思维观念的转变,而观念要走在发展的前沿。

参考文献：

[1]廖家骅.乐思集：廖家骅音乐论文集[M].北京：中国文联出版社，1999.

[2]廖家骅.乐论集：廖家骅音乐论文集[M].北京：中国文联出版社，2013：167.

[3]廖家骅.音乐审美教育[M].北京：人民音乐出版社，1993.

指导教师评语：

该同学写作思路较为清晰，科研作风端正，具有较高的文献阅读量。这篇文章从多角度出发，选题较为独特，综合运用了各种研究方法，具有较强的实践意义。文章将廖先生的三重身份结合分析，时间线明晰，具有一定的学术意义。

音乐学院留生老师

安徽省高校开设健身气功课程的现状及对策研究

王亚楠

（体育学院）

摘　要　本文以健身气功在安徽省高校开展的情况作为研究对象，采用文献资料研究法、专家访谈法、问卷调查法以及逻辑归纳分析法等对安徽省部分高校开设健身气功课程现状进行研究。结果表明，所调查高校中开设健身气功课程的高校仅17所，开设率56.7%，开设方式多样，开设健身气功课程现状总体不乐观。存在的问题包括在教学中忽略理论课，健身气功宣传力度不够，师生对于健身气功的认知水平低。

关键词　健身气功；高校；现状；对策

1　前言

1.1　选题依据

2003年，国家体育总局健身气功管理中心推出了4套功法，分别是："健身气功·易经筋""健身气功·五禽戏""健身气功·八段锦""健身气功·六字诀"。这4套功法在社会和校园内广泛流传。之后又推出5套功法，进一步丰富了健身气功的内容。其动作难度系数低，在室内室外都能练习，也不受器材的约束，所以不同年龄段的人群都可以根据自身喜爱选择功法练习。另外，相比其他的健身方法，健身气功有其独特的健身功效。

健身气功传承到今天，不仅在国内取得了良好的发展成果，而且在国际上也发展迅速，据国际健身气功联合会统计，其他国家习练功法的人数超过200万人。健身气功是我国传统民俗文化，高校青年学子有传承和弘扬这一传统民俗文化的使命。

1.2 研究目的和意义

健身气功在高校内的推广丰富了校园体育文化活动形式。本文对安徽省内部分高校展开调查研究，了解部分高校健身气功课程开展的现状和教师教学状况，以及学生学习情况，希望能够发现制约安徽省高校健身气功推广的主要因素，并提出具有针对性、有效性的解决对策，从而为安徽省健身气功在高校的推广和发展提供参考。

2 文献综述

2.1 健身气功的文化影响研究

健身气功经过一代代传承、发展流传至今，在发展的过程中凝聚着中华民族精神，彰显出中华儿女的性格，体现出非物质文化的民俗性与生活性，属于非物质文化遗产[1]。健身气功具有的文化底蕴让它在国际文化交流的舞台上展现中国特色，让更多的国外友人了解中国传统文化[2]。

管小丽等在《健身气功的文化软实力价值研究》[3]中指出，健身气功具有鲜明的民族特色和文化特点，蕴含的文化价值为国家文化战略提供了重要指导思想。作为文化的载体，健身气功用有形的运动传递思维的方式推动着文化的传承和发展。杨洪杰、丁权权在《健身气功作为文化软实力角色的自我建构战略》[4]中指出，健身气功的发展对我国文化软实力的构建十分重要。健身气功应当从凝聚力、认同力、整合力、传播力、创造力这几个方面挖掘祛病养生硬实力，并通过深化健身气功教育改革，打造品牌健身气功赛事等来提高文化软实力。

2.2 健身气功的普及推广研究

项汉平等[5]研究指出，健身气功·易经筋应采用“三段式”的教学模式在高校中推广，不仅可以强化学生规范的工作导引意识，而且能培养学生自我调控心理的能力。这种模式不仅适合健身气功·易经筋的练习，其他的功法也可以借鉴。吕吉勇、杨慧馨在《高等院校健身气功推广方式的研究》[6]中指出，健身气功在高校内的推广主要是以课程形式进行，如何完善其教材、选择不同的健身气功方案应该是研究的重点。陈小功[7]认为，健身气功不缺乏辅导员，但是既懂得理论技能，又懂得科学研究，同时还善于教学的人才极为匮乏，从长远看，这些必将成为健身气功进一步发展的一大阻碍。

作为中国的传统文化，健身气功应建立起我国国情需要的推广模式。大学生应当担任起传承中华传统民俗体育文化的重担，主动积极地去学习。面对社会的需求和隐形市场的潜力，健身气功在推广方面应加速前进。张彤、杨嘉民在《高校健身气功推广的文化审视与思考》[8]中指出，大学生应当主动传承和推广自己国家的传统文化，达到弘扬传统文化和培养青年“文化自觉”意识的目的，在推广运作模式中重视“静态设置与动态培养相融合”。

2.3 健身气功的锻炼效果研究

童世敏等[9]调查发现，练习健身气功的中老年人医药费呈下降趋势，可以有效降低心理压力、心率等。苗福盛等[10]对研究对象进行了18个月的训练，研究结果显示，研究对象的TG(甘油三酯)、TC(总胆固醇)、LDL-C(低密度脂蛋白胆固醇)水平和动脉粥样硬化指数都有所降低，HDL-C(高密度脂蛋白胆固醇)水平、载脂蛋白A1水平提高，载脂蛋白B水平降低。这一研究说明此训练能够有效改善中老年高血脂患者的血脂及脂蛋白代谢状况，达到预防高脂血症和心血管疾病的效果。朱毅等[11]研究发现，通过练习易筋经可以改善腰椎间盘突出腰痛患者的功能障碍，使疼痛缓解，减少患者的椎间盘负荷。

杨玉冰、彭翔吉[12]研究发现，练习导引养生功十二法可以有效改善大学生身体形态，提高呼吸系统机能，对大学生的平衡能力、协调能力都有所提高。习练健身气功·八段锦可以刺激老年人肠道菌群的生长、繁殖，从而改善老年人的肠道微生态平衡，抑制病菌生长，使老年人胃肠道的生理功能得到提高[13]。万瑜[14]研究发现，健身气功·八段锦可以让学生心理幸福感保持在一定的水平上，还可以有效减少学生心理悲伤感。

2.4 健身气功的竞赛意义研究

健身气功竞赛的开展可以促进健身气功的全面推广。科学开展竞赛，让更多的练习人员专业化、素质化、多元化，在原有的基础上加以创新，同时加强学术交流，发挥其健身、健心的效果。

虞定海在《开展健身气功竞赛的意义及可行性分析》[15]中指出，应考虑健身气功在教育与经济方面的功能。于海、姚丹[16]提出，健身气功竞赛可以在动作难度上做出详细划分，在规则上进一步完善，丰富竞赛功法，满足需求。田怡然在《浅析健身气功竞赛功法规则变化对其将产生的影响》[17]中指出，应注意功法的规则，提高健身气功的实用性，在不改变本质的基础上进一步开发可利用资源，在外观上对健身气功进行“包装”，在功效上发挥其健身、健心作用，使更多的人参与健身气功练习。

2.5 健身气功的发展趋势研究

徐武在《健身气功发展趋势及推广策略》[18]中提出，健身气功的发展应和全民健身相结合，让宣传手段逐渐趋于制度化、规范化，从普及推广向科学研究发展，慢慢地从社区站点模式向高校扩展。蒋易庭、文烨在《成都市高校健身气功发展趋势及推广策略》[19]中指出，应培养儿童的坚强意志，让他们投入到体育健身中去，使青少年从小就树立起健身气功的传统文化意识。

笔者认为,首先,俱乐部可以开通微信公众号,定期推送健身气功相关文章和视频。其次,推进健身气功入学校,包括高校和中小学,使学生从小树立传统体育的观念。

3 研究对象与方法

3.1 研究对象

本研究采用定量抽样的方法,抽取安徽省内本科学校20所,专科学校10所。其中,皖北10所高校(本科学校7所,专科学校3所),皖中11所高校(本科学校8所,专科学校3所),皖南9所高校(本科学校6所,专科学校3所),见表1。

表1 调查的30所安徽省高校

序号	高校名称	样本选择	教师数量	学生数量
1	蚌埠学院	计算机工程学院、体育教学部	2	8
2	亳州学院	体育系、教育系	2	8
3	阜阳师范大学	体育学院	2	8
4	阜阳职业技术学院	医学护理学院	1	8
5	淮北师范大学	体育学院	2	8
6	淮北职业技术学院	机电工程系	1	8
7	淮南师范学院	体育学院、教育学院	2	8
8	淮南联合大学	经济管理学院	1	8
9	安徽理工大学	外国语学院	1	8
10	宿州学院	体育学院、音乐学院	2	8
11	安庆师范大学	体育学院、文学院	2	8
12	安庆职业技术学院	电子信息部	1	8

续 表

序号	高校名称	样本选择	教师数量	学生数量
13	巢湖学院	体育学院、马克思主义学院	2	8
14	滁州学院	体育学院	1	8
15	安徽医科大学	口腔医学院	1	8
16	合肥师范学院	体育学院	1	8
17	安徽大学	文学院	1	8
18	安徽职业技术学院	机电工程学院	1	8
19	安徽建筑大学	外国语学院	1	8
20	皖西学院	体育学院	1	8
21	六安职业技术学院	城市建设学院	1	8
22	黄山学院	体育学院	1	8
23	安徽工业大学	电气与信息工程学院	1	8
24	铜陵学院	会计学院	1	8
25	安徽师范大学	体育学院、文学院	3	8
26	安徽工程大学	体育学院	1	8
27	皖南医学院	护理学院	1	8
28	安徽中医药高等专科学校	医学系	1	8
29	安徽机电职业技术学院	人文系	1	8
30	宣城职业技术学院	旅游商贸系	1	8

3.2 研究方法

3.2.1 文献资料法

根据此次调查研究的需要，笔者通过查阅中国知网，整理了168篇文献阅读研究。除此之外，笔者还查阅了百度学术，以“高校健身气功现状”为关键词进行搜索，整理出北大核心期刊16篇、中国科技核心期刊14篇、CSSCI 11篇文章并阅读研究。

3.2.2 专家访谈法

在本次调查研究中，笔者通过面谈、电话、邮件和网络的方式咨询了健身气功方面的专家(见表2)，仔细听取他们的研究方法、想法和建议。

表2 访谈专家一览

序号	姓名	工作单位	职称	序号	姓名	工作单位	职称
1	王家忠	安徽师范大学	副教授	6	花家涛	安徽师范大学	副教授
2	王志明	淮南师范学院	讲师	7	苏绍会	蚌埠学院	副教授
3	代志星	亳州学院	教授	8	刘乃宝	皖西学院	副教授
4	汝雷	阜阳师范学院	副教授	9	樊贤进	巢湖学院	副教授
5	焦晓燕	蚌埠学院	副教授	10	陈永军	巢湖学院	副教授

3.2.3 问卷调查法

为了保证调查问卷的效度，笔者请了10位专家对调查问卷进行分析。

笔者通过实地走访、网络平台(微信、QQ、百度贴吧、问卷星)等途径共发放问卷280份，实际回收和网上反馈有效问卷252份，详情见表3所示。

表3 问卷的发放和回收情况

类别	发放/份	回收/份	回收率	有效问卷/份	有效率
学生问卷	240	227	94.5%	215	94.7%
教师问卷	40	37	92.5%	37	100%

4 调查结果与分析

4.1 安徽省高校开设健身气功课程的现状

如表4所示，本研究所调查的30所高校中，开设健身气功课程的高校有17所，开设率为56.7%，未开设的高校有13所，未开设率为43.3%。这一结果反映出安徽省高校开设健身气功课程的现状不是很乐观。

表4 安徽省高校开设健身气功课程的调查统计情况

开设情况	开设	未开设	合计
院校/所	17	13	30
百分比	56.7%	43.3%	100%

如表5所示，皖北地区10所调查的高校中，开设健身气功课程的高校有5所，开设率为50%，皖中地区11所调查的高校中，开设健身气功课程的高校有7所，开设率为63.6%。皖南地区9所调查的高校中，开设健身气功课程的高校有5所，开设率为55.6%。

表5 各地区院校开设情况

分布地区	开设院校	百分比	未开设院校	百分比
皖南/所	5	50%	5	50%
皖中/所	7	63.6%	4	36.4%
皖北/所	5	55.6%	4	44.4%

综上所述，皖中地区健身气功课程的开设率要高于其他两个地区的开设率。其中，专科院校的开设率仅17.6%，专科院校对于健身气功的认知水平低于本科院校，没有体育学院的高校更加忽视健身气功的推广。其原因主要有体育部专业教师缺乏、学生不感兴趣、已开设了其他民俗传统体育课程（如太极）等。

4.2 已开设健身气功课程高校的健身气功课程现状

4.2.1 健身气功课程现状的调查结果

如表6所示，本研究所调查的高校中，有6所高校是在体育学院以选修课的形式开设健身气功课程，9所是以公共体育选修课的形式开设健身气功课程，1所（蚌埠学院）是以公共体育必修课形式开设健身气功课程。课程的开设名称形式多样，如淮南师范学院开设的健身气功课程叫作中华养生学，教师主要传授五禽戏功法。安徽建筑大学是在武术选修课上传授功法，叫作武术健身气功，只有8个课时。安徽医科大学也是在武术课上传授健身气功功法。

表6　院校的开课方式调查

开课方式	体院选修课	体院必修课	公共体育选修课	公共体育必修课	合计
院校/所	6	1	9	1	17
百分比	35.2%	5.9%	53%	5.9%	100%

安庆师范大学体育学院的教学大纲只针对休闲体育专业，其他专业没有涉及。巢湖学院有健身气功传授，但没有开设专门课程。安徽师范大学在2015年针对休闲体育专业以必修课的形式开设过健身气功课程，之后教学大纲有所调整，以院选修课的形式开设。安徽师范大学在公共体育课中开设健身气功课程主要是针对残疾或身体有疾病不能参加正常体育锻炼的学生群，在课上大多教授五禽戏、八段锦。期末考查以五禽戏为主。

调查发现，开设健身气功课程的院校缺乏相关教材，对于功法的练习有固定的场地，一般在环境优雅的空地或者体育馆内进行。大部分院校对于健身气功的认知不准确，课程名称叫法多样，认知程度不同，缺乏相关知识的普及。

4.2.2　学生调查结果

如表7所示，学生学习健身气功的原因中，掌握一种健身方式的比例占41%，培养终身体育意识的比例占12%，对健身气功感兴趣的比例占19.7%，因为课程要求的比例占27.3%。

表7　学生学习健身气功的原因

原因	培养终身体育意识	掌握一种健身方式	很喜欢	课程要求	合计
人数	14	48	23	32	117
百分比	12%	41%	19.7%	27.3%	100%

由此可以看出，学生学习健身气功氛围不够浓厚。一些本科院校体育学院的学生认为学习健身气功是课程需要，对于健身气功的了解大多是通

过校内选修课教师的讲解，很少一部分人通过一些多媒体了解，比如网络视频。

如表8所示，对教师传授健身气功功法的动作规范、教学能力评价“很好”的学生人数占所调查人数的34.2%，评价“较好”的学生人数占所调查人数的53%，评价“一般”的学生人数占所调查人数的12.8%。评价“较差“差”的学生没有。

表8　教学能力评价（N=117）

健身气功教学评价	百分比
很好	34.2%
较好	53%
一般	12.8%
较差	0
差	0

上述数据反映出授课体育教师对功法的掌握情况良好，能在课堂上做到动作规范、用词准确，从而能较好地把功法传授给学生，学生也能够理解教师讲解的内容，并能够有效模仿动作。

如表9所示，在所调查的学生中，71.4%的学生在学习健身气功功法的时候没有学习理论知识。在已开设健身气功课程的院校里，有46.5%的学生认为学习健身气功理论是“很有必要”的。30.8%的学生认为学习健身气功理论是“有必要的”。

表9　学生理论课学习状况（N=117）

学习理论知识	百分比
是	28.6%
否	71.4%

学生在学习中应该注重理论学习，实践与理论应该紧密结合，这样在练习健身气功时才能达到一个新的高度。通过学生反馈得知，没有学习理论

课的一个主要原因是没有教材，教师在体育课上通过口头传授健身气功知识时，学生吸收效果较差。

如表10所示，对健身气功功法的学习感到“没有难度”的学生占14.2%，感到“略有难度”的学生占57.2%，感到“一般”的学生占28.6%。

表10　学生练习健身气功功法的难易程度调查（N=117）

难易程度	百分比
没有难度	14.2%
略有难度	57.2%
一般	28.6%
感觉练习很吃力	0
练习困难	0

学生表示，在学习的过程中只能进行模仿练习，不能深入挖掘功法的动作，再加上健身气功课程课时少，所以无法熟练地掌握健身气功。相关教师表示，健身气功功法虽然简单，在练习时也不会受场地空间的影响，但是健身气功涉及多门学科理论，功法的内涵也十分丰富，因此，健身气功功法的练习存在一定的难度。

如表11所示，71.1%的学生没有在健身气功课程后继续练习，29.9%的学生表示会选择在课后继续练习，主要是为了准备考试。大部分学生表示课后事情比较多，没有闲暇复习，再加上老师的要求不是很严格，所以不会练习功法。

表11　学生课后练习健身气功功法情况

练习情况	课后练习	课后不练习	合计
人数	35	82	117
百分比	29.9%	71.1%	100%

如表12所示，学生在练习功法后，认为能够心情舒畅，能提高对民俗体育文化的认知，增强体质，还能提高健身气功技能。

表12　学生练习健身气功后心理变化情况（N=117）

心理	人数	百分比
心情舒畅	63	53.8%
对健身气功文化认知提高	87	74.3%
增强体质	72	61.5%
健身气功技能提高	61	52.1%

4.2.3　教师调查结果

如表13所示，关于学校开设健身气功课程的原因，71.4%的教师认为是“大纲需求”，57.1%的教师认为是“学生需要”，62%的教师认为是“学校支持”，52.7%的教师认为是“有专业教师”。57.1%的教师认为是“培养学生兴趣”。

表13　健身气功课程开设的原因（N=21）

原因	人数	百分比
大纲要求	15	71.4%
学生需要	12	57.1%
学校支持	13	62%
有专业教师	11	52.7%
培养学生兴趣	12	57.1%

体育教师认为健身气功的开设原因是多方面的，不仅要有学生的需求，还要有学校的支持，最重要的是要有专业的体育教师。

教师外出学习专业知识能提高教学质量，也能提升自身的教学能力。如表14、15所示，在所调查的教师中，“不外出学习”的教师占到所调查教师的40%，“偶尔外出学习”的教师占到60%，“经常外出学习”的教师为0。另外，在所调查的高校中，本科高校体育教师外出学习频率明显高于专科高校体育教师。

表14　教师教授健身气功的时间（N=21）

教授时间	1年	2年	3年	3年以上	合计
人数	3	4	4	10	21
百分比	14.3%	19.05%	19.05%	47.6%	100%

表15　教师外出学习情况

学习情况	不外出学习	偶尔外出学习	经常外出学习	合计
人数	9	12	0	21
百分比	42.8%	57.2%	0	100%

综上，体育教师传授健身气功的年限长，但整体外出学习次数少，缺乏学术交流，健身气功相关科研滞后。专科高校体育教师的师资力量弱，相关专业教师更是缺乏，教师外出学习的频率低。

教师近年来发表的关于健身气功方面的文章情况如表16所示，发表“1~2篇”的占42.9%，发表“2~3篇”的占19%，发表“3篇以上”的占4.8%。

表16　教师发表健身气功方面文章的情况

发表篇数	0篇	1~2篇	2~3篇	3篇以上	合计
人数	7	9	4	1	21
百分比	33.3%	42.9%	19%	4.8%	100%

4.3　尚未开设健身气功课程高校的现状

如表17所示，认为是“缺乏专业老师”导致学校没有开设健身气功课程的教师占所调查教师的37.5%，认为是“无大纲要求”导致学校没有开设健身气功课程的教师占所调查教师的43.8%，认为是“学生不喜欢”导致学校没有开设健身气功的教师占所调查教师的18.7%。

表17　没有开设健身气功课程的原因

原因	领导不重视	缺乏专业老师	无大纲要求	学生不喜欢	合计
人数	0	6	7	3	16
百分比	0	37.5%	43.8%	18.7%	100%

调查显示，专科院校认为没有开设健身气功课程的原因主要是缺乏专业教师，有体育学院的本科院校认为没有开设健身气功课程的原因主要是大纲没有要求。通过网上咨询和交流，有些教师认为没有开设健身气功课程的一个重要原因是因为宣传不够导致师生无从了解。

如图1所示，很多师生认为开设健身气功课程有必要，这样可以放松学生身心。

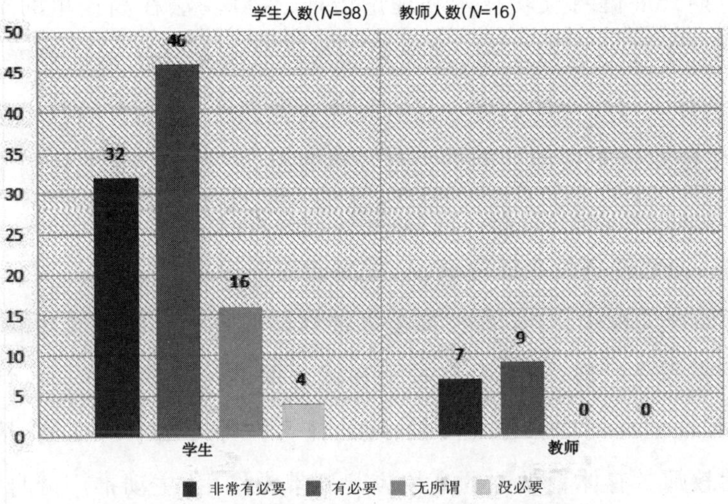

图1　教师和学生对于开设健身气功课程意愿

4.4　推进安徽省高校开设健身气功课程的对策研究

4.4.1　完善健身气功学科体系，注重教材编写

各所高校对健身气功的认知程度不同，对于课程名称的叫法也不规范。现阶段关于健身气功的专著偏向于功法的学习和锻炼效果，对于在高校里推广和高校教学教材方面的研究比较欠缺，同时缺乏健身气功考察体系，而

这些恰恰是指导和检查教学工作的重要依据。

有关部门应出台一些有关健身气功的文件，促进健身气功在高校内健康发展。首先，尽快编写一套统一的、完善的健身气功教材，供各个高校选择使用。其次，国家健身气功管理中心也应出台合理的、科学的健身气功课程考核评价制度和健身气功教学考核标准。

4.4.2 加强专业师资队伍建设，定期进行系统培训

没有专业教师和没有大纲要求是未开设健身气功课程的两个重要原因。缺乏师资力量会使教学质量下降，从而影响学生的学习效果。教师没有定期的、系统的培训就会使教师专业水平滞后。

国家健身气功管理中心应根据客观事实出台相应政策，对大学体育教师定点定期开展健身气功技术和理论培训，保障功法在高校里的实用性和可操作性。不仅要进行培训，还要定期考核教师的功法熟练程度，举办比赛，改变教师学习功法的态度。只有教师业务熟练，才能推动教学质量的提高，通过技能培训不仅能让师资力量变得充足，更重要的是能让教学变得有质量。

4.4.3 加强健身气功课程建设，提高课程开设率

在所调查院校中，许多高校都是以选修课形式开设健身气功课程，对于课程的重视程度一般，有部分高校是在武术课上传授健身气功。针对这种情况，未开设健身气功课程的高校，应让体育教师外出学习交流，培养专业健身气功教师。有体育学院的高校应起到带头作用，主动推广健身气功，让学生系统学习。

4.4.4 注重健身气功学术研讨，提高科研水平

教师除了常规的健身气功功法课堂教学外，还应该对健身气功功法的规律、影响、健身效果、运动特点等进行总结与分析。高校教师应多外出进修，定期参加健身气功经验交流会，加强教师之间的互动。

4.4.5 扩大健身气功在高校的影响

一项传统文化能否受到人们的关注，取决于传统文化项目本身的价值

及其文化内涵[20]。在调查期间,很多学生对健身气功的价值和文化内涵不了解,作为中国传统文化,健身气功在高校中并未受到充分关注。因此,可以通过高校之间的健身气功学术交流与功法竞赛来扩大其在高校中的影响,同时还应聘请资深专家在高校内举办健身气功文化讲座,介绍传统文化基础理论知识,讲解健身气功项目的健身机制与原理,提高学生的认知水平。建立健身气功社团,定期举办活动,通过这种形式让学生日常就能接触到健身气功功法,提高影响力。举办健身气功竞赛,通过竞赛形式提高学生的主动性。在高校运动会期间把健身气功功法列为比赛项目。

5 结论与建议

5.1 结论

安徽省高校开设健身气功课程的现状不乐观,开设该课程的高校大体上都采取选修课的形式。在教学过程中忽视了理论教学。

开设健身气功课程的高校在传授功法上比较单一,主要传授健身气功·五禽戏功法。缺乏健身气功课程教材。

健身气功专业教师缺乏,开设该课程的高校的教师大多不是专业教师,对于健身气功课程的侧重点在学校要求的“教”上。教师外出培训、学习、交流的机会少,相关科研滞后。

学生学习健身气功的积极性不高。在学习健身气功的功法时感到有难度,大部分学生表示在健身气功课程后没有继续练习功法,理论知识掌握较少。

学生认为学习健身气功功法后,能提高对民俗体育文化的认知,能够心情舒畅,增强体质,还能学会健身气功技能。

高校对健身气功的宣传力度不够,没有开设健身气功课程的高校师生对于健身气功的认知水平有待提高。

5.2 建议

5.2.1 普及健身气功课程开设，完善教材体系

加强健身气功功法的普及，避免健身气功功法单一。制定教学大纲，编写教材，让健身气功在高校内快速发展。有体育学院的本科高校应该100%开设健身气功课程，培养健身气功方面的人才。

5.2.2 加强专业教师队伍建设，定期交流学习

体育院校的学生应充分利用在校时间学习健身气功知识。学校也应鼓励教师外出学习和提高专业能力，培养出健身气功方向的年轻教师。

5.2.3 加强健身气功宣传力度，提升学习氛围

增加健身气功的宣传途径，比如在校园里定期开展健身气功比赛，成立健身气功协会，推广健身气功。协会定期举办讲座，提高学生对健身气功的认识。高校之间应该建立健身气功功法的交流比赛，通过竞赛的方式提升学生的学习氛围。

参考文献：

[1]油桂英.非物质文化遗产视角下健身气功发展研究[J].搏击(武术科学)，2014，11(11)：83-85.

[2]辛哲.健身气功八段锦历史发展的审视及其价值实现路径选择[J].沈阳体育学院学报，2015，34(4)：135-140，144.

[3]管小丽，孔德权，杨宇，等.健身气功的文化软实力价值研究[J].中国学校体育，2016，3(6)：16-20.

[4]杨洪杰，丁权权.健身气功作为文化软实力角色的自我建构战略[J].运动，2016(136)：129-130.

[5]项汉平，丁丽玲，项馨，等.高校健身气功·易筋经教学模式研究[J].武汉体育学院学报，2010，44(9)：74-77.

[6]吕吉勇，杨慧馨.高等院校健身气功推广方式的研究[J].哈尔滨体育学院学

报，2012，30（5）：76–80.

[7]陈小功．陕西省普通高校健身气功现状分析及对策研究[D]．西安：西安体育学院，2012.

[8]张彤，杨嘉民．高校健身气功推广的文化审视与思考[J]．无锡商业职业技术学院学报，2015，15（6）：109–112.

[9]童世敏，虞定海，王美娟，等．新编健身气功健身效果调查研究[J]．山东体育学院学报，2009，25（6）：23–25.

[10]苗福盛，刘祥燕，李野，等．健身气功八段锦对高脂血症患者血脂和脂蛋白代谢的影响[J]．山东体育学院学报，2009，25（10）：46–48.

[11]朱毅，李凝，金宏柱．2周易筋经锻炼和骨盆牵引治疗腰椎间盘突出源性急性下腰痛疗效观察[J]．中国运动医学杂志，2010，29（3）：288–290.

[12]杨玉冰，彭翔吉．健身气功·导引养生功十二法对普通大学生体质的影响[J]．北京体育大学学报，2011，34（6）：114–116.

[13]孙红梅．健身气功·八段锦练习对老年人肠道菌群的影响[J]．中国运动医学杂志，2012，31（11）：973–977.

[14]万瑜．“健身气功·八段锦”练习对大学生心理健康的影响[J]．北京体育大学学报，2012，34（12）：102–104，111.

[15]虞定海．开展健身气功竞赛的意义及可行性分析[J]．上海体育学院学报，2009，33（1）：68–71.

[16]于海，姚丹．我国健身气功竞赛功法开展现状研究[J]．搏击（武术科学），2011，8（2）：87–88.

[17]田怡然．浅析健身气功竞赛功法规则变化对其将产生的影响[J]．当代体育科技，2014，4（2）：166，169.

[18]徐武．健身气功发展趋势及推广策略[J]．内江师范学院学报，2015，30（2）：97–100.

[19]蒋易庭，文烨．成都市高校健身气功发展趋势及推广策略[J]．中华武术（研究），2016，5（3）：77–80，76.

[20]彭杰．论社会文化变迁与学校体育教育改革[J]．武汉体育学院学报，2004，

38(6):19-21.

指导教师评语:

该选题符合体育学院培养目标要求,也体现出较强的时代特色与实践应用性。全文结构基本合理,思路比较清晰,语言比较通顺,层次分明,观点表达基本准确,论据与论点基本上保持一致,参考的文献资料与论题和论文内容结合紧密,总体达到毕业论文的要求,论文质量良好。

体育学院王家忠副教授

一个数学猜想的探究

丁　冉

数学与统计学院

摘　要　随着数学学科的发展，越来越多的数学猜想得到验证与完善。与此同时，不等式在数学学科中一直占有重要地位并发挥着重要的作用。不等式的证明方式多种多样，包括几何法、数学归纳法、函数法等等，证明路径从初等数学一直到高等数学。不等式的证明结合了诸多数学思想与数学方法，因而能够在很大程度上体现个人的数学水平。本文主要对一个关于不等式的数学猜想进行证明，同时对另外一个不等式进行简要的讨论与推广。

关键词　数学猜想；不等式；詹森不等式；不等式的推广

1　引言

2016年，李永利在其发表的文章《问题 2325》中[1]提出了以下问题：

设 x, y 是满足 $xy=1$ 的正数，$\lambda\geqslant 0$，求证：

$$\frac{1}{\sqrt{\lambda x+x^2}}+\frac{1}{\sqrt{\lambda y+y^2}}\geqslant\frac{2}{\sqrt{\lambda+1}}.$$

郭要红、陈佳佳[2]从指数入手，将以上问题的指数从开平方推广至任意 $\alpha(\alpha\in\mathrm{N}$ 且 $\alpha\geqslant 2)$ 次方，并再次进行推广至 n 元，提出的一个猜想如下：

猜想 1　设 $x_i>0(i=1,2,\cdots,n)$，$\prod\limits_{i=1}^{n}x_i=1$，$\lambda\geqslant 0$，$0\leqslant\alpha\leqslant\dfrac{4}{5}$，$n$ 为自然

数,有

$$\sum_{i=1}^{n}\frac{x_i}{\left(\lambda x_i+1\right)^{\alpha}}\geqslant\frac{n}{(\lambda+1)^{\alpha}} \tag{1}$$

上述猜想是成立的,本文给出猜想的再推广如下:

定理 1 设 $x_i>0(i=1,\ 2,\ \cdots,\ n)$, $\prod_{i=1}^{n}x_i=1$, $\lambda\geqslant 0$, $0\leqslant\alpha\leqslant\frac{4}{5}$, n 为自然数,有

$$\sum_{i=1}^{n}\frac{x_i}{\left(\lambda x_i+1\right)^{\alpha}}\geqslant\frac{n}{(\lambda+1)^{\alpha}} \tag{2}$$

本文给出该定理的证明。

2 主要结论的证明

证明 令 $x_i=\mathrm{e}^{t_i}$,则 $\mathrm{e}^{t_1+t_2+\cdots+t_n}=1$,即 $t_1+t_2+\cdots+t_n=0$,不等式(2)等价于

$$\sum_{i=1}^{n}\frac{\mathrm{e}^{t_i}}{\left(\lambda\mathrm{e}^{t_i}+1\right)^{\alpha}}\geqslant\frac{n}{(\lambda+1)^{\alpha}} \tag{3}$$

作

$$f(t)=\frac{e^t}{\left(1+\lambda\mathrm{e}^t\right)^{\alpha}}$$

对 $f(t)$ 求导有:

$$\begin{aligned}f'(t)&=\frac{e^t(1+\lambda\mathrm{e}^t)^{\alpha}-e^t\cdot\alpha\lambda\mathrm{e}^t\cdot(1+\lambda\mathrm{e}^t)^{\alpha-1}}{(1+\lambda e^t)^{2\alpha}}\\&=\frac{\mathrm{e}^t(1+\lambda\mathrm{e}^t)-\alpha\lambda\mathrm{e}^{2t}}{(1+\lambda\mathrm{e}^t)^{\alpha+1}}\\&=\frac{\mathrm{e}^t+(1-\alpha)\lambda\mathrm{e}^{2t}}{(1+\lambda\mathrm{e}^t)^{\alpha+1}}\\&>0\end{aligned}$$

对$f(t)$求二阶导有：

$$f''(t)=\frac{(1+\lambda e^t)[e^t+2(1-\alpha)\lambda e^{2t}]-(1+\alpha)\lambda e^t[e^t+(1-\alpha)\lambda e^{2t}]}{(1+\lambda e^t)^{\alpha+2}}$$

$$=\frac{e^t+\lambda(2-3\alpha)e^{2t}+\lambda^2(1-\alpha)^2e^{3t}}{(1+\lambda e^t)^{\alpha+2}}$$

$$=\frac{e^t\cdot[1+\lambda(2-3\alpha)e^t+\lambda^2(1-\alpha)^2e^{2t}]}{(1+\lambda e^t)^{\alpha+2}}$$

作

$$g(x)=\lambda^2(1-\alpha)^2x^2+\lambda(2-3\alpha)x+1,\ x>0$$

当$g(x)\geqslant 0$时，则有$f''(t)\geqslant 0$.

当$\lambda=0$时，显然成立，

由于$\lambda^2(1-\alpha)^2>0$，因此$\Delta\leqslant 0$时，有$g(x)\geqslant 0$，即

$$\Delta=\lambda^2(2-3\alpha)^2-4\lambda^2(1-\alpha)^2\leqslant 0$$
$$\Leftrightarrow (2-3\alpha)^2-4(1-\alpha)^2\leqslant 0$$
$$\Leftrightarrow (2-3\alpha+2-2\alpha)(2-3\alpha-2-2\alpha)\leqslant 0$$
$$\Leftrightarrow \alpha(5\alpha-4)\leqslant 0$$
$$\Leftrightarrow 0\leqslant\alpha\leqslant\frac{4}{5}$$

所以，当$\lambda\geqslant 0,\ 0\leqslant\alpha\leqslant\frac{4}{5}$时，有$g(x)\geqslant 0$时，即$f''(t)\geqslant 0$.

此时由Jensen不等式[3]可得

$$\frac{\sum_{i=1}^{n}f(t_i)}{n}\geqslant f\left(\frac{\sum_{i=1}^{n}t_i}{n}\right)$$

即

$$\frac{\sum_{i=1}^{n}\frac{e^{t_i}}{\left(\lambda e^{t_i}+1\right)^{\alpha}}}{n}\geqslant\frac{e^{\frac{t_1+t_2+\cdots+t_n}{n}}}{\left(\lambda e^{\frac{t_1+t_2+\cdots+t_n}{n}}+1\right)^{\alpha}}$$

即

$$\frac{\sum_{i=1}^{n}\frac{e^{t_i}}{\left(\lambda e^{t_i}+1\right)^{\alpha}}}{n} \geqslant \frac{1}{(\lambda+1)^{\alpha}}$$

因此不等式(3)成立,即不等式(2)成立.

综上,得证.

显然,不等式(2)是不等式(1)的推广.

3 结论与讨论

3.1 主要结论

定理 1 设 $x_i > 0(i = 1, 2, \cdots, n)$, $\prod_{i=1}^{n} x_i = 1$, $\lambda \geqslant 0$, $0 \leqslant \alpha \leqslant \frac{4}{5}$, n 是正自然数,有

$$\sum_{i=1}^{n}\frac{x_i}{\left(\lambda x_i+1\right)^{\alpha}} \geqslant \frac{n}{(\lambda+1)^{\alpha}}.$$

3.2 讨论

除了上述不等式,本文还对以下不等式进行了简要讨论。

李汝雁等[4]对一系列不等式进行推广,得到了以下不等式:

设 $n \in \mathrm{N}^*$, $p \in \mathrm{N}^*$, $q \in \mathrm{N}^*$, $a_i > 0(i = 1, 2, \cdots, n)$, $\sum_{i=1}^{n} a_i = 1$, $p \geqslant 2$,则

$$\prod_{i=1}^{n}\left(\frac{1}{a_i^p} - a_i^q\right) \geqslant \left(n^p - \frac{1}{n^q}\right)^n \tag{4}$$

等号当且仅当 $a_1 = a_2 = \cdots = a_n = \frac{1}{n}$ 时成立.

在郭要红等[5]对不等式(4)的证明过程中,对 p 的约束条件为 $p \geqslant 2$.

当$p = 1$时，不等式为

$$\prod_{i=1}^{n}\left(\frac{1}{a_i} - a_i^q\right) \geqslant \left(n - \frac{1}{n^q}\right)^n \tag{5}$$

由李汝雁[4]等的研究可知，当$q \geqslant 3$或$n \geqslant 3$时，不等式(5)成立，猜想$p = 1$时，q, n的取值范围为$n \in \mathbf{N}^*$, $p \in \mathbf{N}^*$，不等式仍然成立，得到猜想2。

猜想2　设$n \in \mathbf{N}^*$, $p \in \mathbf{N}^*$, $a_i > 0(i = 1, 2, \cdots, n)$, $\sum_{i=1}^{n} a_i = 1$有

$$\prod_{i=1}^{n}\left(\frac{1}{a_i} - a_i^p\right) \geqslant \left(n - \frac{1}{n^p}\right)^n$$

等号当且仅当$a_1 = a_2 = \cdots = a_n = \frac{1}{n}$时成立.

对猜想2的讨论过程如下：

当$p \geqslant 3$或$n \geqslant 3$时，不等式成立；

下面验证当$0 < p < 3$或$0 < n < 3$时，该不等式是否成立.

$$\prod_{i=1}^{n}\left(\frac{1}{a_i} - a_i^p\right) \geqslant \left(n - \frac{1}{n^p}\right)^n$$

$$\Leftrightarrow \prod_{i=1}^{n}\frac{1 - a_i}{a_i} \cdot \prod_{i=1}^{n}\left(1 + a_i + a_i^2 + \cdots + a_i^p\right) \geqslant \left(n - \frac{1}{n^p}\right)^n$$

(Ⅰ)当$n = 1$时，不等式两边均为0，不等式成立；

(Ⅱ)当$n = 2$时，不等式为

$$\frac{1 - a_1}{a_1} \cdot \frac{1 - a_2}{a_2} \cdot (1 + a_1 + a_1^2 + \cdots + a_1^p)(1 + a_2 + a_2^2 + \cdots + a_2^p) \geqslant \left(2 - \frac{1}{2^p}\right)^2$$

$$\Leftrightarrow (1 + a_1 + a_1^2 + \cdots + a_1^p)(1 + a_2 + a_2^2 + \cdots + a_2^p) \geqslant \left(2 - \frac{1}{2^p}\right)^2$$

①当$p = 1$时，上述不等式为

$$\left(1 + a_1\right)\left(1 + a_2\right) \geqslant \frac{9}{4}$$

由于$a_1 + a_2 = 1$，该不等式等价于

$$2+a_1a_2 \geqslant 2+\frac{1}{4}$$

$$\Leftrightarrow a_1a_2 \geqslant \frac{1}{4}$$

显然不成立；

②当$p=2$时,上述不等式为

$$\left(1+a_1+a_1^2\right)\left(1+a_2+a_2^2\right) \geqslant \frac{49}{16}$$

由于$a_1+a_2=1$,该不等式等价于

$$3+a_1^2a_2^2 \geqslant 3+\frac{1}{16}$$

$$\Leftrightarrow a_1a_2 \geqslant \frac{1}{4}$$

显然不成立；

综上可以得到,猜想2不成立,即郭要红等[5]的研究中q,n的取值范围为该不等式成立时,q,n的最大范围,即：

设$n\in \mathrm{N}^*$, $p\in \mathrm{N}^*$且$p\geqslant 3$, $a_i>0(i=1,\ 2,\ \cdots,n)$, $\sum_{i=1}^{n}a_i=1$,当$n\neq 2$时有

$$\prod_{i=1}^{n}\left(\frac{1}{a_i}-a_i^p\right) \geqslant \left(n-\frac{1}{n^p}\right)^n$$

等号当且仅当$a_1=a_2=\cdots=a_n=\dfrac{1}{n}$时成立.

下面对不等式(3)再进行一个简单的推广,猜想p、q均为有理式$\dfrac{1}{2}$, $n=3$时,该不等式仍然成立,并对该猜想进行讨论。

猜想3　设$a_i>0(i=1,\ 2,\ 3)$, $\sum_{i=1}^{3}a_i=1$则

$$\prod_{i=1}^{3}\left(a_i^{-\frac{1}{2}}-a_i^{\frac{1}{2}}\right) \geqslant \left(3^{\frac{1}{2}}-3^{-\frac{1}{2}}\right)^3 \tag{6}$$

等号当且仅当$a_1=a_2=a_3=\dfrac{1}{3}$时成立.

对猜想3的讨论过程如下：

对式(6)进行整理：

$$\prod_{i=1}^{3}\left(a_i^{-\frac{1}{2}}-a_i^{\frac{1}{2}}\right)\geqslant\left(3^{\frac{1}{2}}-3^{-\frac{1}{2}}\right)^3$$

$$\Leftrightarrow\prod_{i=1}^{3}\left(a_i^{-\frac{1}{2}}-a_i^{\frac{1}{2}}\right)\geqslant 8\cdot\left(\frac{1}{3}\right)^{\frac{3}{2}}$$

$$\Leftrightarrow(a_1a_2a_3)^{-\frac{1}{2}}\cdot\prod_{i=1}^{3}(1-a_i)\geqslant 8\cdot\left(\frac{1}{3}\right)^{\frac{3}{2}} \tag{7}$$

$$\Leftrightarrow\prod_{i=1}^{3}(1-a_i)\geqslant\frac{8}{\sqrt{27}}\cdot(a_1a_2a_3)^{\frac{1}{2}}$$

根据张青山[6]研究中的定理与证明，有：

$\sum_{i=1}^{3}a_i=1,\ m\in\mathrm{N}^*,\ \lambda\geqslant\frac{1}{2}$，则$\prod_{i=1}^{3}(1-a_i^m)\geqslant\left(1-\frac{1}{3^m}\right)^3\cdot\left(27\cdot\prod_{i=1}^{3}a_i\right)^\lambda$，

等号成立当且仅当$a_1=a_2=a_3=\frac{1}{3}$.

则当$m=1,\ \lambda=\frac{1}{2}$时有

$$(1-a_1)(1-a_2)(1-a_3)\geqslant\left(1-\frac{1}{3}\right)^3\cdot(27\cdot a_1a_2a_3)^{\frac{1}{2}}$$

$$\Leftrightarrow(1-a_1)(1-a_2)(1-a_3)\geqslant\frac{8}{\sqrt{27}}\cdot(a_1a_2a_3)^{\frac{1}{2}}$$

即不等式(7)成立，且等号成立当且仅当$a_1=a_2=a_3=\frac{1}{3}$

综上可以得到，猜想3成立。

3.3 总结

数学中有许多有趣的猜想，本文对郭要红等[2]提出的一个猜想进行了推广与验证，证明方法与李永利[1]的不等式的证明方法并不相同，这说明对于数学猜想的证明，思路不能局限，不能被相似定理的证明方式所困住，要通过对不同方法的尝试来验证数学猜想是否成立。

在证明数学猜想的过程中，难免发现某些方法在某些情况下的局限性，也难免遇到所验证的数学猜想不完全正确的状况。这也恰恰说明数学猜想的证明不是一蹴而就的，而是要通过对证明方法的不断改正以及在证明过程中的不断探索发现，才能产生正确的结论。

参考文献：

[1]李永利.问题2325[J].数学通报，2016，55(9)：66.

[2]郭要红，陈佳佳.一个无理分式不等式的三个推广[J].数学通报，2018，57(5):61-62.

[3]华东师范大学数学系.数学分析(上册)[M].4版.北京：高等教育出版社，2010：151.

[4]李汝雁，郭要红，孟庆利.一类条件代数不等式统一推广的拾遗[J].数学通报，2019，58(2)：58-61.

[5]郭要红，刘其右.一类条件代数不等式的统一推广[J].数学通报，2017，56(9)：58-59.

[6]张青山.从数学问题2201的解答中引发的探究[J].数学通报，2015，54(6)：54-58.

指导教师评语：

选择现行数学期刊中的数学猜想作继续研究，是数学研究的重要方式，论文选题有一定的理论意义与实践价值。论文利用函数的凸性与Jensen不等式，对一个数学猜想进行了研究，得到的新的推广结论颇有新意。作者写作态度认真，文章语言流畅，逻辑严谨，数据准确，论据充分，论证正确，反映作者已掌握了一定的数学基础理论与专门知识，具有一定的数学研究的能力。

数学与统计学院郭要红教授

基于人工蜂群算法的无线传感器网络充电调度研究

台昌杨，杨娜娜，孙洋

（计算机与信息学院）

摘　要　在无线传感器网络中，为了使网络持续有效工作，传感器节点的能量供应是一项非常重要的工作。本文利用优化的人工蜂群算法规划出低成本的充电路径，使用无线充电技术逐个对传感器节点进行充电。若一个充电周期不能为所有需要充电的传感器节点补充能量，则边选择本充电周期充电的节点边规划充电路径，尽可能避免节点饿死，其余节点分配到下一个充电周期。本文算法在仿真实验中取得了良好的效果。

关键词　无线传感器网络；充电路径规划；优化的人工蜂群算法；能量补充

1　绪论

1.1　引言

无线传感器网络（Wireless Sensor Networks，WSN）是以无线电波作为传输介质的一种通信网络。它是当下备受关注的热点研究领域之一，在全球范围内各大应用领域广泛使用，不但能获取丰富的数据，还能在一些环境危险恶劣的区域进行数据采集工作，大大拓展了人们获取信息的能力。但是随着传感器的智能化以及微型化，传感器节点的电池容量变得十分有限。电池的有限能量存储限制了大规模的无线传感网络的布置，再加上网络中节点工作量不同造成许多能耗不均衡现象，因此，能量问题成了WSN在实际应用中的难题。为了使无线传感器网络持续有效工作，研究者们从不同角度提出许多方法来解决网络中节点能量问题。例如，在每个节点的能量消耗方面做优化，使能量消耗更低更均衡[1]。也有许多研究者提出通过可再生能源技术方法获取相应能量的补充，从而延长网络的生命周期，例如通过收集外界环境中的太阳能等可再生能源为传感器节点充电[2]。但这些方法都只能短暂地延长无线传感器网络生命周期，想要从根本上解决这个问题，就必须进行高效充电研究。

无线充电技术的发展为传感器节点供电提供了极大便利，充电器与传感器节点的电池不需要用任何连接设备连接，它们通过磁场来传送能量。本文使用可以任意移动的充电车，利用无线充电技术对发出充电需求的传感器节点进行供电。传感器节点的充电顺序，根据传感器的剩余电量、充电车行驶路程等因素，使用人工蜂群算法规划出低成本充电路径。如果一个充电周期内不能为全部有充电需求的传感器节点供电，将采取连续多充电周期规划，合理选择当前充电周期充电的节点，剩余传感器节点的充电将规划在下一个充电周期中，最终规划出最优的充电方案。

1.2 无线传感器网络

无线传感器网络中的工作节点一般可以分为传感器节点、汇聚节点和管理节点，它们分别在网络中承担不同的任务[3]。在监测区域内根据监测需要来布置传感器节点，所有节点通过自组织方式构成一个完整的网络。每一个传感器节点采集的数据通过路由计算后逐跳进行传输，在转发数据过程中也要同时进行相应的数据融合，到达汇聚节点，最终经过互联网到达数据处理中心（管理节点）。管理节点是用户访问整个网络的中介，包括网络中每个设备相应的配置和网络的统一管理。

(1)传感器节点。

传感器节点一般工作在户外或者户外监测现场(如某个城区、某幢建筑等),承担着各种物理参量的信号采集和转换等信息提取工作,以及数据传输与转发等通信工作。一般情况下,传感器节点附带电池的容量都是比较小的,同时不具有很强的通信、处理能力。每个传感器节点不但要完成数据的采集、处理、发送任务,还需要帮助其他节点转发数据,以及节点之间相互协助完成其他任务。

(2)汇聚节点。

汇聚节点与传感器节点相比在通信、处理能力方面要强很多,因为汇聚节点是WSN与外部网络连接的枢纽,在整个系统中担任着网关的角色,需要承担不同网络的协议帧转换工作。如果管理节点需要给无线传感器网络布置监测作业,命令是通过汇聚节点处理后传达给底层的传感器节点。同时,汇聚节点还可以把WSN中的传感器节点采集的数据资源导入外部网络上。从本质上来说,汇聚节点可以看作传感器节点,功能更加强大,能量供给充足的同时还可以对程序代码进行修改,并写入相应的传感器节点中。

(3)管理节点。

管理节点是直接面向用户的,是信息处理的中心。管理节点的任务是根据用户的需求对网络中每个设备进行相应配置,对网络进行统一管理,其中最基本的就是访问整个无线传感器网络收集的数据信息以及布置相应的监测任务。管理节点一般是运行有网络管理软件的计算机或者手持移动终端设备。

典型无线传感器网络拓扑图如图1所示。

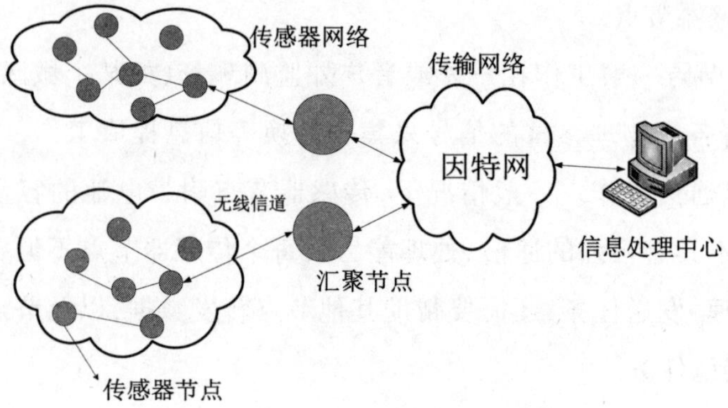

图1　典型无线传感器网络拓扑图

1.3　无线充电技术

自苹果公司推出带有无线充电的智能手机后，各大手机厂商（华为、小米等）纷纷为自己的旗舰手机配备无线充电功能，引发了新一轮的技术浪潮，更好地推进了无线充电这一技术的普及。无线充电技术带来的便利不仅体现在手机上，还体现在一些其他充电领域。无线传感器网络中节点的能量供应就可以利用无线充电的优越性。无线充电不需要像传统充电技术那样借助电导线来实现能量传输，而是利用电磁波感应技术或者磁共振技术来实现发送设备（充电器）和接收设备（设备电池）之间的能量传输。近年来，有研究者提出强耦合磁共振技术，使得无线能量传输技术取得突破性进展，从而被广大研究者进一步探讨和研究。Kurs 等人[4]提出了一种无线能量传输技术，具有稳定的功率和高充电速率，并从根本上解决了充电问题，为充电提供了极大便利。

无线充电技术无论在现在还是将来都有着很大的发展前景，是一个极其重要的研究领域。在无线传感器网络的节点供能方面，无线充电技术的发展提供了一个新的研究方向。无线充电技术具有以下优点：

（1）便捷性：不需要使用电导线连接两个接口进行能量传输，避免了电导线连接麻烦、插拔损伤接口设备等现象，还可以实现一个充电器同时为多个设备的电池供电。

(2)通用性:同一无线充电标准下,不同厂家的设备能够进行电量传输(例如Qi标准、A4WP标准等)。

(3)新颖性:对于用户来说,这一技术方式新颖,充电便利,体验效果好,便于普及。

2 问题背景和模型构建

2.1 问题背景

对于一个部署在实际监测环境中的无线传感器网络,由于监测数据种类的不同、转发数据量的不同等,传感器节点在工作过程中消耗的能量也会有很大的差异。工作在无线传感器网络核心位置的一些传感器节点耗能相对较大,一旦这些节点能量供应不足就会导致网络部分瘫痪,从而降低了整个网络的生命周期。因此,需要对有需求的传感器节点按照一定的策略进行供电。

无线传感器网络工作时,每隔一个固定的周期对一些传感器节点发送给基站的充电请求进行整理。在基站处,利用优化的人工蜂群算法规划低成本充电路径,为了优化充电序列,充分考虑每个传感器节点的剩余电量、传感器节点的时间窗([最早充电时间,最晚充电时间])、充电路径的长度等因素,使充电效用最优。

如果发出充电请求的传感器节点个数较多,由于充电周期的限制无法全部供电,就需要更好地选择本充电周期进行充电的节点。利用优化的人工蜂群算法边选择边对这些被选择的节点进行路径规划,两者同时进行,最终得到一个最优的方案。对于本充电周期未能充电的节点,将插入下一个充电周期进行充电。

2.2 网络模型

无线传感器网络系统包含传感器节点的集合V和固定的基站S。每个传感器节点不仅要采集环境数据，还要充当中介转发其他传感器节点的数据，于是定义一组无向加权图$G=\left(V\cup\{S\},E,W,TW,B\right)$。其中，每个字母的含义如表1所示。

表1 字母含义

字母	含义
V	全部传感器节点集合
v_i	传感器节点
S	基站
E	任意两个传感器节点之间的链路集合
B	传感器节点的满电容量
TW	传感器节点的时间窗集合
$[rt_i, dt_i]$	传感器节点的时间窗
rt_i	传感器节点v_i最早充电时间
dt_i	传感器节点v_i最晚充电截止时间

同时，规定充电车的行驶速度为S_c，单位时间充电车的行驶能耗为p，在给传感器充电时的充电速率为u。

无线传感器网络无线充电模型如图2所示。

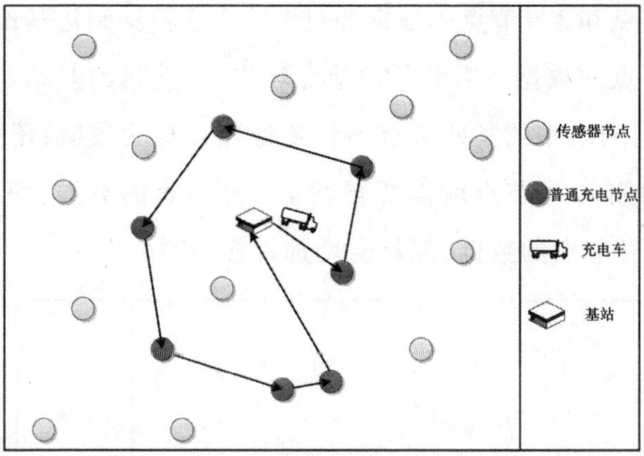

图2　无线传感器网络无线充电模型

在本模型中，传感器节点根据检测需要随机分布在不同位置。其中，基站S位于无线传感器网络覆盖区域的中心位置，充电请求将在基站进行汇总，然后规划充电路径，充电车听从基站的调度，结束后再回到基站。不同传感器节点在网络中扮演的角色不同，所以传输的数据量也有所差异，部分传感器节点电量消耗过快，为了区分需要充电传感器节点的紧急程度，路径规划时根据时间窗会优先考虑电量缺乏比较严重的充电节点。

2.3　能量消耗模型

传感器节点不仅要监测环境和发送数据，还要进行数据转发，因为传感器节点通常是以多跳的方式将数据传输至基站。同时，传感器节点与基站之间的路径是通过相应的路由算法生成，所有传感器节点以树路由传递数据到基站。由此可以得出，即使在网络运行开始时所有节点电量都一致，工作一段时间后剩余电量也会不同，需要根据每一个节点处理的数据量计算能量消耗。

如图3所示，图中的箭头表示传感器节点的数据发送到基站的路径。

(1)4号节点和5号节点的数据首先需要发送给2号节点，通过2号节点转发给1号节点，最后送达基站；

(2)2号节点和3号节点的数据通过1号节点转发到达基站;

(3)1号节点的数据不需要任何节点转发,直接送给基站。

可以发现,网络中的某些节点不仅要处理自身的数据,还要转发其他节点的数据。例如,2号节点就需要转发4、5号节点的数据,而1号节点需要转发2、3、4、5号节点的数据,能耗会增加许多。

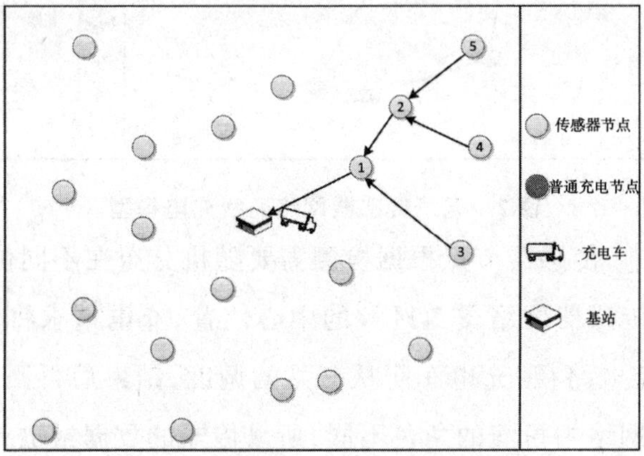

图3　传感器节点数据传输路径

在单位时间内,每个传感器节点v_i接收到其他传感器节点发来的数据量是$\sum_{v_j \in T'} r_j$,T'表示经过传感器节点v_i转发的传感器节点的数据量集合。单位时间内传感器节点v_i自身产生的数据量r_i,则传感器节点v_i在单位时间内发送的数据量为:

$$r_i + \sum_{v_j \in T'} r_j \qquad (2\text{-}1)$$

et_i表示发送单位数据需要的能耗,er_i表示接收单位数据需要的能耗,es_i表示采集单位数据需要的能耗。即传感器节点v_i在单位时间内能耗公式为:

$$cr_i = es_i r_i + et_i\left(r_i + \sum_{v_j \in T'} r_j\right) + er_i \sum_{v_j \in T'} r_j \qquad (2\text{-}2)$$

2.4 充电模型

2.4.1 充电时间

设传感器节点v_i的电池容量为B,剩余电量为RE_i,同时充电车在给传感器充电时的充电速率为u,则节点v_i充电时间计算公式为:

$$t_i = (B - RE_i)/u \tag{2-3}$$

对于所有传感器节点,充电速率u都是相同的,充电时不考虑当前节点传输数据的能量消耗,但是在充电期间其他传感器节点也是正常工作的,能量消耗是需要统计的。

2.4.2 时间窗

为了使网络中每个传感器节点都可以在发出充电请求后得到及时响应,尽量使待充传感器节点v_i在充电车未到达时仍有电量,不至于因为电量不足而影响网络运行,特别为每个传感器节点设置一个时间窗口$[rt_i, dt_i]$,可以用来表示该节点在发出充电请求后的紧急程度,是充电路径规划时的一个重要考虑因素。

每个传感器节点电池容量都设置为B,RE_i表示传感器节点v_i当前的剩余能量,cr_i表示传感器节点v_i在单位时间内能量消耗,$B_{max}=B*0.3$表示传感器节点发出充电请求时的电量,$B_{min}=B*0.1$表示传感器节点最迟充电时的剩余电量(充电车到达该节点时,低于这个电量节点就会受到惩罚,它所在的充电路径的性能会大大下降)。

传感器节点v_i的时间窗计算公式为:

$$rt_i = (RE_i - B_{\max})/cr_i \tag{2-4}$$

$$dt_i = (RE_i - B_{\min})/cr_i \tag{2-5}$$

2.4.3 充电周期限制

充电周期的定义:充电车从基站出发,按照规划好的路径为相应的传感器节点充电最终回到基站所消耗的时间为一个充电周期。

充电周期T的值是固定的，即在充电周期T内充电车必须完成一轮完整的充电任务，由基站出发完成充电再回到基站，充电周期为：

$$T_{travel}+\sum_{v_i\in V^d}t_i\leqslant T \tag{2-6}$$

其中，T_{travel}表示充电车在行驶中消耗的时间总和，$\sum_{v_i\in V^d}t_i$表示所有节点充电时间的总和，t_i表示节点v_i的充电时间。

如果请求充电节点数较多，由于充电周期的限制，本充电周期不能对所有节点进行充电，那么就需要使用合理的选择策略选择本充电周期充电的节点。

2.5 充电路径评价标准

在整个无线传感器网络中，V^d表示某充电周期中发出充电请求的节点集合，V^s表示某充电周期中被选择充电节点的集合（$V^s\subset V^d$）。面对这些节点有多种调度方法，为了评价S每种调度方法的优劣需要建立相应的标准，从而得到一条最优充电路径。首先建立目标函数（评价函数）：

$$f=E_{\text{travel}}+\left(\sum_{v_i\in V^d}E_{v_i}-\sum_{v_i\in V^s}E_{v_i}\right)+\sum_{v_i\in V^s}pt_{v_i} \tag{2-7}$$

（1）E_{travel}表示充电车在行驶过程中的能量消耗总值，消耗在行驶上的能量越低，f就越低，适应度越高，充电效率就越高。

$$E_{\text{travel}}=\left(Distance\div S_c\right)*p \tag{2-8}$$

其中，$Distance$为行驶路径总长度，计算公式为（2-9）。充电车的行驶速度为S_c，单位时间内行驶消耗的能量为p。

$$Distance=\sum_{k=0}^{D-2}dist\left(v_k,\ v_{k+1}\right)+dist(S,\ v_0)+dist(S,\ v_{D-1}) \tag{2-9}$$

式中，$dist\left(v_i,v_j\right)$表示两节点之间（包括传感器节点与基站之间）的距离。

（2）E_{v_i}表示起初充电车需要给节点v_i充电的能量，$\sum_{v_i\in V^d}E_{v_i}$表示请求充电节点的匮乏能量总量，$\sum_{v_i\in V^s}E_{v_i}$表示本充电周期被选择的请求充电节点的匮乏能量总量。$\left(\sum_{v_i\in V^d}E_{v_i}-\sum_{v_i\in V^s}E_{v_i}\right)$则表示未被选中请求充电节点的匮乏能量总量，它的值越低，f就越低，适应度越高，本周期内尽最大可能选择更多的节点。

(3)对于违反时间窗的节点，就会降低充电方案的质量，公式为：

$$pt_{v_i} = \begin{cases} (fc_i - dt_i) \times cr_i, & if(fc_i \leqslant dt_i) \\ 0, & other \end{cases} \cdots \tag{2-10}$$

fc_i代表节点开始充电时间，dt_i表示最晚充电时间，cr_i表示单位时间的能量消耗。$(fc_i - dt_i)$越大，对应的惩罚力度越大，f就越高，适应度越低。规划路径时尽可能避免惩罚现象的发生。

通过不断优化降低一个可行解的f值，尽可能减少充电车在行驶过程中的能耗，一个充电周期尽可能为更多的节点充电，尽可能不违反时间窗口，减少惩罚，最终得到一个$f_{\min}$，即一个最优的可行解。

3　充电路径规划策略

3.1　人工蜂群算法的基本原理

人工蜂群算法(Artificial Bee Colony，简称ABC)是群智能算法的一种，主要是对解空间领域进行全局搜索和局部搜索。

人工蜂群算法是受到蜜蜂采蜜行为的启发而产生的，蜂群采蜜看似杂乱无章，其实分工十分明确，井然有序。蜜蜂主要分成三类：雇佣蜂、观察蜂和侦察蜂。其中，雇佣蜂的任务是根据已掌握的蜜源信息来寻找新的蜜源，同时与观察蜂共享蜜源信息；观察蜂的任务是在蜂房中等待，根据雇佣蜂传递给它们的信息去寻找新的蜜源；侦查蜂的任务则是在蜂房附近随机搜寻新的蜜源。三种蜜蜂通过相互协作进行信息交流，进而得到问题的最优可行解[5]。本文中蜜源就对应着充电序列，蜜量的多少就对应着充电路径的优劣，通过寻找最优质的蜜源来找出最优的充电路径。

设在D维解空间中，雇佣蜂与观察蜂的个数都设置为SN个(与蜜源的数量相等)。一个可行解与蜜源是相互对应的,同时一个蜜源的蜜量与该可行解的适应度相对应,蜜源的蜜量越丰富,可行解的适应度越高,可行解也就相对越优。

(1)初始化:先随机生成 SN 个可行解(每个可行解与一个雇佣蜂相对应),公式如下:

$$x_{id} = x_d^{\min} + r(x_d^{\max} - x_d^{\min}) \tag{3-1}$$

式中,$x_i = \{x_{i1}, x_{i2}, \cdots, x_{iD}\}$ 为 D 维向量,$x_d^{\min}$ 和 $x_d^{\max}$ 是第 d 维的下界和上界。

(2)搜索新蜜源:雇佣蜂依据公式(3-2)寻找新的蜜源,新生成的可行解 $x_i' = \{x_{i1}', x_{i2}', \cdots, x_{iD}'\}$ 与原来的解 $x_i = \{x_{i1}, x_{i2}, \cdots, x_{iD}\}$ 比较适应度,取最优:

$$x_{id}' = x_{id} + \phi_{id}\left(x_{id} - x_{kd}\right) \tag{3-2}$$

其中,$i = 1, 2, \cdots, SN$, $k = 1, 2, \cdots, D$, ϕ_{id} 是一个随机数,取值范围为 $[-1, 1]$, k 是随机选取的一个个体,d 是随机选择的一维,但 $k \neq i$。

(3)观察蜂如何选择合适的雇佣蜂:根据蜜源的适应值概率,选择概率值最大的蜜源,概率公式为:

$$p_i = \frac{fit_i}{\sum_{j=1}^{SN} fit_j}, \tag{3-3}$$

其中,fit_i 是可行解 x_i 的适应值(对应蜜源的蜜量),蜜量越丰富,相应的被选择的概率就会越大。适应度的计算公式:

$$fit_i = \begin{cases} \dfrac{1}{1 + f\left(x_i\right)}, & f\left(x_i\right) \geqslant 0 \\ 1 + fabs\left(f\left(x_i\right)\right), & f\left(x_i\right) < 0 \end{cases} \tag{3-4}$$

式(3-4)中,$f\left(x_i\right)$ 表示目标函数值。

接着观察蜂按公式(3-2)确定选中个体 x_i 的邻居 v_i,然后计算邻居 v_i 的适应度,选择适应度最高的那个。

(4)侦查蜂的工作:如果一个可行解在迭代有限次仍然没有显著的改进

后就会被放弃，与这个可行解对应的雇佣蜂在此时就会变为侦查蜂，再次按公式(3-1)随机产生新的可行解。

3.2 人工蜂群算法与路径规划的对应

要使用人工蜂群算法进行最优充电路径的规划，就需要将蜜蜂种群的采蜜行为与充电路径的规划相结合。

(1)一个蜜源对一个可行解。蜜蜂面对的每一个蜜源实际上存储的是一条充电路径，用二维数组Foods[ ][ ]表示，如Foods[i][j]表示蜜源i中存储有一条充电路径，路径中有j个节点，路径信息存储在Foods[i]中。

(2)蜜源的丰富度对可行解的优劣。一条充电路径用目标函数评价后质量越好对应的蜜源的蜜量越丰富，蜜源的适应度就越高，最终被选中的概率也会很大。

(3)最优质的蜜源对最优的可行解。蜂群通过寻找最优质的蜜源，最终就会找到最优的路径规划。

(4)侦察蜂的任务对新可行解的生成。侦查蜂随机寻找一个新的蜜源就是随机生成一个可行解的过程。

(5)雇佣蜂和观察蜂的任务对可行解的优化。雇佣蜂和观察蜂的任务就是在迭代过程中不断对每一个可行解进行优化操作，提升可行解的适应度。

对应关系如表2所示。

表2　路径规划问题与蜂群采蜜行为对应关系

蜂群采蜜行为	路径规划问题
蜜源	可行解
蜜源的丰富度	可行解的优劣
最优质的蜜源	最优的可行解
雇佣蜂和观察蜂的任务	可行解的优化
侦察蜂的任务	新可行解的生成

至于编码方式，本文采用整数编码方式。对于输入人工蜂群算法的待规划的充电序列，按顺序分配0、1、2、…、D–1的整数序号（D即充电序列的长度）。利用序号生成不同的排列组合并不断变化，寻找最优的充电路径。

例如：基站收到2、3、6、8、9、10号节点的充电请求，根据输入人工蜂群算法中的充电序列按序进行整数编码，如表3所示。

表3 编码表

节点序号	2	3	6	8	9	10
编码号	0	1	2	3	4	5

经过规划后得到一条编码号路径：2→1→5→0→3→4，编码号路径与充电路径的对应如表4所示。

表4 编码号路径与充电路径的对应表

节点序号	6	3	10	2	8	9
编码号	2	1	5	0	3	4

对应的实际充电路径是：基站→6→3→10→2→8→9→基站。

3.3 优化的人工蜂群算法（OABC）

本研究在使用人工蜂群算法时进行了相应的改进，根据基本的人工蜂群算法结合交叉变异的原则，考虑充电周期的限制加入充电节点的选择（节点的选择将在3.4节详细介绍），提高全局搜索能力。

3.3.1 交叉

按照一定比例取一些适应度高的蜜源，记录为高质量蜜源。首先以一定的概率将每一个蜜源与适应度最高的蜜源进行交叉获得新的蜜源，如果新的蜜源优于旧的蜜源则替代。接着再以一定的概率将每一个蜜源与适应度高的高质量蜜源中的随机一个蜜源进行交叉获得新的蜜源，同样，如果新的蜜源优于旧的蜜源则替代。

对于进行交叉操作的两条充电序列，首先随机生成两个不同整数a、b（a

$>b$)，表示交叉点起止位置($a,b\in[1,D]$，其中D为充电序列的长度)，取下两条序列中a到b这段序列进行交换。然后检测交叉后的充电序列是否出现冲突(即有重复部分)，如果存在则进行相关的映射解决冲突，整个过程类似于染色体的交叉。

示例：一条普通充电序列C_1需要与一条高质量的充电序列C_2进行交叉操作(见表5)。

表5　交叉前的充电序列C_1和C_2

C_1	6	8	5	0	7	4	9	3	1	2
C_2	2	7	3	8	5	6	1	4	9	0

随机生成的两个交叉点为4、6，则对交叉位置的节点进行替换重组，得到交叉后的两条充电序列(见表6)。

表6　交叉后的充电序列C_{11}和C_{22}

C_{11}	6	8	5	8	5	6	9	3	1	2
C_{22}	2	7	3	0	7	4	1	4	9	0

交叉后得到C_{11}和C_{22}，观察可知这两条充电序列产生了冲突现象，C_{11}中的8号、5号、6号节点重复，C_{22}中的0号、7号、4号节点重复。需要采用映射方式去除冲突，$0\leftrightarrow 8,7\leftrightarrow 5,4\leftrightarrow 6$，得到交叉的子代充电序列(见表7)。

表7　交叉的子代充电序列C_{111}和C_{222}

C_{111}	4	0	7	8	5	6	9	3	1	2
C_{222}	2	5	3	0	7	4	1	6	9	8

将新得到的子代充电序列与自身原来的充电序列进行对比，如果质量更高，则替换。

3.3.2　变异

对于每一个蜜源以一定的概率进行变异，在原蜜源的基础上变异一部分得到一个新的蜜源，若新的蜜源优于旧的蜜源则替代。

对于进行变异的充电序列，首先随机生成两个整数c和d($c\in[1,D]$，

$d \in [0, D-1]$，其中 D 为充电序列的长度），c 表示变异的位置，d 表示位置 c 变异后的节点号，变异后去除冲突即得到变异后的子代充电序列，整个过程类似于染色体的变异。

示例（见表8）：一条充电序列 C_3 需要进行变异操作，随机生成的变异位置为6，位置6处的节点号变异后节点号为8，得到变异后的充电序列 C_{33}。同时，C_{33} 中存在冲突，进行映射 $8 \leftrightarrow 9$，得到变异的子代充电序列 C_{333}。

表8 变异过程

位置号	1	2	3	4	5	6	7	8	9	10
C_3	6	8	4	2	7	9	0	1	5	3
C_{33}	6	8	4	2	7	8	0	1	5	3
C_{333}	6	9	4	2	7	8	0	1	5	3

3.3.3 优化的人工蜂群算法工作原理

优化的人工蜂群算法工作流程如表9所示。

3.4 本充电周期内节点的选择和路径规划

在无线传感器网络工作时，如果某个时刻有较多的传感器节点申请充电，而一次性在一个充电周期内无法将所有的节点都充上电，那么就将选择一些节点在当前充电周期进行充电，其余放入下一个充电周期进行能量补充，在每个周期内分别规划调度充电车对网络中当前充电周期的待充电传感器节点进行充电。

3.4.1 标志位的设置

对于当前所有请求充电的节点设置一个标志位 tag_i（取值只能是0或者1，1表示该节点需要在当前充电周期内完成充电操作，0则表示该节点需要放入下一个充电周期充电），对于每个节点的 tag_i 初始化公式[6]为：

$$tag_i = sig\left(x_i\right) = \begin{cases} 1 & rand(0,1) < sigmoid(x_i), \\ 0 & rand(0,1) \geqslant sigmoid(x_i) \end{cases} \tag{3-5}$$

表9 优化的人工蜂群算法工作流程

优化的人工蜂群算法
Input:输入待充电的节点序列,包括节点的各种参数(坐标、剩余电量等)
Output:输出最优的充电路径方案

```
Process:
//Step1: 初始化
t=0
//随机生成SN个可行解
for i=0…SN-1
  随机生成可行解x_i
  计算可行解i的适应度值
end for
while(t<maxCycle)
//Step2:交叉、变异
记录最高适应度的可行解x_best
选择SN*20%个适应度高的可行解作为高质量可行解
//Step2.1:与x_best交叉,变异
    for i=0…SN-1
      if(rand(0,1)> Pc)
        x_i与x_best交叉产生新解x_i',优则更新且trial[i]=0,劣则trial[i]++
      else
        if(rand(0,1)> Pm)
          x_i变异产生新解x_i', 优则更新且trial[i]=0,劣则trial[i]++
        end if
      end if
    end for
//Step2.2: 与随机一个高质量可行解交叉,变异
    重复Step2.1,将x_best换成一个随机的高质量可行解
    //Step3:变异
    for i=0…SN-1
      if(rand(0,1)> Pm)
        x_i变异产生新解x_i',优则更新且trial[i]=0,劣则trial[i]++
    end for
    //Step4:丢弃多次更新得不到改善的可行解
    for i=0…SN-1
      if (trial[i]>limit)
        重新生成一个可行解x_i,并计算适应度, trial[i]=0
      end if
    end for
  end while
  //Step5:输出充电方案
```

式(3-5)中的$rand(0,1)$表示一个0~1的随机小数,$sigmoid(x)$的定义如下:

$$sigmoid(x)=\frac{1}{1+e^{x}} \tag{3-6}$$

式(3-6)中x表示任意一个实数,取值范围是$(-\infty,+\infty)$,使得$sigmoid(x)$的范围处于(0,1)。

示例:基站收到0、2、3、5、6、8、9、12号节点提出的充电请求,某一充电方案设置的每一个节点的标志位依次为:1、0、1、1、0、1、1、1,对应关系如表10所示。

表10 节点标志位设置

节点序号	0	2	3	5	6	8	9	12
标志位	1	0	1	1	0	1	1	1

可知本充电周期选择的是0号、3号、5号、8号、9号、12号六个节点。

3.4.2 本充电周期充电方案规划

本充电周期充电方案规划流程如图4所示。

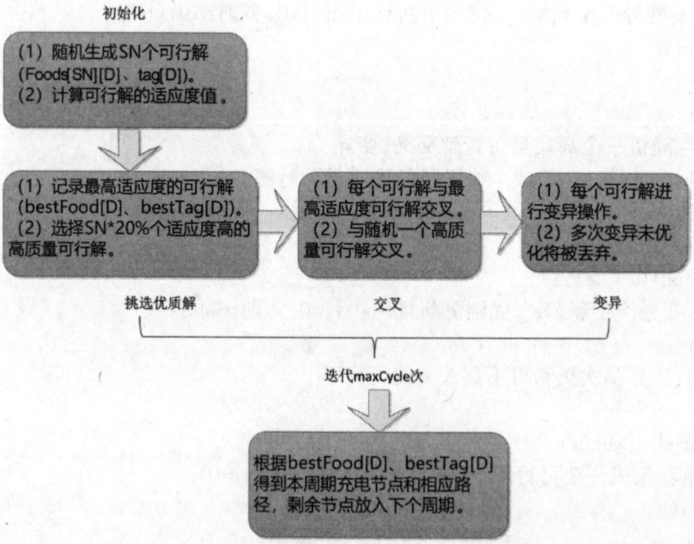

图4 本充电周期充电方案规划流程

(1)在基站将请求充电节点的序列输入优化的人工蜂群算法中进行本充电周期节点的选择以及路径的规划。初始化随机生成*SN*个蜜源,每一个蜜源对应一条充电路径,用一个二维数组Foods[*SN*][*D*]进行存储,其中*D*表示的是D维空间(即放入优化的人工蜂群算法中充电节点的个数)。同时,为每条路径的每个节点设置一个标志位,标志位依据公式随机生成,每条路径有一个标志位数组tag[*D*],对于标志位为0的节点在规划本充电周期的充电路径时是不予考虑的。

(2)将Foods[*SN*][*D*]中存储的路径和tag[*D*]中存储的本充电周期选择的节点同时导入目标函数中评价每个充电方案的优劣。利用优化的人工蜂群算法的特性对每个充电方案进行迭代优化,如果一个充电周期内能完成充电任务(全过程耗时≤规定的充电周期),一次规划好由所有的待充电节点组成的路径,否则尽可能多地选择充电节点在本周期内完成充电,分配到下一个充电周期的节点暂时不考虑,只规划本充电周期内选择的节点的路径,最终记录下最优的方案。

(3)本充电周期最优方案制定完成后,基站发送调度命令给充电车,充电车根据规划好的路径完成本充电周期的充电任务。

如果充电周期结束后还有剩下的待充电节点,这些节点在本充电周期未能充电,即被饿死。它们将被放入下一个充电周期,与下一个充电周期申请充电的节点一起规划充电。

示例:基站收到8个传感器节点提出充电请求,分别是0、2、3、5、6、8、9、12号节点。将8个节点的信息导入优化的人工蜂群算法中规划充电方案,由于在一个充电周期T内无法将8个传感器节点全部进行充电,根据T分成了两个充电周期进行充电:

(1)第一个充电周期:优化的人工蜂群算法在第一个充电周期根据目标函数计算选择了0、3、5、8、9、12号节点进行充电,并进行了本周期内6个节点的最优路径规划,得到本充电周期的充电路径:基站→8→3→0→12→5→9→基站(见图5)。

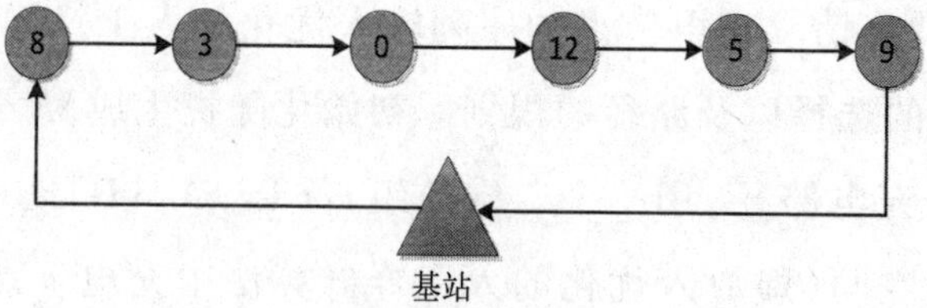

图5 本充电周期的充电路径

(2)放入下一个充电周期:由于充电周期的限制,不能对第一个充电周期剩下的2、6号节点进行充电,它们将被放入下一个充电周期。

4 仿真实验

4.1 实验环境

本文将使用Java语言编写优化的人工蜂群算法实验仿真代码,验证优化的人工蜂群算法相对于其他同类算法的优越性。设置实验场景,以基站为中心、边长为R的正方形区域为WSN覆盖区域。为了验证本文算法的可行性和有效性,首先设置3个不同规模的实验环境,3个场景中相同的参数初始化如表11所示。

表11 参数赋值

参数	赋值
传感器节点电池容量	600J
发送单位数据能耗et_i	$1.5*10^{-6}$ J/bit
接受单位数据能耗er_i	10^{-6} J/bit
感知单位数据能耗es_i	$1.58*10^{-6}$ J/bit
传感器节点自身产生的数据量r_i	3000 bit
充电车移动速度	8 m/s
充电车行驶时单位时间消耗的能量	12 J/s
充电车充电速率	10 J/s

(1)场景一:以基站为中心、边长为100 m的正方形区域为WSN覆盖区域,传感器节点的个数为60个,充电周期的大小为500 s,如表12所示。

表12　场景一参数

参数	赋值
传感器节点个数	60个
正方形区域边长	100 m
充电周期限制	500 s

(2)场景二:以基站为中心、边长为150 m的正方形区域为WSN覆盖区域,传感器节点的个数为90个,充电周期的大小为800 s,如表13所示。

表13　场景二参数

参数	赋值
传感器节点个数	90个
正方形区域边长	150 m
充电周期限制	800 s

(3)场景三:以基站为中心,边长为200 m的正方形区域为WSN覆盖区域,传感器节点的个数为120个,充电周期的大小为1000 s。

表14　场景三参数

参数	赋值
传感器节点个数	120个
正方形区域边长	200 m
充电周期限制	1000 s

场景二中的仿真实例:

第2个周期:充电的传感器节点个数总共为10个,充电车行驶的总距离为403.35 m,充电车本充电周期总耗能为5043.69 J,充电效率为0.880,被惩罚节点的个数为0。

第4个周期:充电的传感节点个数总共为19个,充电车行驶的总距离为

412.18 m,充电车本充电周期总耗能为7687.53 J,充电效率为0.919,被惩罚节点的个数为0。由于充电周期的限制,17、21、59号节点被放入下一个充电周期。

第5个周期:充电的传感节点个数总共为10个(包括上一个充电周期剩下的3个节点),充电车行驶的总距离为445.77 m,充电车本充电周期总耗能为5455.13 J,充电效率为0.877,被惩罚节点的个数为0。

第8个周期:充电的传感节点个数总共为10个,充电车行驶的总距离为297.95 m,充电车本充电周期总耗能为5159.98 J,充电效率为0.913,被惩罚节点的个数为1个(6号节点)。

4.2 实验方案对比

将优化的人工蜂群算法与EDF(Earliest Deadline First)算法、Heuristic_Offline算法在同一个网络场景中进行比较。

(1)EDF算法是最早截止时间优先调度算法,这是一种贪心策略。基站对收集到的充电请求按照最晚截止充电时间进行排列(快速排序算法),先发出充电请求的节点越早进行充电,按照排列完成后的顺序依次对节点进行供电,按序将不能完成充电的节点放入下一个充电周期。

(2)Heuristic_Offline算法[7]的主要思想是:首先利用旅行商问题(TSP)的1.5近似算法[8]构造了一个包含所有传感器之间的最近距离集合,如果两个传感器节点之间路径C的长度不大于充电车的最大行驶距离,并且该路径中的每个传感器节点都可以在其充电时间窗口内充电,则该解决方案是可行的解决方案;否则,该路径是不可行的,则可通过修改该不可行的解决方案获得可行的解决方案。从不可行的解决方案中逐个迭代地移除传感器,直到最终解决方案可行。

通过查找最小生成树(MST)和在MST上遍历,让路径C包含所有请求充电的传感器节点。如果满足C的长度和C中每个节点的充电时间窗,则解决方案为最终解决方案。否则,需要从当前路径C中删除一个传感器节点。我们的目标是选择这样一个节点，在较长的行程距离时该节点在目标函数方面具有最小增益。

Heuristic_Offline 算法流程如图 6 所示：

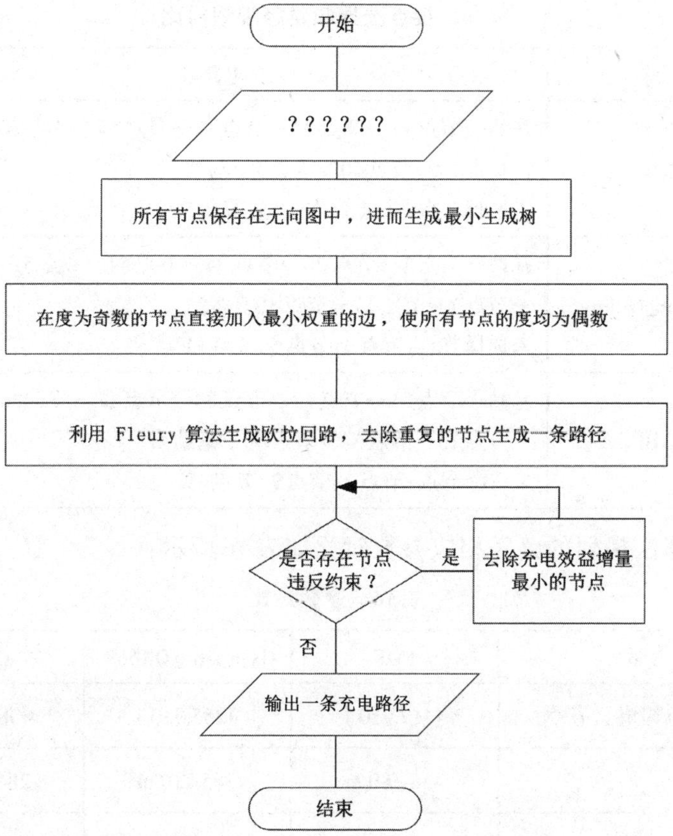

图6 Heuristic_Offline 算法流程

4.3 性能分析

4.3.1 本周期充电节点选择

如果一个充电周期内能完成充电任务（全过程耗时≤规定的充电周期），一次规划好由所有带充电节点组成的路径，否则尽可能多地选择充电节点在本周期内完成充电，选择节点和规划路径同时优化，分配到下一个充电周期的节点暂时不考虑。

场景一实例：1、3、7、11、13、17、19、26、34、40、51、54号共12个节点请求充电（11号节点电量损耗较为严重）。三种算法对本充电周期的节点选择和路径规划如表15所示：

表15 接点选择和路径规划对比

算法	充电路径
EDF	基站→节点11→节点34→节点17→节点54→节点26→节点1→节点19→节点40→节点7→基站 未选择节点：节点3、节点13、节点51
Heuristic_Offline	基站→节点1→节点26→节点34→节点54→节点51→节点40→节点7→节点17→节点19→基站 未选择节点：节点3、节点5、节点11
OABC	基站→节点51→节点17→节点34→节点11→节点26→节点1→节点13→节点54→节点40→基站 未选择节点：节点3、节点7、节点19

三种算法规划的路径相应参数对比如表16所示：

表16 参数对比

参数	EDF	Heuristic_Offline	OABC
被选择节点馈电总值	4417.910 J	4255.930 J	4382.780 J
路径长度	458.780 m	365.710 m	284.000 m
充电效率	0.794	0.823	0.860

对于节点11：按照充电请求先后顺序，EDF算法将节点11放在第一位充电，防止该节点因缺电而导致网络部分瘫痪；而Heuristic_Offline算法将节点11分配到了下一个充电周期，节点违反时间窗，可能影响网络正常运行；本文的算法既考虑了节点11剩余电量的因素，也考虑了整体优化，不但将其放入当前充电周期，还进行了更优化的路径规划防止影响网络正常运行，又提高了充电效率。

EDF算法虽然在本周期内为传感器节点补充了更多的能量，但是路径长度过长导致整体的充电效率低下；而 Heuristic_Offline 算法虽然充电效率有所提高，但给传感器节点补充能量总数相对减少了，同时没有充分考虑能量较少的节点；本文的算法结合两种算法的长处，整体优化，在减少路径消耗的同时尽最大可能为节点补充更多的能量。

4.3.2 充电路径长度

为了降低整个充电过程中不必要的能量消耗，充电路径的长度是必须要考虑的方面，尽可能地减少充电车在路途中的耗能，不合适的充电路径会使充电车行驶较长的距离，降低充电路径质量。在三个场景下三种算法规划的充电路径长度对比如图7、8、9所示。

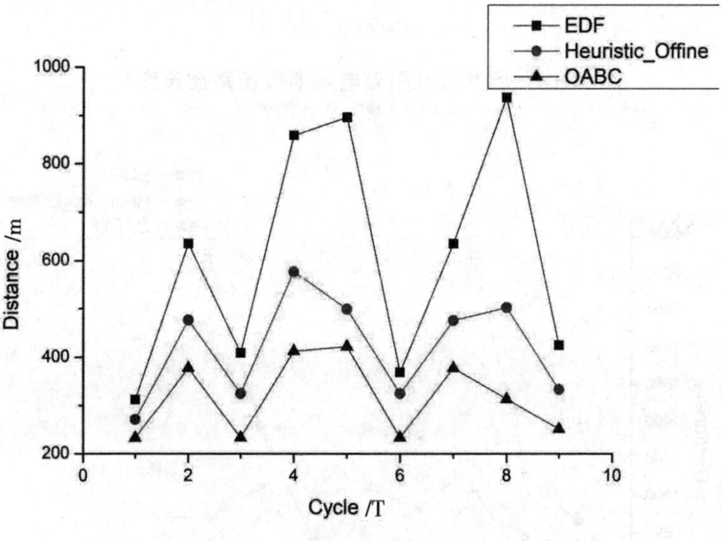

图7　场景一不同充电周期行驶路径长度

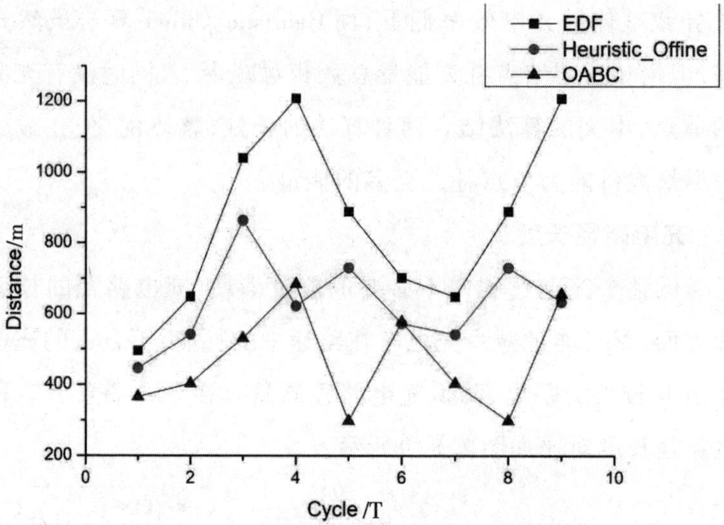

图8　场景二不同充电周期行驶路径长度

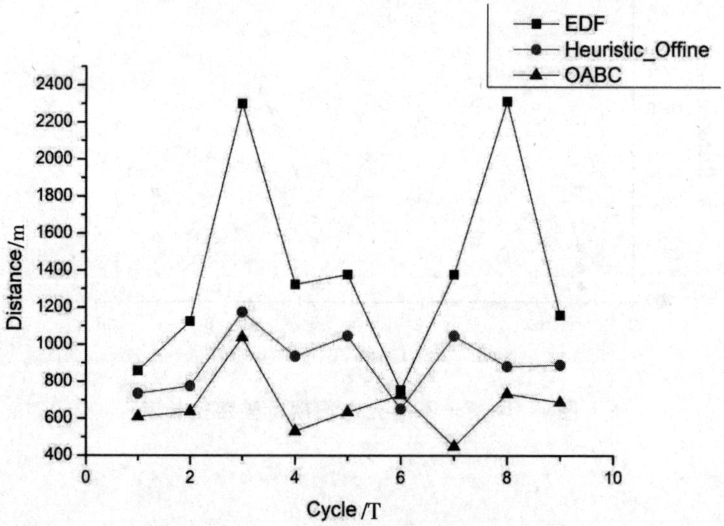

图9　场景三不同充电周期行驶路径长度

场景一的传感器节点规模有60个，属于一个较小的区域。发出充电请求时的节点数相对比较少，充电车行驶的距离相对较短。例如第6个充电周期，请求充电的节点数为7个，EDF算法规划的路径长度有368.50 m，Heuristic_Offline算法的路径长度是324.87 m，本文优化的人工蜂群算法规划完成后将路径长度缩小至233.11 m，减少了能耗。再如第5个充电周期请求充电的节点数为10个，第8个充电周期请求充电的节点数为10个，本文优化的人工蜂群算法很大程度上减少了路径长度。可见，随着请求充电节点数目增多，本文的算法优化路径长度的效果会更好。

场景二和场景三的传感器节点规模分别为90个、120个。发出充电请求时的节点数相对较多，充电车行驶的距离相对较长，充电周期的限制就比较明显了，会出现Heuristic_Offline算法规划出的路径长度优于本文算法的现象。这主要是因为两种算法根据自己的优化方法选择了不同的节点在本充电周期进行充电，导致路径长度有所差异。

例如场景二中的第4个充电周期，请求充电的节点数为19个，本文算法考虑充电周期限制将17、21、59号节点放入了下一个充电周期，Heuristic_Offline算法而是将16、17、62号节点放入了下一个充电周期，EDF算法将20、29、34、35、51号节点放入了下一个充电周期。可见，在一定程度上本文算法可以为尽可能多地请求节点充电。结合下一个周期（第5个充电周期）完成剩余充电任务的情况，可以从两个周期看出本文算法仍然降低了路径长度。

4.3.3 充电效率

充电效率是指充电过程中在给传感器节点充电上消耗的能量与充电车消耗总能量的百分比。在相同的充电周期内，分别利用三种算法对充电过程中每个充电周期的充电效率进行对比，如图10、11、12所示。

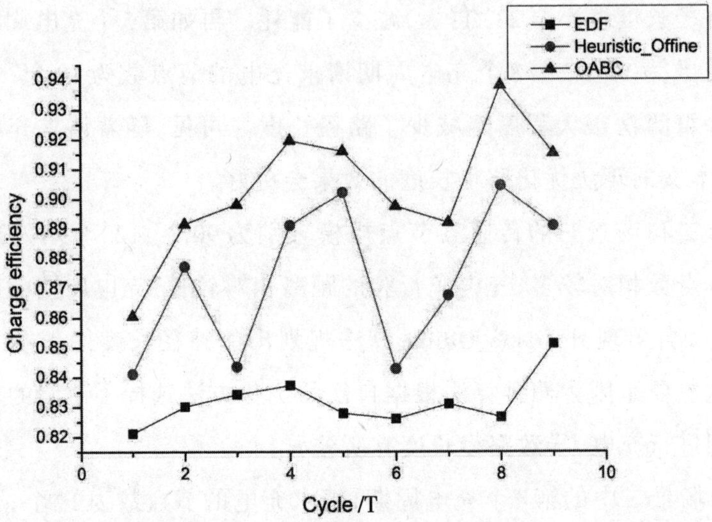

图 10　场景一不同充电周期充电效率

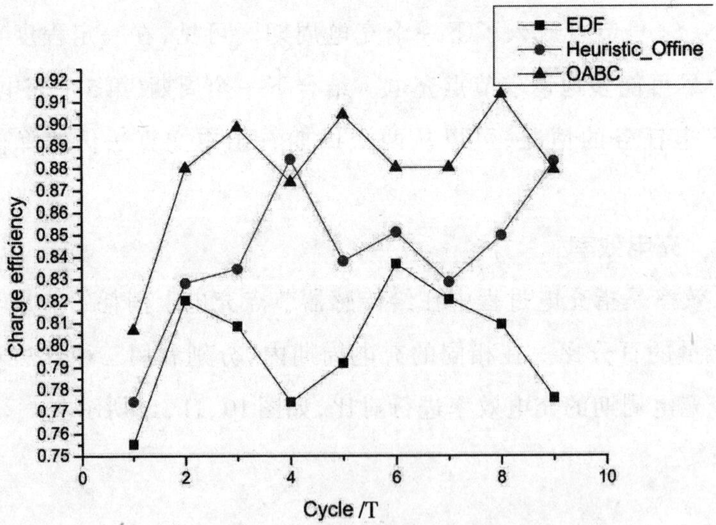

图 11　场景二不同充电周期充电效率

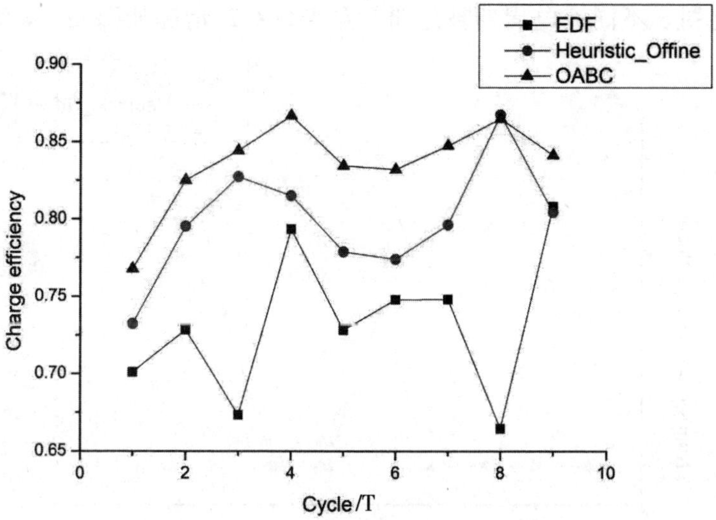

图 12　场景三不同充电周期充电效率

对比每个场景中的充电效率可以看出，本文的算法充电效率总体上较高。EDF算法只考虑节点充电的最晚截止时间，对其他因素不加考虑（如路径长度），所以充电效率一般较低。Heuristic_Offline算法的充电思想是无法满足所有节点，就将充电成本人的节点从本周期的调度计划中移除，直至此周期调度任务可以满足为止，充电效率会相对较高。本文的算法则是充分考虑时间窗、充电路径长度等因素，结合上面两种算法的优点，充电效率有很大提升。

同时，对比图 11、图 12、图 13 可以看出，随着节点规模的扩大，三种算法的充电效率都会降低，但是本文的算法仍然相对较优。其主要原因就是三种实验场景中一些相关参数设置相同，如充电车的行驶速度 S_c，单位时间充电车的行驶能耗 p，这些参数不变但网络规模在增大，充电车行驶的路径增大了许多，就会使得充电车行驶耗能占比增加，进而导致充电效率降低。

4.3.4　惩罚节点个数

本文为了防止网络中一些核心节点发出充电请求后没有得到及时的电量补充而导致网络瘫痪，专门为每一个节点设置时间窗，用来保证及时供电。将时间窗放入路径的评价标准中，尽可能避免节点违反时间窗而受到相应的惩罚。不同充电周期被惩罚节点个数对比情况如图13、14所示。

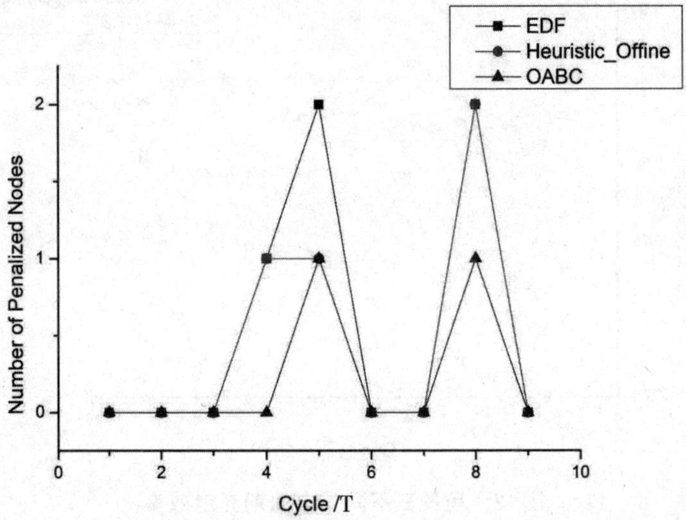

图13 场景二不同充电周期被惩罚节点个数

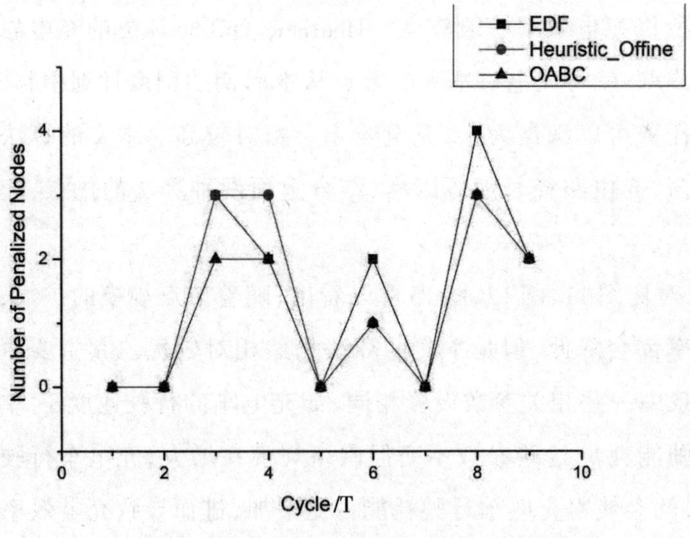

图14 场景三不同充电周期被惩罚节点个数

场景一的节点规模较小，在所有充电周期中均未遇到节点被惩罚的现象。但随着节点规模增大，场景二、场景三中出现惩罚节点的数目开始增加。

如图 14 所示，场景二中的第 8 个充电周期本文算法和 Heuristic_Offline 算法充电时只有 6 号节点被惩罚，而 EDF 算法充电时 6 号、14 号节点都被惩罚。6 号（RE_6=60.09 J）、14 号（RE_{14}=60.23 J）节点在充电周期开始，电量即将达到最晚充电时间时的电量，EDF 算法直接根据最晚充电时间进行排序优先给 6 号节点充电，但是到达该节点时，已经过了最晚充电时间，14 号节点也在充电车给 6 号节点充电时过了最晚充电时间，所以两个节点都被惩罚。本文算法和 Heuristic_Offline 算法优先给 14 号节点充电，充电车到达 14 号节点时还未到最晚充电时间，但到达 6 号节点时超过了最晚充电时间，所以被惩罚的节点个数就只有一个，使被惩罚的节点数目尽可能减少，防止影响网络正常运行。

再如图 15 场景三中的第 8 个周期，有 22 个节点进行了充电，被惩罚现象较为严重。第 9 个周期三种算法的惩罚节点数都为 2 个（22 号、93 号节点），主要是因为在充电周期开始前两个节点就已经过了最晚充电时间，为了减少对网络的影响，三种算法都将优先为这两个节点充电。

本文算法在其他两种算法的基础上尽可能降低惩罚节点的个数，最大限度减小节点缺电对 WSN 的影响。

5 结论

本文构建更接近实际的充电优化模型，以人工蜂群算法为基础并结合交叉变异原理，提高可行解的多样性。同时，考虑充电周期的限制，每个充电周期内边选择节点边优化路径，充分考虑节点的时间窗限制、路径消耗等因素对每个可行解进行评价，经过不断迭代优化，得到最优的充电方案。与其他两种算法相比，本文算法提高了充电效率，大大降低了充电车的能量消耗，更好地维护了网络运行。同时，本算法在节点规模较大时，时间复杂度相对于其他两种算法较高。接下来，笔者将继续优化该算法，成熟后在实际无线传感器网络上进行验证、应用。

参考文献：

[1]ZHAO C X, WU C Z, WANG X Y, et al. Maximizing lifetime of a wireless sensor network via joint optimizing sink placement and sensor-to-sink routing[J]. Applied Mathematical Modelling, 2017(49): 319-337.

[2]胡义文.基于无线节点的太阳能充电分布式系统设计[D].成都:电子科技大学,2016.

[3]杨博雄,倪玉华.无线传感网络[M].北京:人民邮电出版社,2015.

[4]KURS A, MOFFATT R, SOLJACIC M. Simultaneous mid-range power transfer to multiple devices [J]. Applied Physics Letters, 2010, 96(4): 34.

[5]曹金保.人工蜂群算法研究及其应用[D].西安:陕西师范大学,2013.

[6]ZHAO C X, WU C Z, CHAI J, et al. Decomposition-based multi-objective firefly algorithm for RFID network planning with uncertainty[J]. Applied Soft Computing, 2017, 55: 549-564.

[7]YE X G, LIANG W F. Charging utility maximization in wireless rechargeable sensor networks [J]. Wireless Networks, 2017, 23(7): 2069-2081.

[8]Christofides N. Worst-Case Analysis of a New Heuristic for the Travelling Salesman Problem[J]. Management Science Research Report, 1976.

[9]戴海鹏,陈贵海,徐力杰,等.一种高效有向无线充电器的布置算法[J].软件学报,2015,26(7):1711-1729.

[10]DENG R L, ZHANG Y M, HE S B, et al. Maximizing network utility of rechargeable sensor networks with spatiotemporally-coupled constraints[J]. IEEE Journal on Selected Areas in Communications, 2016, 34(5): 1307-1319.

[11]OYMAN E I, ERSOY C. Multiple sink network design problem in large scale wireless sensor networks[C]//IEEE International Conference on Communications. IEEE, 2004: 3663-3667.

[12]胡诚.无线可充电传感器网络中充电规划及其可调度性研究[D].南京:东南大学,2015.

[13]FU L K, CHENG P, GU Y, et al. Minimizing charging delay in wireless re-

chargeable sensor networks [C]//INFOCOM, 2013 Proceedings IEEE. IEEE, 2013:2922-2930.

[14] JIAN WANG J, SI T Z, WU X W, et al. Sustaining a perpetual wireless sensor network by multiple on-demand mobile wireless chargers [C]//IEEE International Conference on Networking. IEEE, 2015:9-11.

指导教师评语:

该论文选题来源于当前物联网中的研究热点，具有较好的理论意义和实际应用价值。在对人工蜂群算法改进的基础上设计了一种新型算法，对无线传感器网络中充电问题建模，设计了优化模型，对优化问题求解，并与相关算法比较验证了算法有效性。论文写作严谨，论据充分，实验完善。

计算机与信息学院赵传信教授

部分相干高斯光束聚焦特性研究

段玉茹

（物理与电子信息学院）

摘　要　部分相干光束因其特有的聚焦特性而得到广泛应用和研究，合理选择光束的相干性，可使光束的光强分布更加均匀。本文基于柯林斯公式，结合部分相干高斯光束的基本性质，得到了其聚焦场光强的解析表达式，并利用Mathematic软件数值计算了焦平面处光强的分布，具体讨论了透镜焦距、相干长度及光束波长等参数对部分相干高斯光束聚焦特性的影响，所得结论对实际光通信有一定参考价值。

关键词　柯林斯公式；部分相干光；高斯光束；聚焦特性

1　研究背景

激光具有单色性、相干性、强度高、准直性好的特点，一般要求激光的单色性越高越好。近年来，部分相干光束的性质同样引起了大家的关注，因为在一些特定的应用领域中，部分相干光比完全相干光更具优越性。比如在大气传输过程中，部分相干光比完全相干光的发散程度小得多，并且部分相干光束的光强分布也比较均匀[1]。目前为止，光强分布为高斯分布的激光光束已经通过各种技术手段整形为特殊的光束，而这些光束可应用于激光及生物医学等多个方面。在生活中我们可获得的光束一般都是部分相干光，其介于完全非相干光与完全相干光之间。而部分相干光可以降低完全相干光的不良效应，在相同的大气湍流条件下，媒质对部分相干光束的影响要远小于其对完全相干光束的影响。

相对于完全相干光束，部分相干光束克服或减小湍流负效应具有更明显的效果，能提高光束的传输质量，尤其是在长距离传输中，部分相干光的传输效率会更高[2-5]。

本文以部分相干高斯光束为研究对象，基于柯林斯公式，推导其聚焦场中聚焦光强的解析表达式，分析透镜焦距、相干长度及光束波长等参数对其特性的影响。

2 部分相干高斯光束理论

2.1 交叉谱密度函数

在现实生活中，大部分光源的振幅与相位都是无规则变化的，这是由于从量子理论出发，材料发光时每个光辐射过程都是随机的，即便是单色性极好的激光也存在自发发射这个随机过程[6,7]。由于材料自身性质与外界存在不可避免的干扰，几乎所有光源产生的都是部分相干光。

所以部分相干光是介于完全相干光与非完全相干光之间的一种光束，在空间—频率域中，光束相干性可用交叉密度谱函数来表示，部分相干光束的交叉谱密度函数为[8]：

$$W(r_1',r_2',\omega)=[I(r_1',\omega)\,I(r_2',\omega)]^{\frac{1}{2}}\mu(r_2'-r_1',\omega) \tag{1}$$

μ为空间相干度，r_1'、r_2'为位置矢量，ω为部分相干光束的频率。

在空间r处的平均光强为$r_1'=r_2'=r'$时的交叉谱密度，可由此描述，且由高斯函数表征，即为：

$$I(r',\ \omega)=W(r',\ r',\ \omega) \tag{2}$$

高斯–谢尔模型是典型的部分相干光模型，在z=0时，其交叉谱密度函数可写成[9]：

$$W(r_1', r_2', \omega) = \exp(-\frac{r_1'^2 + r_2'^2}{w_0^2})\exp(-\frac{(r_1' - r_2')^2}{2\sigma^2}) \tag{3}$$

2.2 光学传输矩阵

$L_nL_2L_1$矩阵光学，是采用矩阵代数的方法对光束的传输变换特性进行研究。随着激光技术的不断发展，激光产业已广泛应用于各个领域，与此同时，由于矩阵光学的计算处理方法比较方便简单，矩阵光学也逐渐成为很重要的应用工具。

假设一个光学系统中包含多个元件，每个元件的变换矩阵为$\begin{pmatrix} A & B \\ C & D \end{pmatrix}\cdots$，则出射光线的参数可以用各个元件的矩阵乘积来表示：

$$\begin{pmatrix} r_n \\ \theta_n \end{pmatrix} = \begin{pmatrix} A_n & B_n \\ C_n & D_n \end{pmatrix} \cdots \begin{pmatrix} A_l & B_l \\ C_l & D_l \end{pmatrix} \cdots \begin{pmatrix} A_1 & B_1 \\ C_1 & D_1 \end{pmatrix} \begin{pmatrix} r_1 \\ \theta_1 \end{pmatrix} \tag{4}$$

以下是两个典型的光学系统的矩阵形式。

光线在自由空间传输距离为l的变换矩阵为：

$$M = \begin{pmatrix} 1 & l \\ 0 & 1 \end{pmatrix} \tag{5}$$

光束透过薄透镜的变化矩阵为：

$$M = \begin{pmatrix} 1 & 0 \\ -\frac{1}{f} & 1 \end{pmatrix} \tag{6}$$

2.3 柯林斯公式

柯林斯于1970年结合ABCD矩阵与惠更斯–菲涅耳衍射积分公式，把惠更斯–菲涅耳衍射积分公式拓展成柯林斯公式。柯林斯公式表示为：

$$E(x,y,z)=\left(-\frac{i}{\lambda B}\right)\exp(ikz)\times$$
$$\iint_s E_0(x_0,y_0,0)\exp\left\{\frac{ik}{2B}\left[A(x_0^2+y_0^2)+D(x^2+y^2)-2(xx_0+yy_0)\right]\right\} \tag{7}$$

式中，z 为沿轴上的光程，f 为聚焦透镜的焦距，E_0 为入射场，k 为波数，A,B,C,D 为入射面与出射面之间的变换矩阵的矩阵元。

$$\begin{pmatrix} A & B \\ C & D \end{pmatrix}=\begin{pmatrix} 1-\dfrac{z}{f} & z \\ -\dfrac{1}{f} & 1 \end{pmatrix} \tag{8}$$

2.4 部分相干高斯光束聚焦

部分相干高斯光束入射场为：

$$E_0(x_0,y_0,0)=a_0\exp\left[-\frac{x_0^2+y_0^2}{w_0^2}-\frac{x_0^2+y_0^2}{2\sigma^2}-\frac{ik(x_0^2+y_0^2)}{2F_0}\right] \tag{9}$$

式中，w_0 为束腰半径，σ 为相干长度，F_0 为曲率半径。

则通过ABCD系统后的聚焦后出射场为：

$$E(x,y,z)=\left(-\frac{i}{\lambda B}\right)\exp(ikz)\times$$
$$\iint_s E_0(x_0,y_0,0)\exp\left\{\frac{ik}{2B}\left[A(x_0^2+y_0^2)+D(x^2+y^2)-2(xx_0+yy_0)\right]\right\}dx_0dy_0$$
$$=\left(-\frac{i}{\lambda B}\right)\exp(ikz)\iint_s a_0\exp\left[-\frac{x_0^2+y_0^2}{w_0^2}-\frac{x_0^2+y_0^2}{2\sigma^2}-\frac{ik(x_0^2+y_0^2)}{2F_0}\right]$$
$$\times\exp\left\{\frac{ik}{2B}\left[A(x_0^2+y_0^2)+D(x^2+y^2)-2(xx_0+yy_0)\right]\right\}dx_0dy_0 \tag{10}$$

将式(10)进行变换整理：

$$
\begin{aligned}
E(x,y,z) &= a_0\left(-\frac{i}{\lambda B}\right)\exp(ikz)\exp\left[\frac{ikD}{2B}(x^2+y^2)\right]\times \\
&\int_{-\infty}^{\infty}\int_{-\infty}^{\infty}\exp\left[-\frac{x_0^2+y_0^2}{w_0^2}-\frac{x_0^2+y_0^2}{2\sigma^2}-\frac{ik(x_0^2+y_0^2)}{2F_0}\right]\exp\left\{\frac{ik}{2B}\left[A(x_0^2+y_0^2)-2(xx_0+yy_0)\right]\right\}dx_0dy_0 \\
&= a_0\left(-\frac{i}{\lambda B}\right)\exp(ikz)\exp\left[\frac{ikD}{2B}(x^2+y^2)\right] \\
&\int_{-\infty}^{\infty}\exp\left(-\frac{x_0^2}{w_0^2}-\frac{x_0^2}{2\sigma^2}-\frac{ikx_0^2}{2F_0}\right)\exp\left[\frac{ik}{2B}(Ax_0^2-2xx_0)\right]dx_0\times \\
&\int_{-\infty}^{\infty}\exp\left(-\frac{y_0^2}{w_0^2}-\frac{y_0^2}{2\sigma^2}-\frac{iky_0^2}{2F_0}\right)\exp\left[\frac{ik}{2B}(Ay_0^2-2yy_0)\right]dy_0 \\
&= a_0\left(-\frac{i}{\lambda B}\right)\exp(ikz)\exp\left[\frac{ikD}{2B}(x^2+y^2)\right]\times \\
&\int_{-\infty}^{\infty}\exp\left(-\frac{x_0^2}{w_0^2}-\frac{ikx_0^2}{2F_0}-\frac{x_0^2}{2\sigma^2}+\frac{ikA}{2B}x_0^2-\frac{ik}{B}xx_0\right)dx_0\times \\
&\int_{-\infty}^{\infty}\exp\left(-\frac{y_0^2}{w_0^2}-\frac{iky_0^2}{2F_0}-\frac{y_0^2}{2\sigma^2}+\frac{ikA}{2B}y_0^2-\frac{ik}{B}yy_0\right)dy_0 \\
&= a_0\left(-\frac{i}{\lambda B}\right)\exp(ikz)\exp\left[\frac{ikD}{2B}(x^2+y^2)\right]\times \\
&\int_{-\infty}^{\infty}\exp\left[-\left(\frac{1}{w_0^2}+\frac{ik}{2F_0}+\frac{1}{2\sigma^2}-\frac{ikA}{B}\right)x_0^2-\frac{ik}{B}xx_0\right]dx_0\times \\
&\int_{-\infty}^{\infty}\exp\left[-\left(\frac{1}{w_0^2}+\frac{ik}{2F_0}+\frac{1}{2\sigma^2}-\frac{ikA}{B}\right)y_0^2-\frac{ik}{B}yy_0\right]dy_0
\end{aligned}
\tag{11}
$$

$b=\frac{1}{w_0^2}+\frac{ik}{2F_0}+\frac{1}{2\sigma^2}-\frac{ikA}{2B}$，令 $b=\frac{1}{w_0^2}+\frac{ik}{2F_0}-\frac{ikA}{2B}$，由积分公式

$$
\int_{-\infty}^{\infty}\exp(-p^2x^2\pm qx)dx=\exp\left(\frac{q^2}{4p^2}\right)\frac{\sqrt{\pi}}{p},\quad p>0 \tag{12}
$$

得：

$$
\begin{aligned}
E_1(x,y,z) &= a_0\left(-\frac{i\pi}{\lambda bB}\right)\exp(ikz)\exp\left[\frac{ikD}{2B}(x^2+y^2)\right]\exp\left[-\frac{k^2}{4bB^2}(x^2+y^2)\right] \\
&= a_0\left(-\frac{i\pi}{\lambda bB}\right)\exp\left[\frac{k}{2B}\left(iD-\frac{k}{2bB}\right)(x^2+y^2)\right]\exp(ikz)
\end{aligned}
\tag{13}
$$

则部分相干高斯光束的聚焦光强为：

$$
\begin{aligned}
I(x,y,z) &= E_1(x,y,z)E_1^*(x,y,z) \\
&= a_0\left(-\frac{i\pi}{\lambda\left(\frac{1}{w_0^2}+\frac{ik}{2F_0}+\frac{1}{2\sigma^2}-\frac{ikA}{2B}\right)B}\right)\exp\left[-\frac{k^2}{4\left(\frac{1}{w_0^2}+\frac{ik}{2F_0}+\frac{1}{2\sigma^2}-\frac{ikA}{2B}\right)B^2}(x^2+y^2)\right]\times \\
&\quad a_0\left(\frac{i\pi}{\lambda\left(\frac{1}{w_0^2}-\frac{ik}{2F_0}-\frac{1}{2\upsilon^2}+\frac{ikA}{2B}\right)B}\right)\exp\left[-\frac{k^2}{4\left(\frac{1}{w_0^2}-\frac{ik}{2F_0}-\frac{1}{2\upsilon^2}+\frac{ikA}{2B}\right)B^2}(x^2+y^2)\right] \\
&= a_0^2\left(-\frac{i\pi}{\lambda\left(\frac{1}{w_0^2}+\frac{ik}{2F_0}+\frac{1}{2\sigma^2}-\frac{ikA}{2B}\right)B}\right)\left(\frac{i\pi}{\lambda\left(\frac{1}{w_0^2}-\frac{ik}{2F_0}-\frac{1}{2\sigma^2}+\frac{ikA}{2B}\right)B}\right)\times \\
&\quad \exp\left[-\frac{k^2}{4\left(\frac{1}{w_0^2}+\frac{ik}{2F_0}+\frac{1}{2\sigma^2}-\frac{ikA}{2B}\right)B^2}(x^2+y^2)-\frac{k^2}{4\left(\frac{1}{w_0^2}-\frac{ik}{2F_0}-\frac{1}{2\sigma^2}+\frac{ikA}{2B}\right)B^2}(x^2+y^2)\right] \\
&= \frac{a_0^2\pi^2}{\lambda^2B^2\left(\frac{1}{w_0^4}+\frac{1}{w_0^2\upsilon^2}+\frac{1}{4\upsilon^4}+\frac{k^2}{4F_0^2}+\frac{k^2A^2}{4B^2}-\frac{k^2A}{2BF_0}\right)}\times \\
&\quad \exp\left[-\frac{(w_0^2+2\sigma^2)k^2}{2B^2W_0^2\sigma^2\left(\frac{1}{w_0^4}+\frac{1}{w_0^2\sigma^2}+\frac{1}{4\sigma^4}+\frac{k^2}{4F_0^2}+\frac{k^2A^2}{4B^2}-\frac{k^2A}{2BF_0}\right)}(x^2+y^2)\right]
\end{aligned}
\tag{14}
$$

根据柯林斯公式与高斯光束基本性质,推导出了部分相干高斯光束的聚焦光强解析式,以下是对数值的具体计算分析。

3 数值计算与分析

3.1 部分相干高斯光束传输与聚焦过程

部分相干高斯光束在自由空间传播,然后由聚焦透镜会聚之后,在几何焦平面$z=f$附近聚焦,此处的光强分布$I(x,y,z,w)$即我们所要研究的对象。由理论研究可知,光束几何焦点附近的光强分布不仅取决于入射部分相干高斯光束的光强分布,还会因光束的空间相干度、束腰宽度与透镜焦距等因素产生变化。因此,我们可以通过改变光束的空间相干度、波长等变量来探究焦平面上光强分布的规律。部分相干高斯光束聚焦示意如图1所示。

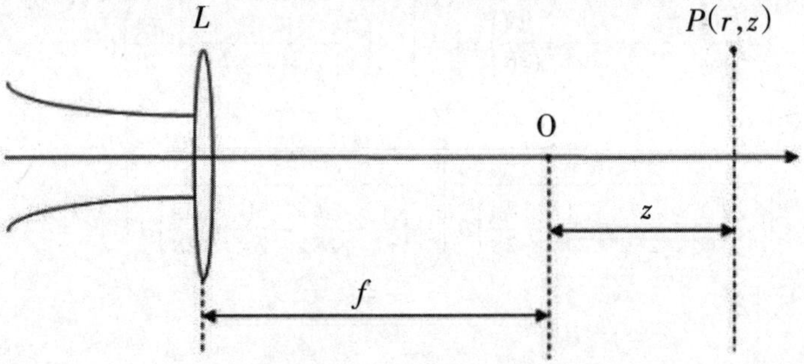

图1 部分相干高斯光束聚焦示意图

注:L是聚焦透镜,O点为透镜的几何像点。

3.2 焦距对聚焦光强的影响

图2、图3和图4为不同焦距对聚焦光强的影响(3组3D模型图与二维图)。其他参数$F_0=\infty$,波长$\lambda=632.8\,\text{nm}$,束腰$w_0=2\,\text{mm}$,相干长度$\sigma=0.01\,\text{m}$。

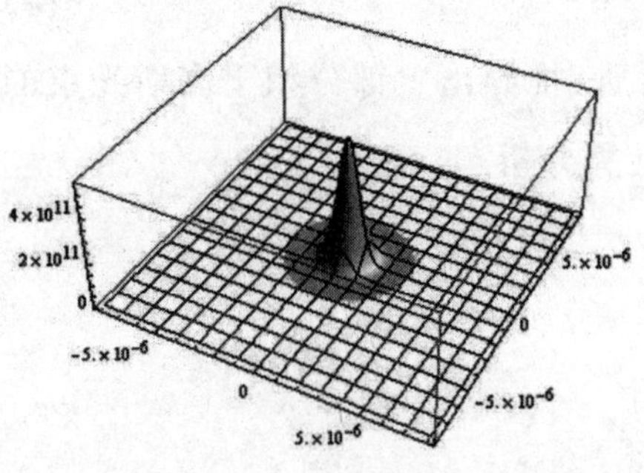

(a_1)

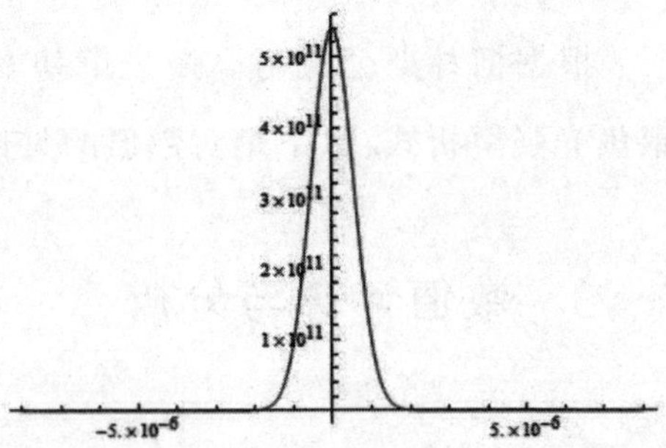

(a_2)

图2 f=0.02 m时聚焦光强的三维图像与二维图像分布

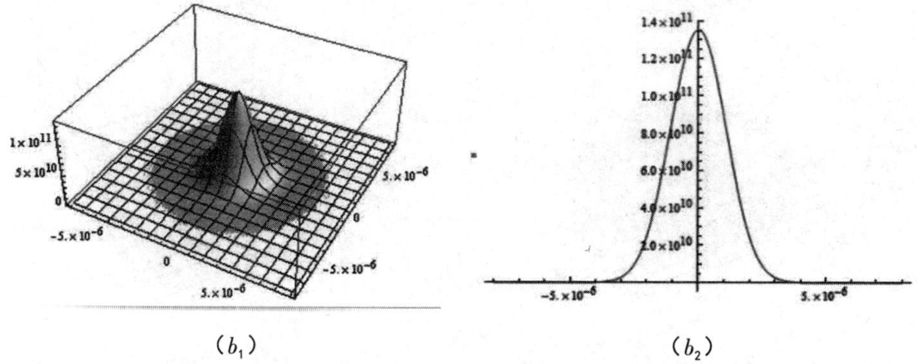

图3　f=0.04 m时聚焦光强的三维图像与二维图像分布

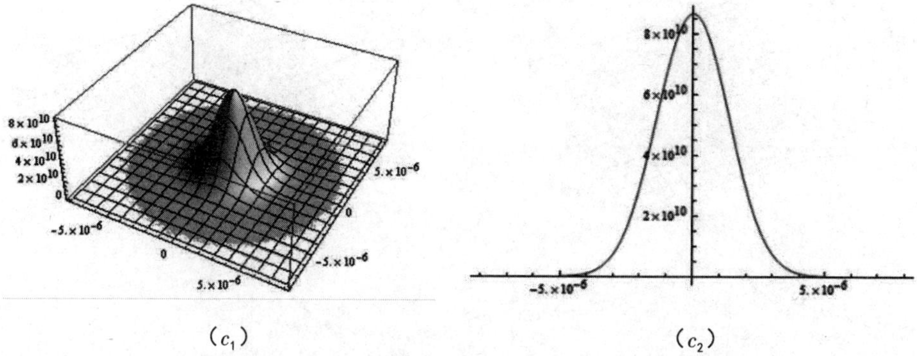

图4　f=0.05 m时聚焦光强的三维图像与二维图像分布

图 2、图 3 和图 4 中，焦距分别为 $(a)\,f = 0.02$ m，$(b)\,f = 0.04$ m，$(c)\,f = 0.05$ m 由图可知，在其他参数一定时，随着透镜焦距的逐渐增大，聚焦光强逐渐减小，且光束光斑尺寸明显增大。

3.3　相干长度对聚焦光强的影响

图5是不同相干长度下的聚焦光强分布图。其他参数 $F_0 = \infty$，波长 $\lambda = 632.8$ nm，束腰 $w_0 = 2$ mm，焦距 $f = 0.05$ m。

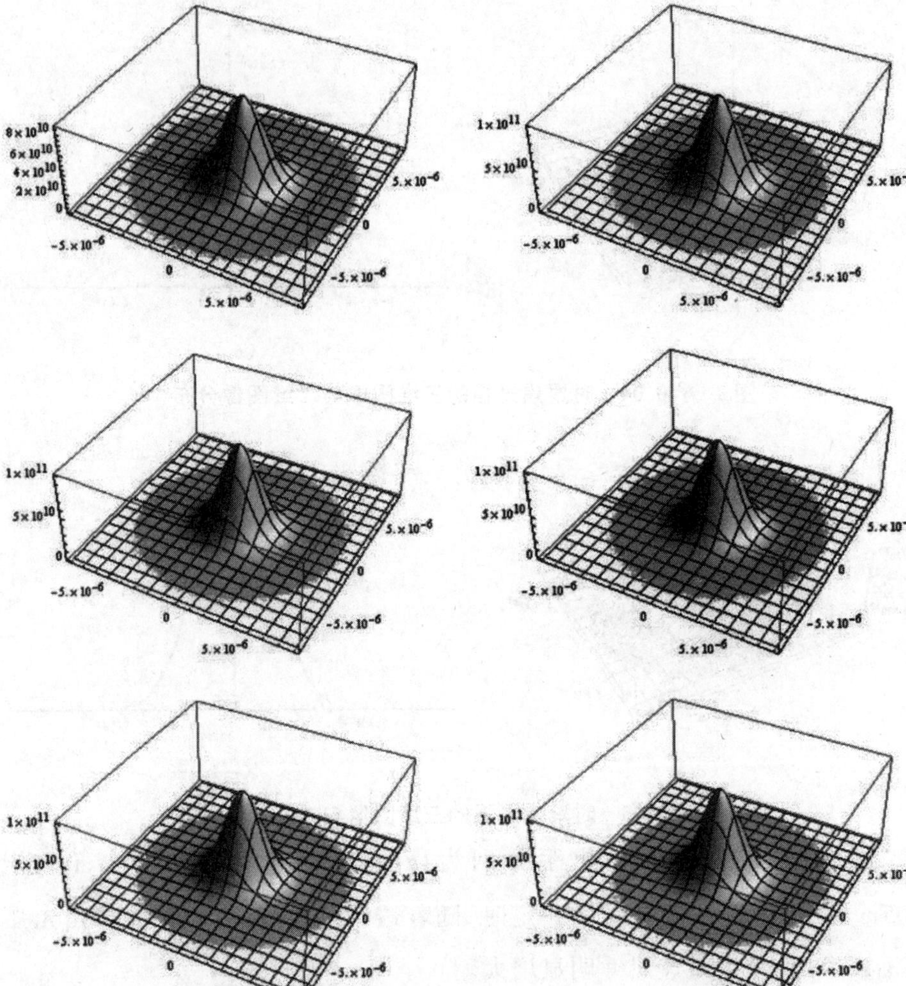

图5　不同相干长度σ部分相干高斯光束的聚焦光强

图5中，σ分别为0.01 m、0.03 m、0.05 m、0.1 m、1 m和10 m，由图可知，当仅改变相干长度时，随着相干长度σ的逐渐增大，聚焦光强逐渐变大，并且在相干长度达到大于等于0.1 m之后，聚焦光强几乎保持不变，光斑尺寸也先缩小后保持不变。

3.4 波长对聚焦光强的影响

图 6 是 3 种常见光的聚焦光强分布图，焦距 $f = 0.05$ m，其他参数不变。

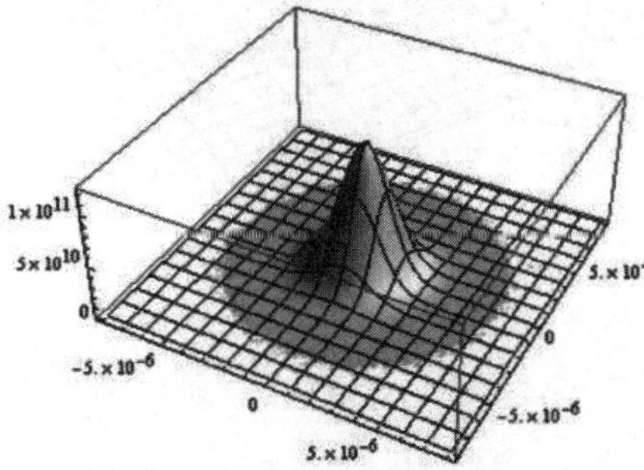

(*a*)

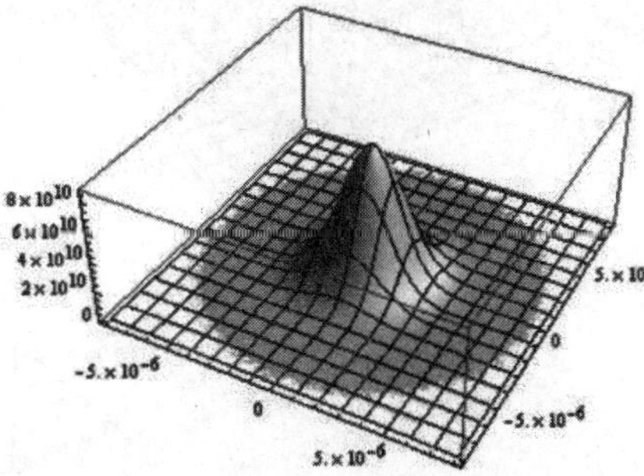

(*b*)

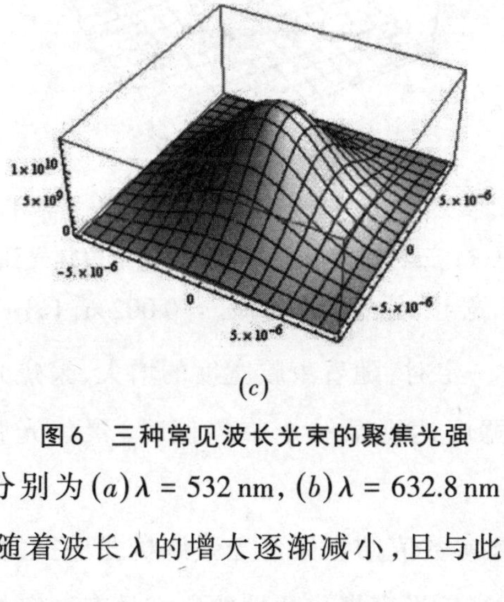

(*c*)

图6　三种常见波长光束的聚焦光强

图 6 中，波长分别为 (*a*) $\lambda = 532$ nm，(*b*) $\lambda = 632.8$ nm，(*c*) $\lambda = 1550$ nm，由图可知，聚焦光强随着波长 λ 的增大逐渐减小，且与此同时光斑尺寸也在增大。

3.5 束腰宽度对聚焦光强的影响

图 7 反映了束腰宽度对聚焦光强的影响。波长 $\lambda = 632.8$ nm，焦距 $f = 0.05$ m，相干长度 $\sigma = 0.01$ m，其他参数不变。

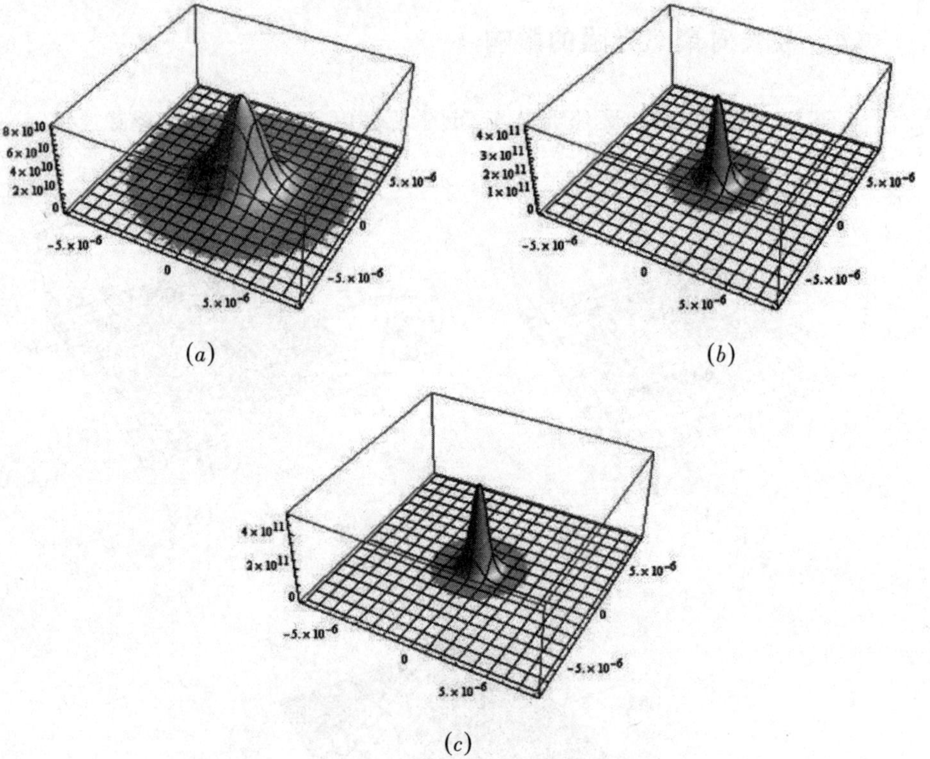

图7　三种不同束腰长度的光束的聚焦光强

图 7 中，束腰宽度分别为 $(a)w_0 = 0.002\,\text{m}$，$(b)w_0 = 0.008\,\text{m}$，$(c)w_0 = 0.01\,\text{m}$。在其他参数一定时，随着束腰宽度的增大，聚焦光强增大，光斑尺寸明显减小；当束腰宽度达到某一个临界值时，聚焦光强达到一个最大稳定值。

以上是根据具体参数值结合聚焦光强解析式进行的数值计算和分析结果，对实际部分相干高斯光束聚焦特性的研究具有一定的参考意义。

4　总结

本文基于柯林斯公式，理论推导了部分相干高斯光束在聚焦场中聚焦光强的解析表达式，数值计算了部分相干高斯光束经透镜聚焦后的光强分布。研究结果表明:在几何焦点附近的光强分布不仅取决于入射的部分相干高斯光束的光强分布,还会因光束的空间相干度、束腰宽度与透镜焦距等参数的改变而改变;在仅改变透镜焦距时,聚焦光强随焦距的增大而逐渐减小,光斑尺寸随之增大;当仅增大波长时,聚焦光强会逐渐减小,光斑尺寸会增大;而在其他参数一定时,随着相干长度 σ 的增大,聚焦光强逐渐增大,光斑尺寸增大,当相干长度达到某一个临界值时,聚焦光强达到一个最大稳定值;当束腰半径为唯一变量时,聚焦光强随着束腰宽度的增大而增人,光斑尺寸会随之减小,且当束腰宽度达到一个特定值时,聚焦光强达到最大值。

参考文献:

[1]陈媛.部分相干光束聚焦特性的研究[D].厦门:华侨大学,2008:10-33.

[2]RICKLIN J C, DAVIDSON F M. Atmospheric turbulence effects on a partially coherent Gaussian beam: implications for free-space laser communication. [J].Journal of Modern Optical Society of America A, 2002, 19(9): 1794-1802.

[3]RICKLIN J C, DAVIDSON F M.Atmospheric optical communication with a gaussian schell beam. [J]. Journal of the Optical Society of America A, 2003, 20(5): 856-866.

[4]WU J. Propagation of a Gaussian-Schell beam through turbulent media[J]. Journal of Modern Optics, 1990, 37(4): 671-684.

[5]WU J, BOARDMAN A D. Coherence length of a Gaussian-Schell beam and atmospheric turbulence[J]. Journal of Modern Optics, 1991, 38(7): 1355-1363.

[6]BORN M, WOLF E. Principles of opticals[M].Cambridge: Cambridge University Press, 1999: 10.

[7]MANDEL L, WOLF E.Optical coherence and quantum optics[M].Cambridge: Cambridge University Press, 1995.

[8]吕百达.激光光学[M].3版.北京:高等教育出版社,2003:199-211.

[9]徐华锋.特殊关联部分相干光束传输与紧聚焦特性的理论研究[D].合肥:

中国科学技术大学,2016:5-7.

指导教师评语:

部分相干高斯光束的紧聚焦特性是当前学者研究的一个热点问题,在光学微粒的捕获中有广泛的应用。基于柯林斯公式,理论推导高斯光束在紧聚焦场中聚焦光强的解析表达式,并数值计算部分相干高斯光束紧聚焦时焦平面上光强的分布是一件有意义的工作。

物理与电子信息学院屈军教授

巢湖沉积记录的Greenlandian期以来环境演变及区域对比

王川，赵文鹏，余海萍，柯瑞，解维，林贵萍，李晨晨

（地理与旅游学院）

摘　要　本文通过对安徽巢湖西岸北灵村LZK-Y2孔的湖相沉积物地球化学古环境指标进行分析研究，结合高分辨率测年和区域对比，揭示了Greenlandian期以来（11.7 cal. ka BP-）巢湖流域的气候环境演变特征和区域对比情况。结果表明，11.4-9.6 cal. ka BP时段气候由寒冷干旱向温暖湿润转变且不稳定；9.6-6.9 cal. ka BP时段气候温凉偏干；6.9-4.0 cal. ka BP时段气候温和湿润，湖泊处于扩张期；4.0-1.6 cal. ka BP时段气候趋向寒冷干燥，波动性加大。同时，巢湖沉积记录与东北哈尼泥炭的腐殖化度、华中神农架大九湖泥炭的$\delta^{13}C$值、华南湖光岩玛珥湖TOC含量以及西南重庆金佛洞石笋$\delta^{13}C$值等东部季风区不同载体所记录的环境演变有很强的一致性，体现出巢湖地区的气候环境演变对东亚季风变化有良好的响应。

关键词　巢湖；沉积记录；Greenlandian期；环境演变；区域对比

1　引言

全新世Greenlandian期以来（11.7 cal. ka BP-）环境的快速演变是古环境研究的热点。近几十年来，国内外学者分别利用深海沉积物[1]、冰芯[2,3]、洞穴石笋[4,5]、黄土[6]、湖泊沉积物[7,8]等载体来研究气候与环境演变机制，取

得了丰硕的成果。与其他载体相比，湖泊沉积物具有明显的优势，它具有沉积连续性好、储存信息量大、沉积速率快、时间分辨率高等特点，其各种物理、化学、生物等指标可有效恢复区域过去植被、降水及温度等古气候环境信息[9-11]。

目前，国内湖泊沉积与环境演化研究的热点地区集中在中国西北、青藏高原、东北和西南等地区，而东部季风区湖泊沉积的气候环境演变研究相对薄弱，并且目前对于东部湿润区来说，要获取理想的湖泊沉积物提取有效的古环境信息并非易事。与洞庭湖、鄱阳湖等东部季风区沿江湖泊相比，巢湖相对封闭，只有裕溪河与长江相连，受长江的直接影响较小，使得湖泊沉积物保存连续完好，为探讨区域环境演化提供了很好的研究素材。同时，与洞庭湖、太湖等长江中下游湖泊相比，巢湖的古湖沼学研究相对薄弱，以往的研究多集中于晚全新世以来气候环境演变和近现代巢湖富营养化的研究等，对于巢湖沉积记录的更长时间尺度以来特征时段（如早全新世 Greenlandian 期以来）环境演变及其响应机制的探究较少，且没有深入探究沉积物碳氮氢硫等地球化学指标之间的关系，已有的巢湖湖泊沉积记录其分辨率也相对较低。

本研究在巢湖西岸古湖相沉积分布范围内的北灵村圩区进行钻探取样，获取了巢湖 Greenlandian 期以来高分辨率的、连续且完整的湖相沉积物。通过样品的 $AMS^{14}C$ 测年，结合样品地球化学元素的综合分析，重建了早全新世 Greenlandian 期以来巢湖地区的环境演变，并与其他区域进行对比，探究东部季风区环境演变对全球气候变化的区域响应，为未来气候变化和极端环境预测提供科学依据。

2 研究区概况

巢湖位于安徽中部（30°25′28″~31°43′28″N、117°16′54″~117°51′46″E，见图1），地处长江、淮河之间，属于长江下游左岸水系，本身仅有一条河流裕溪河与长江相通,形成一个准封闭的湖泊。流域约面积13349 km²,湖泊面积约834 km²,是中国第五大淡水湖和长江下游沿江四大湖之一。巢湖位于东亚季风的敏感区,属亚热带季风气候,年均气温约15 ℃,年降水量约1100 mm。

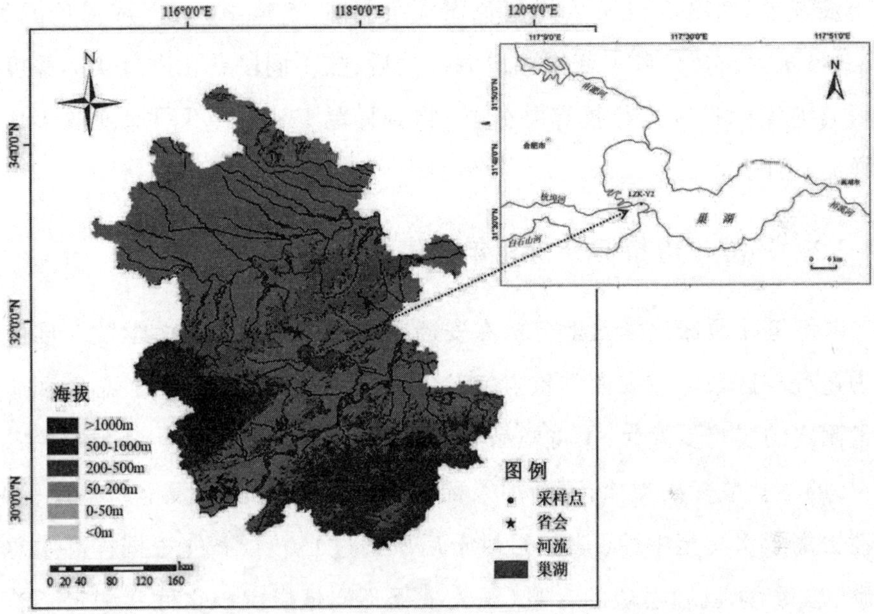

图1 巢湖LZK-Y2孔湖相沉积岩芯采样点示意

3 材料与方法

3.1 样品采集与岩性描述

已有研究表明,现今巢湖的形态是在1728~1820 AD时形成,而古巢湖的水域远大于现在,达2123.03 km²。因此,经过多次野外实地考察,我们选择巢湖西岸古湖相沉积分布范围内的北灵村圩区(31°17′19″N,118°22′34″E,见图1),钻探获取了约7 m的柱状沉积岩芯(2.5~9.5 m)。样品采集后,对每一钻钻头处的10 cm样品现场分样封袋,记录保存,其他样品则套管进行密封保存,然后运回实验室低温存放,以防止样品氧化。样品实验室编号为

LZK-Y2。同时，为达到较高分辨率的要求，样品处理首先是对采集的岩芯进行拍照和岩性描述。岩性描述为：2.56~2.75 m为灰褐色黏土，2.75~2.87 m为灰黄色黏土质粉砂，2.87~3.06 m为褐色粉砂质黏土，3.06~3.18 m为灰黄色黏土质粉砂，3.18~5.54 m为青灰色淤泥夹粉砂，5.54~8.8 m为灰褐色淤泥，8.8~9.45 m为灰黄色砂夹灰褐色淤泥。之后，按不同段钻孔进尺实际深度与所得岩芯实际长度进行折算并分样，得到样品128个。不同深度取年代测试样品共计7个。

3.2 环境代用指标分析和年代序列建立

碳氮氢硫地球化学元素分析在安徽师范大学地理与旅游学院江淮流域地表过程与区域响应安徽省重点实验室完成。总有机碳、总氮、总氢和总硫含量测定的实验步骤为：①将样品烘干，研磨过80目筛；②取一定量样品，加入5%的稀盐酸多次搅拌，不断加入稀盐酸直至反应完全，浸泡一昼夜；③用中性去离子水洗至中性（pH=7），烘干后研磨过150目筛；④根据样品中总有机碳、总氮、总氢和总硫的含量（预先根据不同地层沉积物性状测定了若干不同层位的控制样），称取一定量的被测样品在锡纸紧密包裹下送入氧化炉中，由自动进样器在Elementar Vario EL cube元素分析仪上直接测出总有机碳、总氮、总氢以及总硫百分含量。

AMS^{14}C年代测定在中国科学院地球环境研究所西安加速器质谱中心完成，采样深度以及7个^{14}C年龄和树轮校正年龄结果见表1。同时，将日历年龄校正结果与深度进行线性内插和外推（见图2），发现除1个年代数据（828 cm处）发生倒置外，其余6个年龄与深度呈现良好的线性关系（R^2=0.83）。

表1　巢湖LZK-Y2孔沉积物AMS^{14}C测年及校正结果

实验室编号	样品编号	$\delta^{13}C$	Error（1σ）	pMC	Error（1σ）	^{14}C年龄/a BP	Error（1σ）	深度/cm	树轮校正年龄/cal. a BP
XA19904	G3-41	-17.94	0.22	38.27	0.19	7715	40	506.25	8493±73
XA19907	G4-48	-23.26	0.26	33.18	0.15	8860	35	562.00	10009±152
XA19906	G4-10	-22.73	0.23	32.10	0.15	9130	40	714.00	10315±91
XA19905	G4-1	-21.98	0.23	30.02	0.14	9665	40	750.00	11135±67
XA19910	G5-30	-24.00	0.22	29.44	0.16	9820	40	756.50	11229±47
XA19909	G5-19	-25.28	0.23	30.58	0.18	9520	50	828.00	10782±122
XA19908	G5-14	-25.98	0.15	29.03	0.15	9935	40	860.50	11327±87

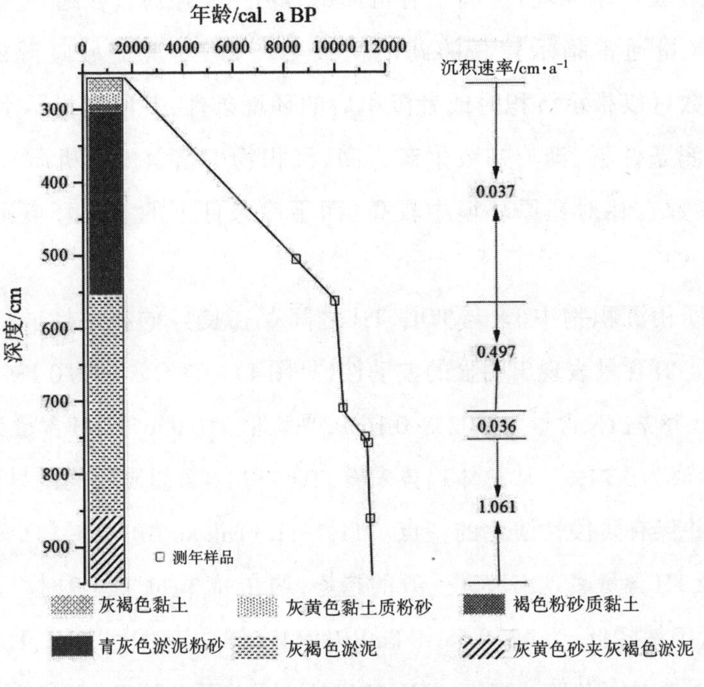

图2　巢湖LZK-Y2孔岩性和深度—年龄模式

4 结果分析

4.1 总有机碳(TOC)、总氮(TN)和总氢(TH)

研究表明,湖泊沉积物中的有机质如TOC、TN的含量变化通常是有机质输入量、湖泊生产力大小以及沉积物沉积后保存条件的直接反映,与气候环境变化关系密切[12,13]。一般来说,在暖湿条件下,湖泊初始生产力和生物量比较大,且流域内的植被较为茂盛,有更多的有机质随着降水和径流汇入湖泊中,从而使湖泊沉积物中TOC、TN含量较高。同时,在水体较深的条件下湖底易形成还原环境,有利于有机质的保存[14]。因此,在通常情况下,高TOC、TN含量通常指示较高的湖泊初级生产力,对应流域暖湿的气候环境[15]。H数可以指示沉积时或者沉积后的环境条件,并间接指示水位波动。在温暖湿润条件下,湖泊初级生产力高,沉积物中富氢的有机质较多,保存较好,H指数在相对还原环境中较高,而干冷条件下的氧化环境则相反,H指数较低[16,17]。

巢湖湖相沉积物中TN与TOC、TH之间存在良好的相关性(见图3),且TOC、TN及TH含量表现出明显的波动性(见图4)。TOC含量为0.13%~1.56%,平均值为0.78%;TN含量为0.02%~0.16%,平均值为0.096%;TH含量为0.14%~1.1%,平均值为0.74%。从总体趋势来看,TOC和TN含量随时间由早到晚呈现下降趋势并伴有阶段性演化的特点。11.4–11.3 cal. ka BP(945–841 cm)时段,TOC、TN及TH含量表现出波动上升的趋势,约在11.3 cal. ka BP时段,TOC、TN及TH含量突然降低。11.3–9.6 cal. ka BP(841–558 cm)时段,TOC、TN及TH的含量总体保持稳定及较高水平,TOC含量高于平均值0.21%,TN含量高于平均值0.14%,TH含量高于平均值0.16%;约在11.1 cal. ka BP(750 cm)时段出现一个明显的低值谷。9.6–6.9 cal. ka BP(558–450 cm)时段,TOC、TN及TH含量突然下降,并维持在一个较低的水平,TOC含量低于上一阶段0.4%,TN含量低于上一阶段0.55%，TH含量低于上一阶段0.4%，约在9.6 cal. ka BP时段出现低值谷。6.9–4.0 cal. ka BP（450–337 cm）时段，TN和TH含量上升，TOC含量较上一阶段没有较大波动，保持稳定。4.0–1.6 cal. ka BP（337–256 cm）时段，TN、TOC及TH含量在波动中下降，并在2.2 cal. ka BP（275 cm）时段出现低值谷。

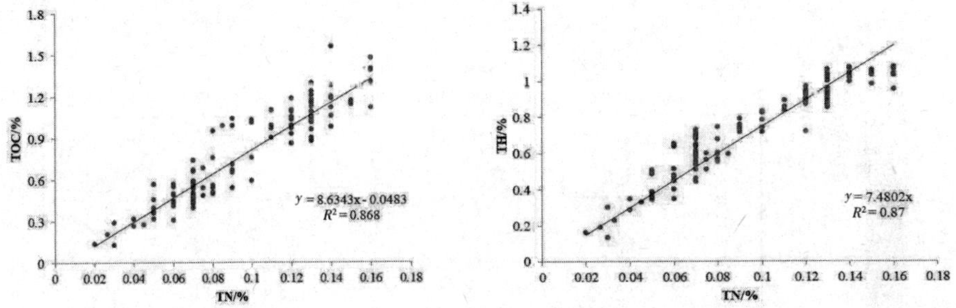

图3　巢湖LZK-Y2孔沉积物TN与TOC、TH的相关性

4.2　碳氮比（C/N）及氢碳比（H/C）

C/N比值通常用于判断湖泊有机质的来源。湖泊中水生植物富含蛋白质和有机氮，C/N比值通常在4~10，陆生维管植物由木质素和纤维素构成，缺乏氮素，C/N比值通常大于20[18]。在确定湖泊沉积物TOC来源的条件下，其值的高低在一定程度上反映了气候的温暖程度以及湖泊沉积物的保存条件[19,20]。H/C比值也被用于判断湖泊沉积物的不同来源，由于饱和有机化合物氢含量高，藻体H/C比值大于1.7；富含芳香族的草本物质的H/C比值在1.3~1.7；木质材料的H/C比值在0.8~1.3；蚀变或氧化植物材料的H/C值小于0.8[21]。

巢湖沉积物的C/N比值在4.8~12，平均值为8，没有明显的上升或下降趋势，表明其有机物质是陆源和水生混合来源，并且以水生来源为主导（见图4）。沉积物的H/C比值在0.6~1.6之间变动，平均值为1，表明有机质有一部分来源于陆地。H/C比值表现出一定的阶段演化性，11.4–11.3 cal. ka BP时段，H/C比值表现为微弱的下降趋势，平均值为0.98；11.3–9.6 cal. ka BP时段，H/C 比值基本保持平衡，平均值为 0.94；9.6–6.9 cal. ka BP 时段，H/C 比值基本保持低水平，平均值为 0.85；6.9–4.0 cal. ka BP 时段，H/C 比值上升且维持在一个高水平，平均值为 1.43；4.0–1.6 cal. ka BP 时段，H/C 比值在波动中下降，平均值为 0.88（见图 4）。综合两种指标，巢湖沉积物质以水生来源为主，并伴有一定的陆源有机物质。

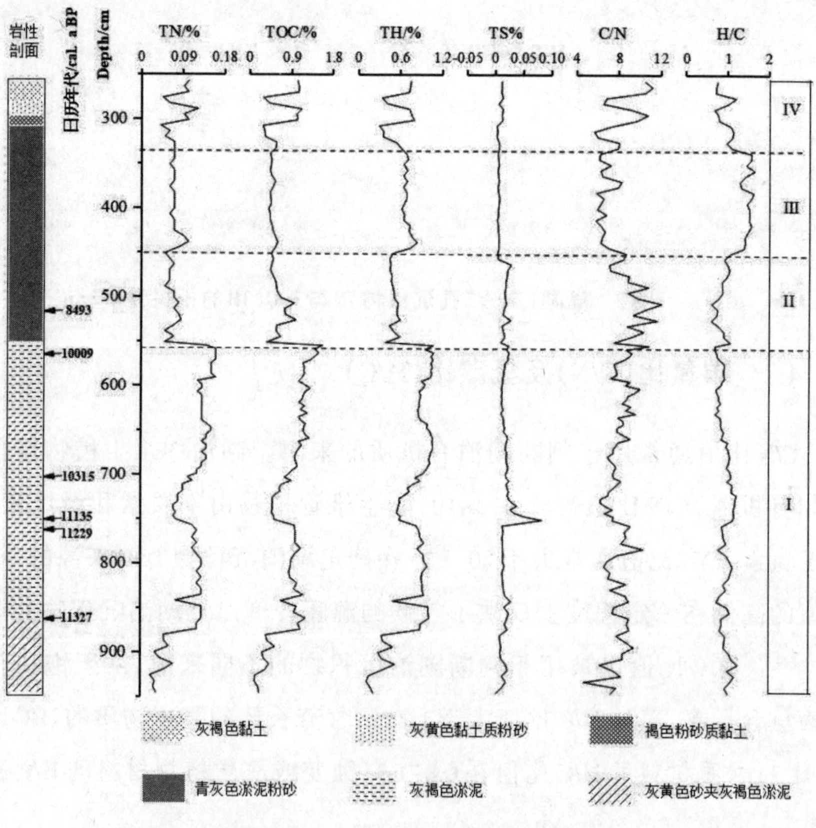

图 4　巢湖 LZK-Y2 孔环境代用指标综合分析

4.3　总硫(TS)

在湖泊沉积物中，S 也可以指示沉积环境的变化，在氧化条件和硫化细菌的作用下，S 被氧化成硫酸，最后以硫酸盐的形式保存在氧化还原边界层，硫在还原条件下会生成硫化氢而损失[22]。因此，S 值高低间接反映湖泊水位的变化，从而反映气候环境的演变。

巢湖沉积物的S含量平均值为0.016，波动性表现不明显，11.4–6.9 cal. ka BP时段，S含量平均值为0.019；6.9–1.6 cal. ka BP时段，S含量平均值为0.006。从均值含量的变化大体上可以看出，S含量从早全新世以来呈现出微弱的下降趋势(见图4)。值得注意的是，在10.9 cal. ka BP(742 cm)左右，S含量表现出强烈的高值区，远高于平均值，达到0.085，可能指示了该阶段巢湖较为明显的氧化环境。

5 讨论

5.1 环境演变过程

根据TOC、TN、TH、TS等多种地球化学古环境代用指标的综合分析(见图4)，将巢湖Greenlandian期以来的环境演变划分为四个阶段：

(1)11.4–9.6 cal. ka BP(945–558 cm)时段(I段)：气候由寒冷干旱向温暖湿润过渡且不稳定。11.4–11.3 cal. ka BP时段，TOC、TN和TH在整个剖面中是最低的，且具有上升趋势，表明此时期的湖泊生产力低，有机质含量低，反映了气温和降水从最低开始不断增高。S含量基本稳定，C/N比值波动于4.7~9.4，表现出微弱的上升趋势；H/C比值波动于0.74~1.24，表现出微弱下降的趋势，反映沉积物来源相对复杂，以水生沉积物为主；约在11.3 cal. ka BP时段，TOC、TN及TH含量突然下降，出现一次显著的降温事件，在此之后气温又开始回升。11.3–9.6 cal. ka BP时段，TOC、TN及TH含量出现了整个剖面的高值段，且没有明显的上升或下降趋势，说明此时间段湖泊生产力很高，反映出温暖湿润的气候。但是，在11.1–10.9 cal. ka BP(750–742 cm)时段，三者同时存在明显的低值区，表明了湖泊初始生产力较低。与此同时，S含量出现整个剖面的最高值，表明氧化的沉积环境条件，湖泊水位较浅，与TOC、TN及TH含量的低值谷对应共同反映了湖泊水位的下降，指示了此阶段气候突然冷干化，可能受到早全新世11.1 cal. ka BP时期冰筏碎屑事件的影响[23]。

（2）9.6-6.9 cal. ka BP（558-450 cm）时段（II段）：气候温凉偏干。TOC、TN及TH在此阶段处于低值且有波动，湖泊水位下降，有机质含量减少；相反，C/N比值达到整个剖面的高值段，湖泊水位下降，湖泊水动力减弱，外源物质输入增多。H/C比值降低，反映陆源木本碎屑物质输入增加，水生生物生长受到限制，指示了此阶段气候的温凉干燥。9.6 cal. ka BP时段，TOC、TN及TH含量突然降低，指示寒冷事件的发生，与古里雅冰芯记录的早全新世Greenlandian期内9.4 cal. ka BP冷干事件相对应[24]。

（3）6.9-4.0 cal. ka BP（450-337 cm）时段（III段）：气候温和湿润，湖泊处于扩张期，TOC、TN及TH值较上一阶段有所增加，C/N比值下降，H/C比值大于1.3，说明水生生物重新占据主导地位，湖泊初级生产力增加，湖泊水位上升。水热的良好适配性，指示了此阶段可能对应全新世适宜期（即Northgrippian期，8.2-4.2 cal. ka BP）其中6.9-6.3 cal. ka BP（450-425 cm）时段，TOC、TN、TH和H/C维持在较高水平，而C/N比值处于低水平，湖泊的初级生产力高、生物量丰富，可能指示全新世大暖期的鼎盛阶段[25]。

（4）4.0-1.6 cal. ka BP（337-256 cm）时段（IV段）：气候趋向寒冷干燥，波动性加大，全新世进入Meghalayan期（4.2 cal. ka BP时段至今）。TOC、TN及TH含量在波动中有下降趋势，总体保持在较低水平，湖泊初级生产力不高。C/N比值不断增加，同时H/C比值在波动中不断降低，表明陆源物质输入增强，在此期间经历了十分频繁的湖泊收缩和扩张交替过程，指示气候从温暖湿润向寒冷干燥的转变，此时段也可能受到了人类活动的影响。约在2.2 cal. ka BP时段，TOC、TN及TH含量下降显著，指示该时段巢湖出现强烈的冷干事件。

5.2 区域对比

巢湖位于中国东部季风区，是属于长江沿岸北亚热带气候区的半封闭湖泊，因而其湖泊沉积物记录对环境演变较为敏感，包含大量的气候和环境演变信息。讨论选择巢湖沉积物总有机碳（TOC）含量指标与其他同位于东部季风区内的东北哈尼泥炭的腐殖化度、华南湖光岩玛珥湖TOC记录、华中神农架大九湖泥炭的$\delta^{13}C$值含量，以及西南重庆金佛洞石笋$\delta^{13}C$值等指标，进行区域气候环境演变的对比分析（见图5）。

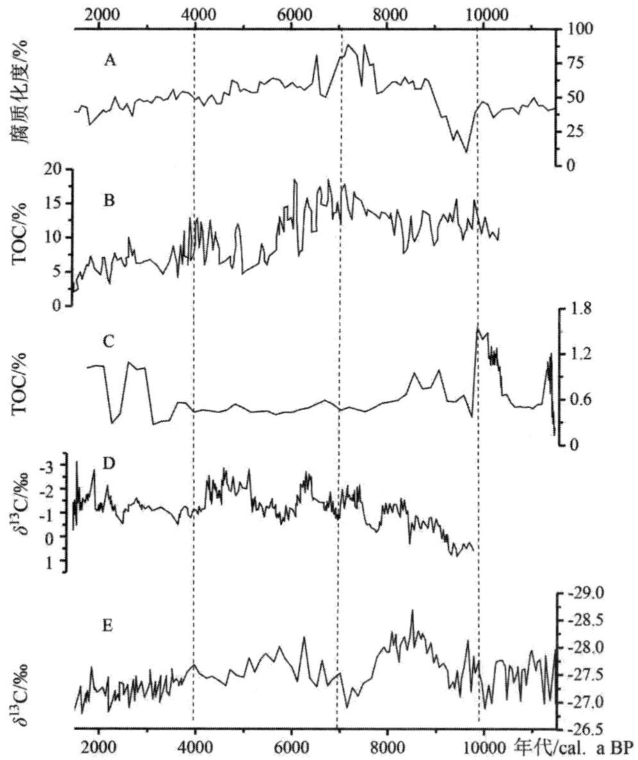

图5 巢湖湖泊沉积记录与大九湖泥炭、哈尼泥炭、湖光岩玛珥湖泊沉积及重庆金佛洞石笋等环境代用指标对比

注：A. 哈尼泥炭腐质化度；B. 湖光岩沉积物TOC含量；C. 巢湖沉积物TOC含量；D. 金佛洞J119石笋$\delta^{13}C$记录；E. 大九湖泥炭$\delta^{13}C$记录。

11.4–9.6 cal. ka BP时段，巢湖湖泊生产力不断提高，湖水面逐渐升高，指示气候从新仙女木事件的寒冷干旱向早全新世Greenlandian阶段温暖湿润过渡且呈现不稳定的特点，出现了11.3 cal. ka BP和10.9 cal. ka BP两次冷事件。东北哈尼泥炭腐殖化度的逐渐增加也指示Greenlandian期的升温现象。华南湖光岩玛珥湖TOC含量的增加亦反映了夏季风增强，气候温暖湿润，湖泊扩张。华中神农架大九湖泥炭的有机碳同位素表明这一阶段季风降水是最强的时期，沉积物以湖泊沉积为特征，大九湖地区在10.6 cal. ka BP时段前后出现较显著的干旱事件，可能与巢湖的10.9 cal. ka BP时段干冷事件相对应。

9.6–6.9 cal. ka BP时段，巢湖湖泊沉积记录的TOC含量处于低值，湖泊生产力下降，湖泊水位降低指示气候温和偏干，9.6 cal. ka BP时段，发生突然降温事件。西南重庆的金佛洞J119石笋$\delta^{13}C$在这一时期快速偏负，表明气候逐渐转变为温暖湿润状态，东亚季风逐渐加强，但气温仍然较低。神农架大九湖泥炭记录表明9.4–6.7 cal. ka BP时期属于中全新世总体温暖期，但不是全新世降水最多时期。湖光岩的TOC含量持续上升，反映了夏季风不断增强，温暖湿润程度增加。哈尼泥炭腐殖化度在此时段明显上升，反映气候湿润，约在9.6 cal. ka BP时段，泥炭腐殖化度大幅下降指示寒冷事件。此阶段巢湖与其他地区的环境演变趋势基本一致，可能由于纬度差异与哈尼地区泥炭记录的气候环境演变趋势有所差别，两地区都反映出早全新世Greenlandian期内的9.6 cal. ka BP降温事件，说明此阶段巢湖沉积所反映的环境演变仍有良好的区域可对比性。但相比其他记录，8.2 cal. ka BP事件记录不明显，可能的原因是8.2 cal. ka BP事件主要表现为中高纬地区的降温，同时，也可能是由于湖泊大小、形态、流域基岩及沉积速率差别较大等因素影响了沉积记录信号所致[26]。

6.9–4.0 cal. ka BP时段，巢湖沉积物TOC、TN及TH含量较高且稳定，C/N比值不断增加，湖泊水位上升，生产力提高，水热表现出良好的适配性，是全新世Northgrippian期。这与施雅风等人根据大量的地质记录，提出中国全新世大暖期大约发生在8.5–3.0 cal. ka BP期间，其中最温暖湿润期出现在7.2–6.0 cal. ka BP的时间有所差异，反映了中国全新世适宜期的空间差异性[25]。安芷生等综合以往孢粉、黄土/古土壤和湖泊水位变化等数据，指出了全新世气候适宜期的穿时性特征，即东北地区的全新世适宜期为10–8 cal. ka BP，中北部和东北中部为10–7 cal. ka BP，长江中下游为7–5 cal. ka BP，华南为3 cal. ka BP[27]。另外，中国西南地区由于受西南季风扩张的影响其全新世最适期约为11 cal. ka BP。哈尼地区泥炭腐殖化度总体水平较高但趋于下降趋势，指示该阶段总体上处于温暖湿润的状况。重庆金佛洞J119石笋在中全新世的7.4–4.2 cal. ka BP期间，$\delta^{13}C$值整体偏负，也与全新世大暖期相对应。湖光岩地区6.0–3.6 cal. ka BP期间与早全新世相比，TOC含量明显下降，反映了夏季风减弱，气候转冷转干，化学风化作用减弱，湖泊水位下降。几乎同一纬度的大九湖泥炭沉积有机碳同位素记录反映出6.7–4.2 cal. ka BP时段水热配置条件好，是全新世最适宜期。

4.0–1.6 cal. ka BP时段，环境趋于温和干燥，这种全新世中后期的气候转型与晚全新世Meghalayan期的干旱反映在许多沉积物记录中，水热条件波动性加大，TOC含量的变化有可能受到周边古聚落及人类活动的影响[28]。大九湖泥炭沉积表明在4.2 cal. ka BP前后季风衰退，气候由暖湿转向凉干。湖光岩的TOC含量持续下降，指示夏季风强度逐渐减弱，气候持续变冷变干，化学风化作用持续减弱，湖泊逐渐收缩。重庆金佛洞石笋显示在4.2 cal. ka BP左右$\delta^{13}C$记录出现较大幅度的迅速偏正，并持续到约2.5 cal. ka BP，随后石笋$\delta^{13}C$值出现偏负趋势，表明在4.2 cal. ka BP以后气候持续处于干冷状态，直到2.5 cal. ka BP才有所转暖。哈尼地区泥炭腐殖化度也呈现出下降趋势，表明气候干燥。巢湖的湖泊沉积对于4.2 cal. ka BP事件反映不是很明显，只有微弱的波动，但是其整体的气候环境变化趋势与大多数沉积记录相一致。

6 结论

本文通过对巢湖古湖相沉积物的总有机碳(TOC)、总氮(TN)、碳氮比值(C/N)等地球化学环境代用指标的研究,以及与其他区域的环境演变记录进行对比分析,重构了自Greenlandian期以来巢湖地区的气候环境演变序列。主要结论如下:

(1)11.4–9.6 cal. ka BP时段气候由寒冷干旱向温暖湿润过渡且不稳定,约在11.4、10.9 cal. ka BP前后出现冷干事件;9.6–6.9 cal. ka BP时段气候温凉偏干,其中在9.6 cal. ka BP前后出现较为显著的冷干事件;6.9–4.0 cal. ka BP时段气候温和湿润,湖泊处于扩张期,此阶段为巢湖地区的全新世适宜期;4.0–1.6 cal. ka BP时段气候趋向寒冷干燥,波动性加大。

(2)巢湖古湖相沉积记录的气候和环境演变信息具有全球性变化特点,体现了"早全新世Greenlandian阶段季风强盛且不稳定、随后季风衰退,中晚全新世Northgrippian至Meghalayan期季风变弱,气候变干"的季风变迁模式。

(3)巢湖地区的环境演化与东北哈尼泥炭、华中神农架大九湖泥炭、华南湖光岩玛珥湖TOC含量和西南重庆金佛洞石笋$\delta^{13}C$值等东部季风区不同载体所记录的环境演变有很强的一致性,体现巢湖地区对于东亚季风变化有良好的响应,但同时巢湖与其他地区气候环境变化又有一定的差异性,这可能是由于不同区域的自然环境背景导致气候环境变化事件在区域响应时间上存在差异。

参考文献:

[1]孟庆勇,李安春.海洋沉积物的环境磁学研究简述[J].海洋环境科学,2008,27(1):86–90.

[2]施雅风,姚檀栋,杨保.近2000a古里雅冰芯10a尺度的气候变化及其与中国东部文献记录的比较[J].中国科学D辑:地球科学,1999,29(S1):79–86.

[3]姚檀栋,THOMPSON L G,施雅风,等. 古里雅冰芯中末次间冰期以来气候变化记录研究[J]. 中国科学D辑:地球科学,1997,27(5):447-452.

[4]COSFORD J,QING H,MATTEY D, et al. Climatic and local effects on stalagmite $\delta^{13}C$ values at Lianhua Cave,China[J]. Palaeogeography,Palaeoclimatology,Palaeoecology,2009, 280(1):235-244.

[5]LIU J,CHEN J H,ZHANG X J,et al. Holocene East Asian summer monsoon records in northern China and their inconsistency with Chinese stalagmite $\delta^{18}O$ records[J]. Earth-Science Reviews,2015,148:194-208.

[6]GONG H,MENG D,LI X J,et al. Soil degradation and food security coupled with global climate change in northeastern China[J]. Chinese Geographical Science,2013,23(5):562-573.

[7]吴瑞金. 湖泊沉积物的磁化率、频率磁化率及其古气候意义——以青海湖、岱海近代沉积为例[J]. 湖泊科学,1993,5(2):128-135.

[8]曾艳,陈敬安,朱正杰,等. 湖泊沉积物Rb/Sr比值在古气候/古环境研究中的应用与展望[J]. 地球科学进展,2011,26(8):805-810.

[9]张振克,王苏民. 中国湖泊沉积记录的环境演变:研究进展与展望[J]. 地球科学进展,1999,14(4):417-421.

[10]王苏民,张振克. 中国湖泊沉积与环境演变研究的新进展[J]. 科学通报,1999,44(6):579-587.

[11]KELTS K. 湖沼沉积——过去变化的信息库[J]. 丁仲礼,译. 第四纪研究,1992,(2):138-143.

[12]MEYES P A. Organic geochemical proxies of paleoceanographic,paleolimnologic,and paleclimatic processes[J]. Organic Geochemistry,1997,27(5-6):213-250.

[13]MEYES P A. Application of organic geochemistry to paleolimnologic reconstructions:a summary of example from the Laurentian Great Lakes[J]. Organic Geochemistry,2003,34(2):261-289.

[14]施春华,颜佳新,韩欣. 早期成岩作用过程中硫酸盐还原反应研究进展[J]. 广西地质,2001,14(1):21-26

[15]沈吉,薛滨,吴敬禄,等.湖泊沉积与环境演化[M].北京:科学出版社,2010.

[16]ARIZTEGUI D, FARRIMOND P, MCKENZIE J A. Compositional variations in sedimentary lacustrine organic matter and their implications for high Alpine Holocene environmental changes: Lake St. Moritz, Switzerland[J]. Organic Geochemistry, 1996, 24(4): 453-461.

[17]SABEL M, BECHTEL A, PÜTTMANN W, et al. Palaeoenvironment of the Eocene Eckfeld Maar Lake (Germany): implications from geochemical analysis of the oil shale sequence[J]. Organic Geochemistry, 2005, 36(6): 873-891.

[18]MEYERS P A, LALLIER VERGAS E. Lacustrine sedimentary organic matter records of late Quaternary paleoclimates [J]. Journal of Paleolimnology, 1999, 21(3): 345-372.

[19]吴艳宏,吴瑞金,薛滨,等.13kaBP以来滇池地区古环境演化[J].湖泊科学,1998,10(2):5-9.

[20]薛滨,瞿文川,吴艳宏,等.太湖晚冰期-全新世气候、环境变化的沉积记录[J].湖泊科学,1998,10(2):30-36.

[21]TALBOT M R, LIVINGSTINE D A. Hydrogen index and Carbon isotopes of lacustrine organic matter as lake level indicators [J]. Palaeogeograpgy, Palaeolimatology, Palaeocology, 1989, 70(1-4): 121-137.

[22]余源盛,朱育新.湖泊沉积物中S、C及其比值的环境意义[J].湖泊科学,1995,7(1):41-46.

[23]BOND G, SHOWERS W, CHESEBY M, et a1. A pervasive millennial-scale cycle in North Atlantic Holocene and glacial climates [J]. Science, 1997, 278: 1257-1266.

[24]王宁练,姚檀栋,THOMPSON L G, et al. 全新世早期强降温事件的古里雅冰芯记录证据[J].科学通报,2002,47(11):818-823.

[25]施雅风,孔昭宸,王苏民,等.中国全新世大暖期的气候波动与重要事件[J].中国科学B辑:化学 生命科学 地学,1992(12):1300-1308.

[26]金章东,YU J M,吴艳宏,等. 8.2ka BP冷气候事件确实在中国发生过吗?[J]. 地质论评,2007,53(5):616-623.

[27]AN Z S,PORTER S C,KUTZBACH E,et al. Asynchronous Holocene optimum of the East Asian monsoon[J]. Quaternary Science Reviews,2000,19(8):743-762.

[28]WU L,LI L,ZHOU H,et al. Holocene fire in relation to environmental change and human activity reconstructed from sedimentary charcoal of Chaohu Lake,East China[J]. Quaternary International,2018,507:62-73.

指导教师评语:

这篇论文是王川同学在国家自然科学基金项目“巢湖沉积记录的末次冰盛期-早全新世气候事件及响应机制研究”(批准号:41771221)和国家级大学生创新训练计划项目“巢湖沉积记录的近三万年来特征时段环境演变及其响应机制研究”(编号:201810370202)支持下,由我们共同指导开展的本科生专题研究。该研究通过对安徽巢湖西岸北灵村LZK-Y2孔湖相沉积物地球化学古环境指标的分析,结合高分辨率测年和区域对比,揭示了Greenlandian期以来(11.7 cal. ka BP-)巢湖流域的气候环境演变特征和区域对比情况;同时,发现巢湖沉积记录与东部季风区不同载体所记录的环境演变有很强的一致性,体现出巢湖地区的气候环境演变对东亚季风变化有良好的响应。这一结论加深了对末次冰盛期以来古巢湖演化及其对东亚季风变化响应的认识。

文章选题新颖,实验数据可靠,所用资料翔实,写作规范且逻辑性较强,观点突出,有很好的创新性及学术水平。不足之处:一是选用的测年材料是全样总有机质,如果采用陆生植物残体则能更加有效地减小年代序列误差;二是受限于所获取的岩芯材料,仅选取了Greenlandian期以来作为研究时间段,还不能完整窥探区域晚第四纪环境演变的全貌。考虑到王川同学已经保送录取为南京师范大学自然地理学专业硕士研究生,希望他在今后的相关研究中注意并避免上述不足。综合来看,本文是一篇优秀的本科生论文，体现出了该生综合运用所学知识和野外、实验技能分析解决问题的能力。

地理与旅游学院吴立教授、徐仪红教授

菠萝蛋白包裹的铂纳米簇制备方法及应用

徐南南，熊声麒，杨刚

（生命科学学院）

摘　要　铂纳米簇是一种由几个至几十个铂原子组成的新型纳米材料，具有良好的荧光特性、光稳定性、生物相容性、低毒性、表面易修饰等众多优势。本文以生物来源的菠萝蛋白酶为原料，采用环境友好的一步法合成了一种新的铂纳米材料。它能够在380 nm的激发下产生460 nm的发射峰，直径介于0.6~2.4 nm。用所制备的铂纳米簇对重金属进行检测，结果表明，它具有特异性检测Fe^{3+}的能力，并且可应用于实际水环境污染的监测。

关键词　铂纳米簇；菠萝蛋白酶；荧光分析；重金属检测

1　前言

菠萝蛋白酶（Bromelain）是从菠萝果茎、叶、皮中提取出来，经精制、提纯、浓缩、冷冻干燥而得到的一种纯天然植物蛋白酶，其在食品、医药等行业有广泛的应用，能够抑制肿瘤细胞生长，对心血管疾病的防治有良好的效果，可用于烧伤脱痂，治疗炎症，增进药物吸收[1]。

荧光纳米材料具有灵敏度高、操作简便、用时短、效率高等优点，正被广泛应用于各种生物医学的领域。贵金属纳米簇由数个到几十个金属原子组成，具有经典的金属核配体壳结构和尺寸依赖性荧光，越来越受到材料科学家的关注。金属纳米簇具有良好的荧光特性、光稳定性、生物相容性、低毒性、表面易修饰等优良特性,受到研究者越来越广泛的关注[2,3]。由于金属纳米簇所具有的优良特性,其在重金属检测、生物成像等方面有着广泛的用途。

重金属水污染主要来源于矿山活动、金属加工、工业废水等,对自然生态以及人类健康造成了很大的危害,直接影响到生态安全[4]。以铁为代表的一些重金属元素,具有很强的生物毒性,因此,我们需要格外重视其在环境中产生的重金属积累和重金属污染。现有技术中,金属纳米簇对于水环境中重金属的检测已有多种方法,其中荧光纳米材料在重金属检测方面具有较大的优势,所以得到了较快发展。本文中所制备的菠萝蛋白包裹的铂纳米簇对铁离子(Fe^{3+})具有特异的选择性和高敏感性。

本研究以菠萝蛋白酶为模板,制备出能在380 nm的激发下产生460 nm发射峰的铂纳米团簇。研究发现,这种铂纳米团簇能够用于特异性检测重金属Fe^{3+},并且可用于实际环境中水样的检测。

2 材料与方法

2.1 实验试剂与仪器

2.1.1 实验试剂

实验用水均为超纯水,氯铂酸、NaOH均购自生工生物工程(上海)股份有限公司,菠萝蛋白酶购自上海源叶生物科技有限公司,CAS号为9001-00-7。

2.1.2 实验仪器

实验仪器如表1所示。

表1 实验仪器仪器

仪器名称	生产单位及型号
紫外分光光度计	SHIMADZU生产的UV-1700紫外分光光度计
荧光分光光度计	SHIMADZU生产的RF-5301PC荧光分光光度计

续 表

仪器名称	生产单位及型号
超纯水仪	中山科宁特清洁用品有限公司生产的PR03200超纯水仪
石英玻璃比色皿	晔辉玻璃仪器厂
微型涡旋混合仪	上海生工生物工程(股份)有限公司生产的Mixer 4K微型涡旋混合仪

2.2 铂纳米簇的制备方法

取1.6 mL菠萝蛋白酶于EP管中，随后加入0.4 mL 25 mM的氯铂酸，菠萝蛋白酶和氯铂酸以1∶13摩尔比混合，涡旋器充分混匀5 min，加1 M NaOH于上一步的溶液中，使溶液的pH为12，涡旋器再次混匀5 min，缓慢加入浓度为0.5 M $NaBH_4$ 60 μL，溶液由淡黄色转变为棕色。将所制备的样品在避光的条件下置于45~65 ℃水浴锅中温育6~16 h，将产物置于1000 Da的透析袋中透析18 h，得到铂纳米簇的聚合物。

2.3 Bromelain、Bromelain-Pt NCs的表征

2.3.1 Bromelain、Bromelain-Pt NCs紫外光谱的表征

分别取Bromelain、所制备的Bromelain-Pt NCs放入比色皿中，使用紫外分光光度计UV-1700检测紫外光谱。

2.3.2 紫外灯下观察Bromelain-Pt NCs的荧光状态

分别取Bromelain及所制备的Bromelain-Pt NCs置于EP管中，采用暗箱式四用紫外分析仪，观察它们的荧光特性。

2.3.3 Bromelain、Bromelain-Pt NCs荧光光谱的表征

不同结构的金属纳米簇具有其特征性的吸收光谱，通过其特征吸收曲线进行区分[5]。取所制备的Bromelain-Pt NCs放入比色皿中，使用RF-5301PC荧光分光光度计测量Bromelain-Pt NCs的最大激发光谱和最大发射光谱。

2.3.4 Bromelain-Pt NCs 样品形貌表征

透射电镜常用于研究纳米材料的结晶情况，本实验中通过透射电子显微镜的方法观察铂纳米簇的颗粒大小、形状、粒径分布及分散性。取所制备的 Bromelain-Pt NCs，用去离子水稀释 50 倍后，取 10 μL 滴于铜网，用美国 FEI Tecnai G-20 型透射电子显微镜（Transmission Electron Microscope，TEM）加速电压 100 kV。

2.4 Bromelain-Pt NCs 检测重金属离子

对反应过程中所制备的铂纳米簇进行离子选择性实验。使用 RF-5301PC 荧光分光光度计检测不同的金属离子对 Bromelain-Pt NCs 纳米簇的荧光强度的影响。所用的 14 种金属离子分别为 Fe^{3+}，Mg^{2+}，Al^{3+}，Zr^{4+}，In^{3+}，Li^{+}，Cr^{3+}，Na^{+}，Bi^{3+}，K^{+}，Pb^{2+}，Sb^{5+}，Sb^{3+}，Ca^{2+}。检测标准体系为 1 mL，其中 20 mM 金属离子 50 μL，Bromelain-Pt NCs 50 μL，去离子水 900 μL，25 ℃水浴 5 min 后，在激发光波长为 380 nm 的条件下，检测溶液在 460 nm 的发射光，实验独立重复 3 次。

2.5 Bromelain-Pt NCs 在重金属 Fe^{3+} 检测中的应用

2.5.1 所制的 Bromelain-Pt NCs 应用于 Fe^{3+} 的检测

使用 RF-5301PC 荧光分光光度计检测不同浓度的 Fe^{3+} 对 Bromelain-Pt NCs 的荧光淬灭的影响。检测标准体系为 1 mL，其中不同浓度 Fe^{3+} 50 μL，Bromelain-Pt NCs 50 μL，去离子水 900 μL，25 ℃水浴 5 min 后，在激发光谱长为 380 nm 的条件下，检测溶液在 460 nm 的发射光，实验独立重复 3 次。

2.5.2 对实际水样中 Fe^{3+} 的监测

为了更好地把该方法应用于实际检测，证实 Bromelain-Pt NCs 作为探针检测离子的实用性，我们采集了不同环境中的水样，分别为芜湖市镜湖水，芜湖地段的长江水，芜湖市自来水。水样 5000 rpm 离心 10 min，0.22 μm 滤膜抽滤后备用。

检测体系为1 mL，其中50 μL Bromelain-Pt NCs溶液，900 μL去离子水，50 μL待检测的环境水样。将芜湖市镜湖水，芜湖地段的长江水，芜湖市自来水分别按照上述方法进行检测，实验独立重复3次。

采用标准加入法，以检测不同浓度的Fe^{3+}对所制备的Bromelain-Pt NCs荧光淬灭效果。检测标准体系为1 mL，50 μL Bromelain-Pt NCs，900 μL环境水样，50 μL不同浓度的Fe^{3+}，25 ℃水浴5 min，在激发光波长为380 nm的条件下，检测溶液在460 nm的发射光，实验独立重复3次，同时对实际水样的回收率进行计算。

2.6 Bromelain及所制备的Bromelain-Pt NCs的酶活检测

采用紫外分光光度法对Bromelain及所制备的Bromelain-Pt NCs进行酶活测定。检测的标准体系为1 mL，900 μL的pH为6.8的PBS缓冲液（缓冲液在37 ℃水浴锅预热），50 μL 10mg/mL酪蛋白，50 μL不同浓度的Bromelain或Bromelain-Pt NCs，37 ℃温育5 min，使用TU-1810紫外可见分光光度计在275 nm下检测样品的吸光值，实验独立重复3次。

3 结果与讨论

3.1 Bromelain-Pt NCs的合成

实验发现，在制备铂纳米簇的过程中，菠萝蛋白酶和H_2PtCl_6摩尔比为1∶13，$NaBH_4$作为还原剂时，在2 mL的体系内加入60 μL 0.5 M的$NaBH_4$，反应温度为60 ℃，反应时间为12 h时合成效果最佳，菠萝蛋白酶和金属结合的效果最好，荧光效果最明显，化学反应最完全，产率最高。

3.2 Bromelain、Bromelain-Pt NCs 的表征

3.2.1 Bromelain、Bromelain-Pt NCs 紫外光谱的表征

研究结果表明，Bromelain 在 230 nm 处有紫外吸收，而所制备的 Bromelain-Pt NCs 在此处没有最大吸收，且在 300~400 nm 范围内具有较宽的吸收图谱，随后急剧降低（见图 1），证明实验所制备的 Bromelain-Pt NCs 和 Bromelain 不是同一种物质。

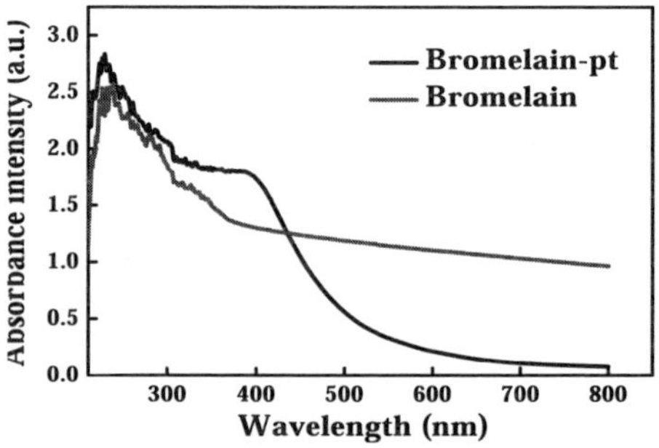

图 1　紫外-可见光吸收光谱图

3.2.2 Bromelain-Pt NCs 荧光光谱的表征

研究结果表明，在 365 nm 紫外灯照射下所制备的 Bromelain-Pt NCs 溶液发射出强烈的青色荧光，可见光下 Bromelain-Pt NCs 溶液为淡黄色，而菠萝蛋白酶在可见光下为无色。该物质最大激发光谱和最大发射光谱分别为 380 nm 和 460 nm（见图 2、图 3）。

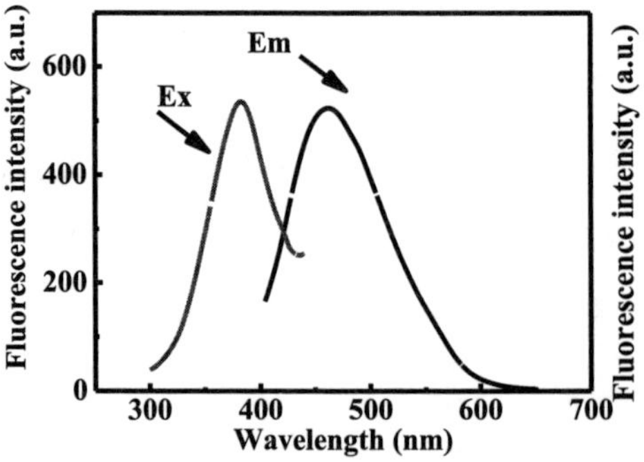

图 2 Bromelain-Pt NCs 荧光光谱图

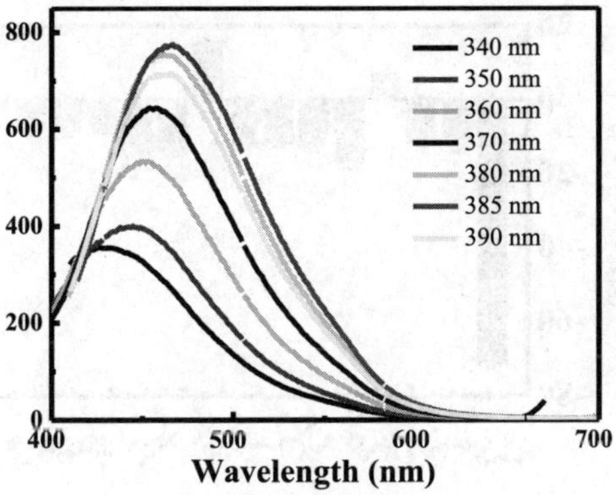

图3 发射梯度光谱图

3.2.3 Bromelain-Pt NCs 样品形貌表征

结果显示,铂纳米簇分布均匀(见图4),直径介于0.6~2.4 nm,平均粒径1.5 nm(见图4)。该铂纳米簇在水溶液中具有良好的分散性,没有大的铂纳米簇的团簇。

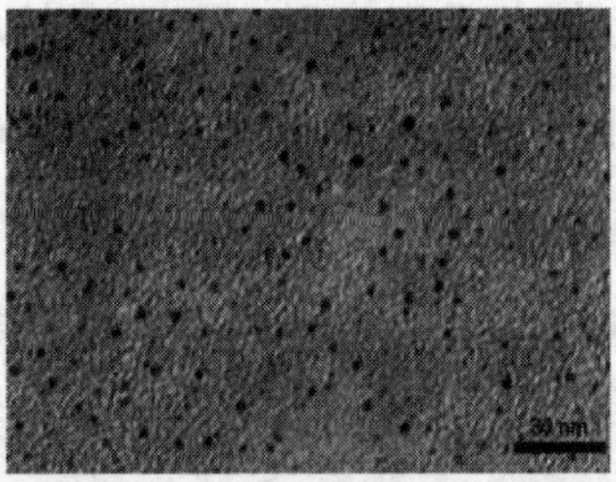

图4 Bromelain-Pt NCs 粒径图

3.3 Bromelain-Pt NCs 检测重金属离子

由 RF-5301PC 荧光分光光度计所测得的数据,得到各金属离子的相对荧光强度,结果显示仅 Fe^{3+} 具有明显的荧光淬灭效应,表明所制备的 Bromelain-Pt NCs 对 Fe^{3+} 具有高度选择性(见图5)。

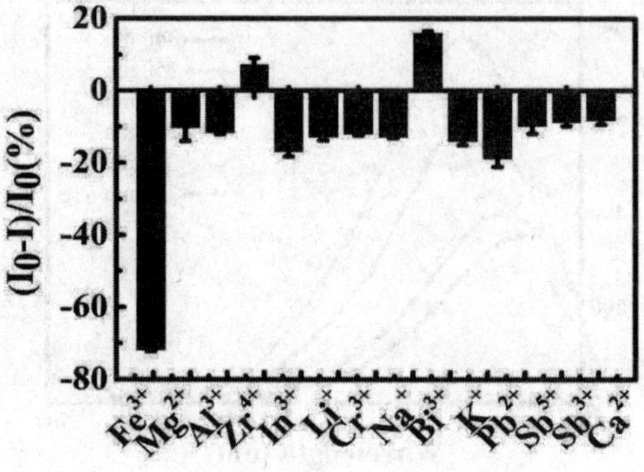

图5 金属离子检测图

3.4 Bromelain-Pt NCs在重金属离子检测中的应用

3.4.1 Bromelain-Pt NCs应用于Fe^{3+}的检测

向所制备的Bromelain-Pt NCs中加入一系列不同浓度的Fe^{3+}溶液，结果显示，Bromelain-Pt NCs荧光淬灭程度随Fe^{3+}浓度的增大而增强（见图6、见图7），其相对荧光强度线性检测曲线为y=14.45628+0.06067x（R^2=0.98827），所构建的检测Fe^{3+}的线性范围为5~1000 μM，其检测限为0.30 μM（见图8）。结果表明，实验所制备的Bromelain-Pt NCs对Fe^{3+}具有高度选择性，因此，本研究所制备的铂纳米簇荧光探针同样可用于分析检测实际样品中Fe^{3+}的含量。

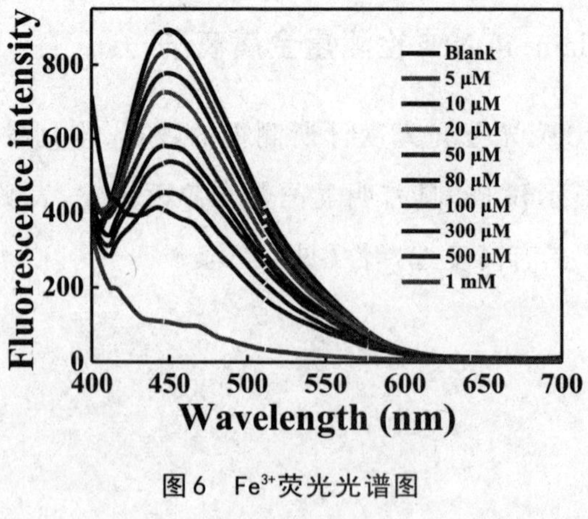

图6 Fe^{3+}荧光光谱图

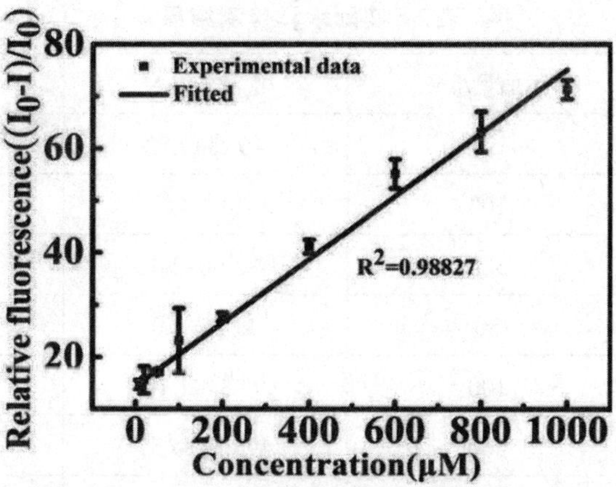

图7　暗箱下的Fe^{3+}梯度

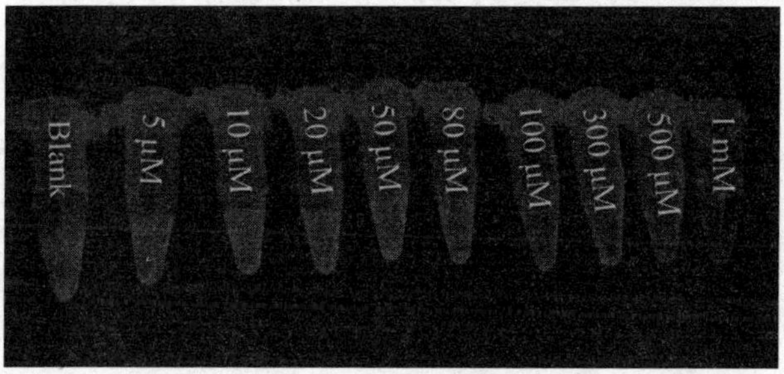

图8　Fe^{3+}线性关系图

3.4.2　对实际水样中Fe3+离子的监测

将实验体系于25 ℃水浴5 min,然后在激发光波长为380 nm的条件下,检测溶液在460 nm的发射光;将测试结果代入图8绘制的标准曲线中计算。

表2是加入50~500 μM的Fe^{3+}后的结果,可以看出,回收率可以达到93.85%~102.34%。结果表明,虽然水样中可能存在一些未知物质,但Bromelain-Pt NCs对不同环境中水样配制的样品的检测行为仍然响应,检测灵敏度和选择性基本不受影响。

表2 实际水样检测结果

样品	添加量/μM	检测量/μM	回收率
自来水	50	46.23±2.32	92.46%
	100	94.45±4.05	94.45%
	500	483.60±2.02	96.72%
镜湖水	50	49.25±1.0	98.51%
	100	97.34±1.19	97.34%
	500	498.34±0.57	99.67%
长江水	50	50.22±2.88	100.44%
	100	107.92±0.67	107.92%
	500	502.83±3.68	100.57%

3.5 Bromelain及所制备的Bromelain-Pt NCs的酶活检测

结果表明,所制备的Bromelain-Pt NCs仍具有菠萝蛋白酶的活性,且随着Bromelain-Pt NCs浓度的增加,酶活性增强。与单独的菠萝蛋白酶(Bromelain)比较可以看出,各浓度的Bromelain-Pt NCs的酶活性均有一定程度下降,但均能够保留原酶活性的80%左右(见图9)。故该合成物质除菠萝蛋白酶原有应用(如食品、化妆品、医药、抑制肿瘤细胞生长、心血管疾病的防治、治疗烧伤、治疗炎症、增进药物吸收等方面)外,还可基于其荧光特性用于追踪Bromelain-Pt NCs在治疗方面的位置及效果。

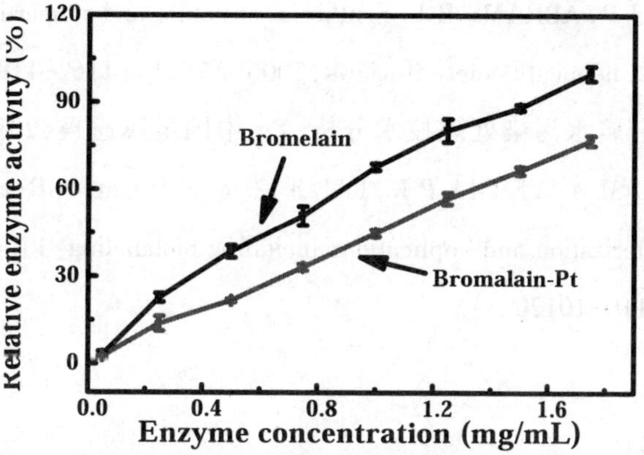

图9 酶活检测图

4 小结

本文以菠萝蛋白酶为模板，通过一步化学合成法制备了一种新的功能化的铂纳米簇，可检测 Fe^{3+}。本实验所制备铂纳米簇的方法操作简单，成本低，绿色环保。实验结果显示，Fe^{3+}可使 Bromelain-Pt NCs 的荧光淬灭，其他重金属离子都不能使它的荧光完全淬灭，证明 Bromelain-Pt NCs 荧光检测探针可快速准确地检测 Fe^{3+}离子，并且具有非常高的灵敏性，检测线为 0.30 μM。本文对于实际水样也进行了相关实验，分别采集芜湖市镜湖水、芜湖地段的长江水、芜湖市自来水的水样进行检测，结果表明 Bromelain-Pt NCs 可应用于实际水环境中重金属 Fe^{3+}的监测，并且具有特异的选择性和高灵敏性。

参考文献：

[1]李淑喜，黎新明．菠萝蛋白酶的提取及其在医药中的应用[J]．广州化工，2009，37(2)：52-53，57.

[2]ZHUANG M，DING C Q，ZHU A W，et al. Ratiometric fluorescence probe for monitoring hydroxyl radical in live cells based on gold nanoclusters [J]. Analytical Chemistry，2014，86(3)：1829-1836.

[3] WILCOXON J P, ABRAMS B L. Synthesis, structure and properties of metal nanoclusters[J]. Chemical Society Reviews, 2006, 35(11): 1162-1194.

[4]赵金举.重金属水污染处理技术分析[J].中国金属通报,2018(2):81.

[5] MUHAMMED M A, VERMA P K, PAL S K, et al.Bright, NIR-emitting Au_{23} from Au_{25}: characterization and applications including biolabeling[J]. Chemistry, 2009, 15(39): 10110-10120.

指导教师评语:

本论文研究了菠萝蛋白酶包裹的铂纳米簇制备及其在Fe^{3+}检测中的应用。论文选题角度新颖,创新性强,脉络清晰,观点明确,结构安排科学合理;同时,该生在论证过程中文献资料翔实,与所要论述内容结合紧密,且能综合运用所学知识解决问题。综上,该文是一篇优秀的本科论文。

生命科学学院王宝娟副教授

SA-CMC联合固定反硝化细菌好氧反硝化性能研究

高靖，杨婷，熊萍，张姚，万锐

（环境科学与工程学院）

摘　要　本研究以海藻酸钠（SA）和羧甲基纤维素钠（CMC）为载体，以$CaCl_2$作为交联剂，实现SA-CMC联合固定脱氮副球菌（Paracoccus denitrificans，ATCC19367）。实验证明，好氧条件下，SA-CMC联合固定脱氮副球菌小球对硝态氮的还原能力明显高于游离态细菌，当包埋条件为2%SA，2%CMC，1%$CaCl_2$时，总氮的氧化物（TNOs）去除率可达到95.6%，而游离生长的细菌仅为9.6%。本研究验证了SA-CMC联合固定反硝化细菌实现有氧反硝化的可行性，并且为实际应用提供了重要的工艺参数。

关键词　好氧反硝化；海藻酸钠；固定化微生物；羧甲基纤维素钠

1　引言

随着我国经济社会的发展，各种环境问题开始凸显，尤其是工农业用水量的迅猛增加，导致水污染问题频发。长期以来，人们对水污染的治理多关注水中悬浮物和有机物的去除，然而作为污水处理的重要一环——脱氮除磷，才是深度清理水污染的关键步骤。氮元素是植物生长必不可少的重要元素，然而水体中氮浓度超标将会引发诸如水体富营养化、地下水污染等严重环境问题，其危害引起了人们的广泛关注。

1.1 水体中氮污染的处理技术

目前污水处理工艺中去除氮源污染的方法众多，主要分为物理处理法、化学试剂法和生物处理法[1]。

1.1.1 物理处理法

物理处理法通常是利用水体中污染物的物理性质来实现污染物的去除，在去除氮素污染物的过程中常用的方法有：吸附法、吹脱法和曝气法。吸附法常采用疏松多孔的过滤吸附材料，这些材料比表面积大，具有较强的吸附和离子交换能力，如粉末活性炭、沸石、黏土、粉煤灰以及农业废弃物残渣等。这些材料不仅可以去除水中的颗粒悬浮物，还可以与水中的无机离子进行交换，去除离子态的氮素污染物。吹脱法是利用空气或蒸汽，将其通入污水中，改变氨氮在污水中溶解的气液平衡，使氨氮（NH_4^+-N）从液相脱除进入气相。该方法运行稳定，投资成本低，但是处理污水量不大且存在二次污染问题。曝气法是向污水中通入大量空气，增加水中的溶解氧量，促使亚硝酸盐（NO_2^-）氧化成毒性较小的硝酸盐（NO_3^-），同时使废水中易挥发的氨氮等散逸到大气中，降低水中氮素含量，进而改善水质。

物理脱氮法反应时间短，工艺流程简单方便，但是不适合处理含氮浓度高的污水，且去除效率不高，难以大规模使用。

1.1.2 化学试剂法

化学试剂法是利用化学试剂与水中污染物发生反应达到净化污水的目的，一般有折点加氯法、化学沉淀法和化学氧化法。折点加氯法是通过向污水中通入氯气（Cl_2）或添加次氯酸（HClO），使氨氮氧化成氮气（N_2）从水体中脱除，常在饮用水处理工艺中用来深度脱氮。该方法处理效果稳定，去除效果好，反应不受温度影响，但是处理成本高，反应副产物会造成水体二次污染。化学沉淀法是通过向污水中添加镁盐和磷酸盐等药剂，使其与氮素污染物发生化学反应，生成不溶物沉淀脱除氮污染物。化学氧化法是通过向氮素污染的水体中添加强氧化剂，如臭氧（O_3）、二氧化氯（ClO_2）、高锰酸钾

($KMnO_4$)等,去除水中氮素以及部分有机物。氧化剂可使氨氮氧化成氮气逸出水体,将亚硝酸盐氧化成硝酸盐,减少氮素含量并降低毒性,且对水中其他有机物也有较强的氧化降解功能。

1.1.3 生物处理法

生物处理法是通过提高活性污泥中脱氮菌的活性,利用氮素作为自身生长发育的原料,通过同化作用转化为自身细胞组织或异化为氮气脱除。相对于物化法,生物法具有高效低耗、无毒副作用和二次污染、处理水量大、成本较低等优势,同时能够有效地改善水体生态环境、维持生态平衡。生物脱氮是世界卫生组织(WTO)建议采用的深度脱除氮污染物的方法,也是实现氮污染物达标排放的重要工艺。活性污泥中的微生物可利用水体中动植物的代谢产物作为营养物质,通过氨化、硝化、反硝化等作用将氮污染物从水体中去除,降低氨氮和亚硝酸盐氮危害。强化环境生物技术来提高含氮废水的处理效率,是目前国内外学者的主要研究方向。

生物反硝化是指在异养缺氧条件下,反硝化微生物利用碳源作为电子供体,将体系中的硝态氮(NO_3^--N)依次还原为亚硝态氮(NO_2^--N)、一氧化氮(NO)、一氧化二氮(N_2O),最终转化为氮气(N_2)进入大气的过程[2]。常见的反硝化细菌是一类兼性厌氧微生物,当环境中溶解氧浓度较高(>0.5 mg/L)时,反硝化细菌会优先利用分子态氧作为最终电子受体,氧化分解有机物,而不进行反硝化作用[3]。基于此理论,目前城镇污水厂广泛采用分池法,即硝化和反硝化在两个不同的反应器内进行,通过混合液回流实现反硝化脱氮处理。该工艺设计系统复杂,能耗较大且管理不便。若这两个过程可以完成空间和时间上的统一,在同一个反应器内同时硝化和反硝化,便能够克服传统工艺的缺点,节省基建和运行费用,且容易满足处理过程中对碳源和碱度等条件的要求。

1.2 好氧反硝化及其机理

近年来,国内外关于好氧反硝化的报道屡见不鲜,在较高溶解氧(DO)

环境中,好氧反硝化细菌可同时利用氮和氧作为最终电子受体,直接将氨氮转化为最终气态产物[4,5]。但天然好氧反硝化细菌种类较少,且筛选纯化困难,因此,目前未能在实际生产中得到广泛应用。同时,另一些学者提出了有氧反硝化微环境理论,即生物絮体表面较高的DO浓度,在氧气传递受阻、有机物氧化等作用下,DO浓度逐渐降低,在絮体的内部实现缺氧区域,有利于反硝化的发生。如Corrala等人利用好氧颗粒污泥内部的厌氧区域完成反硝化,从而实现污水氮源的去除[6]。根据微环境理论,有学者考虑通过包埋材料将反硝化微生物固定化,利用载体材料的阻隔作用,在材料内部实现局部缺氧条件,完成反硝化过程[7]。

1.3 固定化方法及材料

目前常用的微生物固定化方法有吸附法、包埋法、交联法和共价结合法,其中吸附法和包埋法最为常用。包埋法是将微生物与固定化载体材料相混合,利用聚合物在形成凝胶时将微生物菌种包埋在凝胶内部,形成具有一定强度的颗粒,用于废水处理或环境污染修复[8]。其优点在于可以很容易地控制微生物的种类和数量,将游离的微生物或者特种酶限定在一个特定的空间区域内,可以大幅度提高反应器中微生物浓度,防止微生物流失,提高反应速率,增加微生物的抗逆性,而且后续水处理过程中固液分离方便[9]。

常见的包埋载体可以分为两类:一类是天然高分子材料,如壳聚糖、海藻酸钠(SA)、琼脂、卡拉胶等,这类包埋材料生物亲和性好,形成条件温和,但是机械强度低,易被微生物分解而破碎;另一类是合成高分子化合物,如聚乙烯醇(PVA)、聚乙二醇(PEG)、聚丙烯酰胺、光硬化树脂等。此类载体机械强度高,抗微生物分解能力强,但是成型后通透性差,不利于传质过程并对微生物活性有一定影响[10]。

在天然高分子材料中,海藻酸钠(Sodium alginate,SA)因传质性能好、无生物毒性并可以与细胞混合均匀等优点而被广泛应用。但海藻酸钠小球机械性能不高,易溶解破碎等缺点大大限制了其应用。因此,实际使用过程中常采用添加物质改变其小球的性能,如活性炭、聚乙烯醇、戊二醛等。羧甲基纤维素钠(Carboxymethylcellulose, CMC),是一种阴离子、直链、水溶性纤维素醚,是天然纤维素与氯乙酸经化学改性得到的一种衍生物,其水溶液具有增稠、成膜、黏结、水分保持、胶体保护、乳化及悬浮等作用,因此广泛应用于食品、医药、电子、农药、皮革、塑料、印刷、陶瓷、日用化工等领域[11]。然而到目前为止,未见有将CMC作为添加剂与SA配合用于微生物固定化的报道。

本实验在前人研究的基础上,选用了海藻酸钠(SA)和羧甲基纤维素钠(CMC),以氯化钙($CaCl_2$)作为交联剂,对脱氮副球菌进行包埋,比较其在不同固定化条件下的反硝化效果和固定化小球的理化性质,进而优化微生物固定化载体的制备条件,为实际应用奠定基础。

2 材料与方法

2.1 仪器与试剂

主要仪器:水浴恒温振荡器(THZ-82A,江苏杰瑞尔电器有限公司)、台式高速离心机(TG16MW,湖南赫西仪器装备有限公司)、紫外可见分光光度计(UV752,上海佑科仪器仪表有限公司)、85-1型磁力搅拌器(上海志威电器有限公司)。主要试剂:脱氮副球菌(Paracoccus denitrificans)(购自美国菌种保存中心,ATCC19367)、CMC(购自天津市光复精细化工研究所)、SA(购自天津市光复精细化工研究所)、$CaCl_2$(购自西陇化工股份有限公司)。

2.2 实验方法

2.2.1 培养基配置

反硝化菌种采用常见的LB(Luria-Bertani)培养基,于30 ℃,120 rpm条件下培养48 h活化微生物，而后以甘油管形式于-20 ℃保存。将甘油管内的微生物接种到新配置的LB培养基中，于30 ℃，120 rpm条件下进行扩增培养24 h。反硝化培养基配方根据文献报道方法配置，并稍作修改，具体见表1所示。

表1　反硝化培养基配方表

名称	浓度
NH_4Cl	0.58 g/L
KNO_3	2.17 g/L
葡萄糖-H_2O	5 g/L
Na_2HPO_4-$12H_2O$	11.74 g/L
KH_2PO_4	2.44 g/L
$MgSO_4 \cdot 7H_2O$	0.1 g/L

2.2.2　固定化微生物小球的制备

称取一定质量的SA、CMC在水浴加热（50 ± 5 ℃）充分溶解并搅拌均匀后，冷却至室温。取一定体积扩大培养的细菌混合液，于4000 rpm/min离心10 min，弃去上清液后，获得的细菌用生理盐水清洗3遍，重新悬浮后加入SA-CMC混合液中，搅拌均匀。向梨型分液漏斗中通入稳定气流，用挤压滴落法将混合液滴入一定质量分数的$CaCl_2$溶液中（见图1），在4 ℃的环境中交联若干小时得到直径约为5 mm的微生物凝胶小球，用去离子水洗净表面的交联剂，沥干水分后待用。

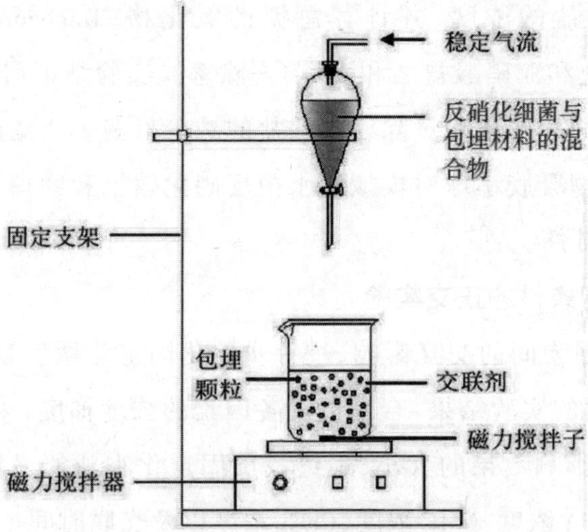

图1 挤压滴落法制微生物凝胶小球

2.2.3 制备条件的单因素实验

在制备微生物凝胶小球的过程中，不同制备条件对反硝化细菌固定化成球效果及细菌活性影响较大，最终影响反硝化效果。其中，主要影响因素有SA浓度、CMC浓度、交联剂浓度等。由于涉及因素较多，为了全面观察各因素及其之间的相互作用对固定化小球的影响，本次选取其中最主要的影响因素，即SA浓度、CMC浓度、交联剂浓度，进行优化制备条件的单因素实验，具体操作如下：

（1）SA浓度对微生物固定化小球性能的影响：SA的质量浓度分别取1%、2%、3%、4%，CMC和$CaCl_2$的质量浓度均固定为2%，在4 ℃下交联24 h；（2）CMC含量对微生物固定化小球性能的影响：CMC的质量浓度分别取0、1%、2%、3%、4%，SA和$CaCl_2$的质量浓度均固定为2%，在4 ℃下交联24 h。（3）$CaCl_2$浓度对微生物固定化小球性能的影响：$CaCl_2$的质量浓度分别取1%、2%、3%、4%，SA和CMC的质量浓度均固定为2%，在4 ℃下交联24 h。

将上述3个单因素实验中制备的凝胶小球，按1∶10（体积比）加入模拟废水中，置于水浴恒温振荡器中，在30 ℃、150 r/min条件下敞口（有氧）连续培养24 h，每个因素设置3组平行。培养12 h后，每间隔4小时取样分析硝酸盐和亚硝酸盐的浓度，并计算总氮的氧化物（Total nitrogenous oxides，TNOs；以硝酸盐和亚硝酸盐之和表示）去除率。实验结束后（24 h），将测得的体系中亚硝酸盐的累积量除以硝酸盐的减少量获得亚硝酸盐的累积率。最终结合微生物凝胶小球对模拟废水中反硝化效果和物理性能指标，确定较优的固定化条件。

2.2.4 制备条件的正交实验

考虑到各因素间的交互影响，进一步优化固定化微生物小球的制备条件，根据单因素的实验结果，合理设置各因素的浓度梯度，采用正交试验法确定各个因素影响效果的大小，最终找出固定化小球的最佳因素水平值。正交实验选取SA浓度、CMC浓度、$CaCl_2$浓度以及交联时间4个因素，各因素分别取3个水平值，如表2所示。按L9（3^4）正交表设计实验，制作9种微生物凝胶小球，观察它们的成球难易程度、成球效果，测定其抗压强度、比表面积。同时将制得的凝胶小球，按1∶10（体积比）加入50 mL模拟废水中，置于水浴恒温振荡器中，在30 ℃、150 r/min条件下敞口（有氧）连续培养24 h，每个因素设置3组平行。培养12 h后，每间隔4小时取样分析硝酸盐和亚硝酸盐的浓度，并计算总氮的氧化物去除率。

表2 正交试验的因素和水平值

因子水平	CMC浓度	SA浓度	$CaCl_2$浓度	交联时间/h
1	1.0%	2.0%	1.0%	12
2	2.0%	3.0%	2.0%	24
3	3.0%	4.0%	3.0%	36

2.2.5 常规指标以及凝胶小球物理性能测定方法

硝酸盐含量测定采用紫外分光光度法、亚硝酸盐含量测定采用N-（1-萘基）-乙二胺分光光度法，具体操作过程详见本课题前期发表的论文[12]。

固定化微生物小球制作成型难易：以是否易于滴落固化为规则的球形为标准。

固定化微生物小球机械强度评判[13]:从每组微生物凝胶小球中分别随机抽取3粒小球(各种小球的形状大小都差不多)在水平玻璃面上摆成3 cm的等边三角形,在小球上放一个玻璃皿,然后在玻璃皿上缓慢添加砝码(砝码的质量由大到小),用肉眼仔细观察,直至凝胶小球出现变形,计算小球所能承受的最大质量:

每个小球承受的质量(g)=(玻璃皿的质量+砝码重量)÷3

重复上述操作3次,取3次平均值作为该种凝胶小球的抗压强度。固定化微生物小球传质性能测定:分别称取3.0 g凝胶小球,置于装有50 mL质量浓度为100 mg/L亚甲基蓝的锥形瓶中,在28 ± 1 ℃、150 rpm/min水浴恒温振荡器中振荡,每隔30 min取2 mL溶液,用去离子水稀释10倍后在665 nm下测定吸光度,直至吸光度变化幅度不大即达到吸附平衡。比表面积测定方法基于固体表面单层分子吸附理论[14]。

单层吸附的亚甲基蓝的质量可用下式(郎缪尔方程式)表示:

$$\frac{Ce}{Q}=\frac{1}{Q\max}Ce+\frac{1}{bQ\max}$$

式中,*Ce*是吸附平衡时溶液中的亚甲基蓝浓度(mg/L),*b*表示吸附常数(L/mg);*Q*表示吸附平衡时载体吸附的亚甲基蓝质量(mg),*Qmax*表示载体单层亚甲基蓝的最大吸附质量(mg)。由于每毫克亚甲基蓝的表面积约为2.45 m^2,故本次载体比表面积以2.45×*Qmax*表示。

3 结果与分析

3.1 固定化微生物脱氮性能优化实验分析

3.1.1 制备条件的单因素实验

(1)CMC含量的确定。

有关细菌的固定化作用目前大部分均以SA作为包埋材料,然而当用于废水处理过程中,SA凝胶小球易受到各种离子侵蚀,进而逐渐溶解,寿命缩短。CMC常作为絮凝剂、乳化剂、成膜材料等被大量使用,其水溶液具有增稠、成膜、水分保持、乳化及悬浮等作用,但目前未见将CMC与SA联合进行细菌固定化的报道。在前述研究基础上,进一步优化了CMC浓度对固定化细菌反硝化效果的影响,结果如图2所示。

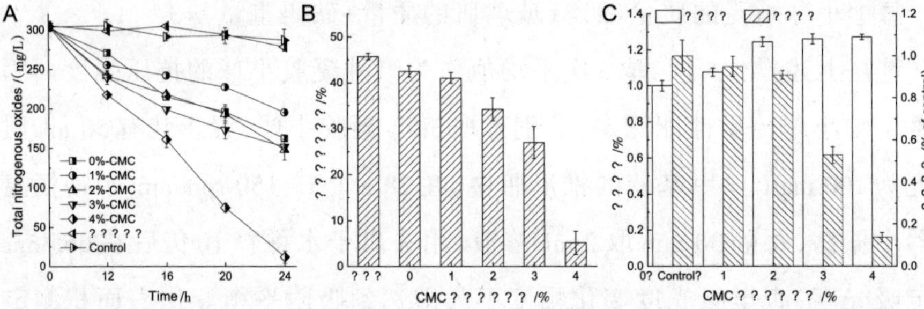

图2　不同浓度CMC与SA联合固定反硝化细菌对反硝化性能的影响

注:A.总氮的氧化物(TNOs),B.亚硝酸盐累积率,C.凝胶小球的主要物理性质。

由图2可知,未加细菌组(control)与细菌游离生长组中的总氮氧化物(Total nitrogenous oxides,TNOs;以硝酸盐和亚硝酸盐之和表示)变化不显著,而固定化反硝化细菌组中的TNOs浓度随着CMC浓度的增加而显著下降(见图2A)。由此表明,利用SA固定化反硝化细菌过程中,添加CMC能显著提高固定化反硝化菌的反硝化能力。研究还发现,随着CMC浓度的升高,系统内部亚硝酸盐的累积率显著降低。如细菌游离生长组亚硝酸盐累积率约为46%,这主要是亚硝酸盐还原酶分布在细胞周质内,而硝酸盐还原酶反应点位在细胞内部,在氧气存在的条件下,对亚硝酸盐还原酶的抑制作用显著大于硝酸盐还原酶的作用所导致[15]。反硝化菌经固定化之后,亚硝酸盐累积率显著下降,如经单一SA固定反硝化细菌实验组亚硝酸盐累积率降为43%,而随CMC添加浓度由1%增加到2%、3%和4%,亚硝酸盐累积率由41%依次下降到34%,27%和5%。由此可知,CMC的添加会明显提高CMC-SA联合固定化反硝化细菌的反硝化性能,并且显著降低体系的亚硝酸盐积累问题。

对不同CMC浓度制作的凝胶小球物理性能的研究结果表明，CMC浓度从0升高到2%，能够显著增加凝胶小球的比表面积（见图2B），这主要是由CMC具有较强的乳化和分散作用所致。然而进一步提高CMC浓度到4%，凝胶小球比表面积的增加有限。凝胶小球比表面积的增加得细菌与硝酸盐的接触更加充分，这可能是添加CMC后固定反硝化细菌反硝化效果升高的主要原因。除比表面积外，凝胶小球的机械性能对小球的抗外力作用以及可重复性使用次数有重要关系。由图2C可知，固定化小球的抗压性能呈现出随加入CMC浓度升高而有所下降的趋势，然而1%和2%CMC实验组的抗压性能下降不显著。综合反硝化效果、比表面积、抗压性能的研究结果可知，添加质量浓度为2%的CMC能够显著提高SA固定化反硝化细菌的反硝化性能，降低亚硝酸盐转化率，并且所得小球的比表面积较大，抗压性能良好。

（2）SA含量的确定。

海藻酸钠（SA）因传质性能好、无生物毒性并可以与细胞混合均匀等优点成为目前研究应用最广的包埋剂之一，是制作凝胶小球的核心材料。SA浓度对小球形态的影响研究表明，不同浓度SA会对细菌固定化产生重要影响。本部分在前面研究基础上，固定CMC浓度为2%，$CaCl_2$浓度为1%，固定时间24 h，考察不同浓度SA对联合固定反硝化过程的影响。不同SA浓度制作的小球形态如图3所示，SA浓度过低会导致凝胶小球难以成型（见图3D），浓度过高时凝胶小球具有严重的拖尾现象（见图3F）；明显能看出当SA浓度为3%左右时，球体形状较匀称，透明度适中（见图3E）。同时，SA的机械强度和比表面积与SA浓度成正相关，如图3C所示。机械强度越大，凝胶小球的抗冲击性能越好，即在摇床里培养24 h后，凝胶小球的完整度为SA：4% > 3% > 2% > 1%。

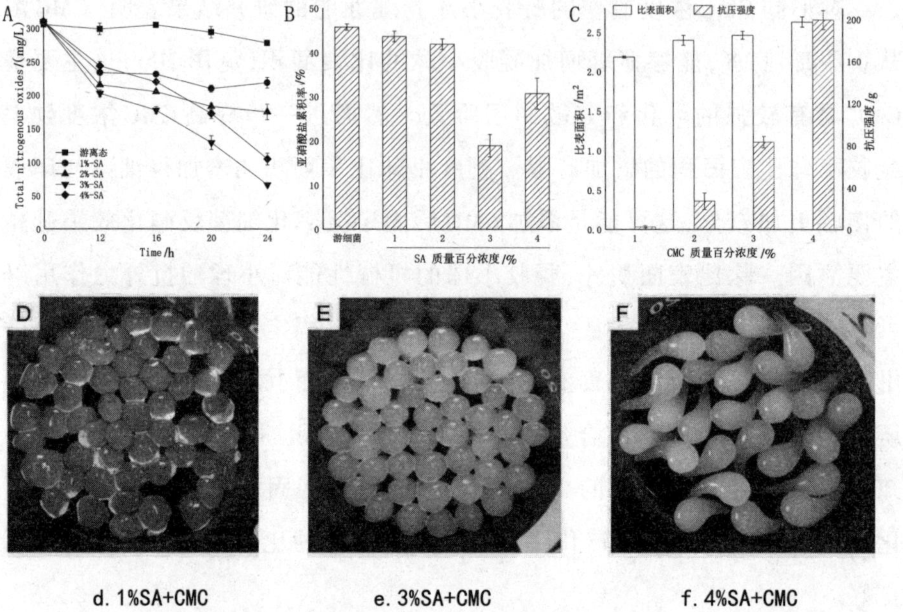

图3 不同浓度SA与CMC联合固定反硝化细菌对反硝化性能的影响及凝胶小球形态的影响

注：(A)总氮的氧化物(TNOs)，(B)亚硝酸盐累积率，(C)凝胶小球的主要物理性质，(D)(E)(F)是SA浓度分别为1%、3%和4%时凝胶小球的形态。

进一步分析SA浓度对固定化反硝化细菌反硝化效果的影响。结果表明，反应24 h后，不同SA浓度实验组反硝化效果有所不同，随着SA浓度由1%升高到3%，系统内残留的TNOs浓度逐渐下降(见图3A)，同时亚硝酸盐累积率也逐渐下降(见图3B)。然而，当SA浓度提高到4%时，系统的TNOs浓度变大，亚硝酸盐累积率上升，这可能主要是因为SA浓度增加，使小球比表面积有所增加，但小球的强度增加显著，小球的溶胀性能减弱，物质的传质受到影响所致。结合凝胶小球形态、物理性质以及系统残留TNOs以及亚硝酸盐的转化率可知，SA浓度为3%时所得的凝胶小球形状规整、反硝化效果好，亚硝酸盐积累量较低，因此，SA浓度以3%为宜。

(3)$CaCl_2$含量的确定。

在利用SA进行细菌的固定化过程中，加入交联剂$CaCl_2$可有利于凝胶成球，Ca^{2+}进入小球内部置换出SA主链G片段上的Na^{+}，进而使GG片段交联形成以离子键为主的三维网络水凝胶[16]，有利于将微生物固定其中，并增加小球的机械强度。本部分通过固定SA和CMC浓度分别为2%和2%，在不同的$CaCl_2$溶液中进行交联，进而考察$CaCl_2$浓度对固定化细菌反硝化效果的影响，结果如图4所示。由图4A可知，TNOs的残留量随$CaCl_2$浓度的升高而逐渐增加，经24 h培养，1% $CaCl_2$实验组几乎没有TNOs残留，而当$CaCl_2$浓度≥2%时，体系内部的TNOs残留量急剧增加，反硝化效率显著下降。对比亚硝酸盐累积率可获得同样结论，$CaCl_2$浓度越高，亚硝酸盐积累量越大。如图4C所示，凝胶小球在$CaCl_2$溶液中交联时，凝胶小球的比表面积随$CaCl_2$浓度增加而下降，而机械强度随$CaCl_2$浓度增加而升高。这主要是由于Ca^{2+}浓度过高，会导致SA形成的空间网络结构过于致密，小球的机械强度增加[17]，但凝胶小球的比表面积下降。小球结构致密，比表面积下降使底物向内扩散和产物向外扩散变得更加困难，导致底物缺乏和产物抑制，影响反硝化效果。另外，$CaCl_2$浓度过高，会使小球外表面形成一层较厚的乳白色的凝胶层，影响小球的透明度和传质性能，甚至影响固定化细菌的活性，进而降低反硝化效果。结合反硝化性能以及凝胶小球的物理性质，本次$CaCl_2$浓度以1%为宜。

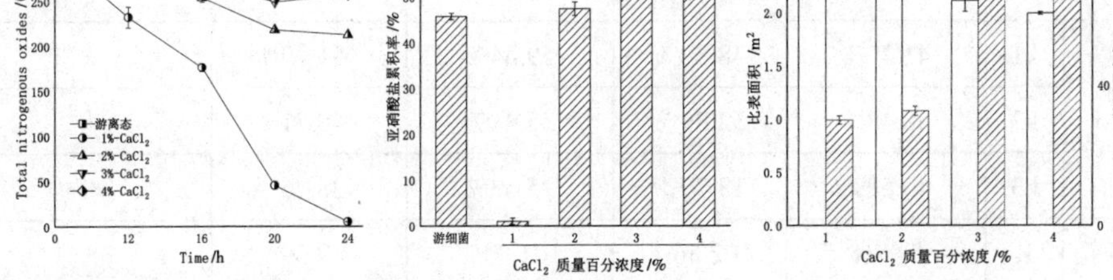

图4　不同$CaCl_2$浓度对SA-CMC联合固定反硝化细菌反硝化性能及凝胶小球物理性质的影响

注：A. 总氮的氧化物，B. 亚硝酸盐累积率，C. 主要物理性质。

3.1.2 制备条件的正交实验

根据单因素实验的结果，将包埋剂CMC的含量水平选取1%、2%、3%，SA的含量水平选取2%、3%、4%，交联剂$CaCl_2$的含量水平选取1%、2%、3%，交联时间的水平选取12 h、24 h、36 h，制作9种微生物固定化小球。正交实验结果如表3所示。

表3 固定化微生物小球最佳制备条件正交实验结果

因素		CMC浓度	SA浓度	$CaCl_2$浓度	交联时间/h	总氮去除率
1		1.0%	2.0%	3.0%	24	35.93%
2		2.0%	2.0%	1.0%	12	77.82%
3		3.0%	2.0%	2.0%	36	32.84%
4		1.0%	3.0%	2.0%	12	60.69%
5		2.0%	3.0%	3.0%	36	24.70%
6		3.0%	3.0%	1.0%	24	73.28%
7		1.0%	4.0%	1.0%	36	27.23%
8		2.0%	4.0%	2.0%	24	12.93%
9		3.0%	4.0%	3.0%	12	15.95%
Ki	K1	123.86%	146.59%	178.33%	154.46	—
	K2	115.44%	158.67%	106.45%	122.14	—
	K3	122.07%	56.11%	76.59%	84.77	—
ki	k1	41.29%	48.86%	59.44%	51.49	—
	k2	38.48%	52.89%	35.48%	40.71	—
	k3	40.69%	18.70%	25.53%	28.26	—
极差	R	8.41%	102.56%	101.74%	69.69	—

从表3中可以看出，SA浓度的极差最大，表示SA浓度对总氮去除率影响最大，其次为$CaCl_2$浓度，以此类推，各因素对反硝化进程影响大小依次为：SA浓度>$CaCl_2$>交联时间>CMC浓度。同时，对微生物固定化小球的抗压

性能和比表面积进行极差分析得出，影响小球强度的主要因素为SA的含量以及$CaCl_2$的浓度，对小球比表面积影响最大的因素为CMC的含量，这与前期单因素实验的结果一致。结合单因素实验和正交实验结果，固定化微生物小球的最佳制备条件为：SA含量2%，CMC含量2%，$CaCl_2$含量1%，在4 ℃下交联24 h，制得的微生物固定化小球如图5所示。

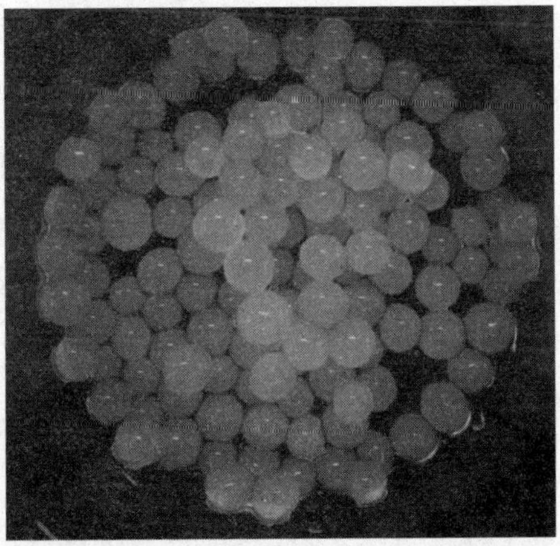

图5 最佳制备条件下制得的固定化微生物凝胶小球

3.2 SA-CMC联合固定化微生物有氧反硝化实践研究

为进一步验证固定化微生物小球好氧反硝化可行性，利用前期实验结论，在最佳的制备条件下（2% SA、2% CMC和1% $CaCl_2$交联剂）对反硝化细菌进行包埋，将固定态的反硝化细菌与等量的游离态细菌同时放入模拟废水中进行连续培养，效果如图6所示。随着反应时间的推移，空白组（Blank）和反硝化细菌游离生长组（Freed）总氧化态氮有少量下降，这主要是由凝胶小球吸附以及细菌异养生长消耗导致（见图6A）。经过24 h反应，游离生长的细菌中的TNOs残留量为166 mg/L，而固定反硝化细菌实验组残留量为32 mg/L（见图6A）。由此可知，在有氧条件下，固定反硝化细菌反硝化效果显著优于游离生长的细菌。这主要是由于溶解氧是影响反硝化的重要影响因素，在有氧的条件下，氧气会与氧化态氮竞争电子，抑制反硝化关键酶的合成,最终影响反硝化效果[18]。

本次研究结果还显示,伴随着硝酸盐的还原过程,无论是游离组还是固定组均观测到亚硝酸盐的积累现象(见图6B)。Gomez等人在处理地下水硝酸盐污染过程中也观测到亚硝酸盐的积累[19],这主要是由于溶解氧对亚硝酸盐还原酶的影响显著大于硝酸盐还原酶所致。然而,本次实验过程中,固定组中亚硝酸盐的积累量显著小于游离组,如24 h时,两组亚硝酸盐积累量分别为25 mg/L和88 mg/L。这主要是由于本次研究反硝化微生物在凝胶小球内部,溶解氧在凝胶内部的扩散受到限制,有利于脱氮副球菌进行厌氧反硝化[20]。同时,固定态的细菌隔离了外界不良环境,增强了反硝化细菌的抗逆性,使得反硝化细菌在局部区域成为优势菌属,避免其他微生物和代谢产物的毒害作用。

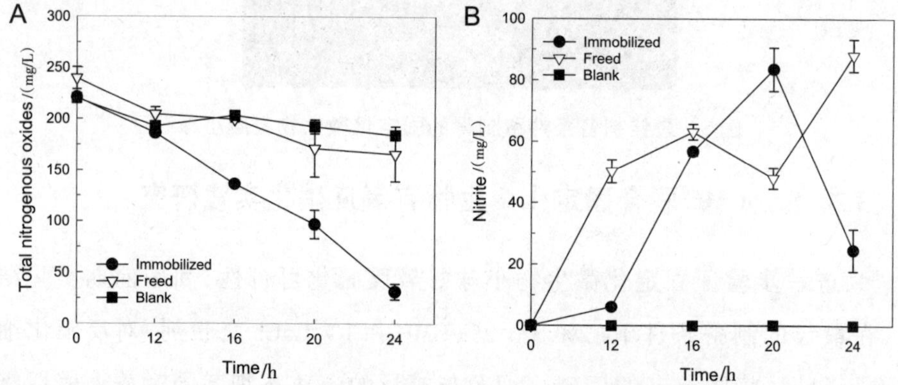

图6　有氧条件下固定态和游离态反硝化细菌的脱氮性能。

注:A.总氮的氧化物,B.亚硝酸盐。

4　主要结论与展望

主要结论:

(1)由于反硝化微生物被包裹在凝胶小球内部,一定程度上阻隔了溶解氧向凝胶内部扩散,进而在生物载体内部形成了局部厌氧区,因此,利用

SA-CMC 联合固定化微生物实现有氧条件下继续进行反硝化是完全可行的。

（2）CMC 的加入有利于提高 SA 固定化反硝化细菌的反硝化性能，并降低亚硝酸盐累积率，这主要是由于加入 CMC 可以提高凝胶小球的比表面积，提高物质传质效率，然而过高浓度的 CMC 会导致凝胶小球的抗压性能下降，实验结果显示 CMC 浓度以 2% 为宜。

（3）SA 浓度对固定化反硝化细菌反硝化效果以及凝胶小球抗压性能有重要影响。低浓度 SA 导致凝胶小球成型困难，抗压性能较弱，而高浓度 SA 导致凝胶小球拖尾严重、溶胀性能减弱，反硝化效果下降，亚硝酸盐积累严重。实验结果显示 SA 浓度以 2% 为宜。

（4）$CaCl_2$ 浓度越高，凝胶小球抗压强度越好，但会使小球网络结构过于致密，透明度下降，传质性能下降严重，甚至影响反硝化菌活性，最终导致反硝化性能下降。实验结果显示 $CaCl_2$ 浓度以 1% 为宜。

展望：

本研究提出的采用海藻酸钠（SA）和羧甲基纤维素钠（CMC）联合包埋脱氮副球菌所得的凝胶小球，在好氧条件下具有良好的脱氮性能，可以有效避免游离态反硝化细菌在好氧条件下反硝化效果不好、亚硝酸盐积累严重的缺点，有望实现硝化和反硝化脱氮处理过程时空上的统一。

参考文献：

[1]刘伶俐. 硝化细菌固定化方法研究[D]. 青岛：青岛理工大学，2012：9–12.

[2]鲜思淑，陈茂霞，熊蓉，等. 异养硝化–好氧反硝化影响因素研究进展[J]. 水处理技术，2016，42(1)：1–6.

[3]辛明秀，赵颖，周军，等. 反硝化细菌在污水脱氮中的作用[J]. 微生物学通报，2007，34(4)：773–776.

[4]ROBERTSON L A，VAN NIEL E W，TORREMANS R A，et al. Simultaneous Nitrification and Denitrification in Aerobic Chemostat Cultures of Thiosphaera pan-

totropha[J]. Applied and Environmental Microbiology, 1988, 54(11): 2812-2818.

[5]PATUREAU D, BERNET N, DELGENES J P, et al. Effect of dissolved oxygen and carbon-nitrogen loads on denitrification by an aerobic consortium[J]. Applied Microbiology & Biotechnology, 2000, 54(4): 535-542.

[6]MOSQUERA-CORRAL A, KREUK M K D, HEIJNEN J J, et al. Effects of oxygen concentration on N-removal in an aerobic granular sludge reactor[J]. Water Research, 2005, 39(12): 2676-2686.

[7]曹国民,赵庆祥,龚剑丽,等.固定化微生物在好氧条件下同时硝化和反硝化[J].环境工程,2000,18(5):17-19.

[8]张秋红,宋华,刘江红.固定化微生物细胞降解苯酚的研究进展[J].精细石油化工进展,2010,11(6):39-42.

[9]张松雷.固定化微生物技术在无泡供氧膜生物反应器中的应用研究[D].长春:吉林大学,2006.

[10]曹亚莉,田沈,赵军,等.固定化微生物细胞技术在废水处理中的应用[J].微生物学通报,2003,30(3):77-81.

[11]邵丽娟.羧甲基纤维素-铜离子复合纤维的制备及抗菌性研究[D].上海:东华大学,2016:4-7.

[12]WAN R, CHEN Y G, ZHENG X, et al. Effect of CO_2 on Microbial Denitrification via Inhibiting Electron Transport and Consumption[J]. Environmental Science & Technology, 2016(50): 9915-9922.

[13]冯本秀,赖子尼,陈俊彬,等.固定化硝化细菌去除水体中氨氮的研究[J].广东工业大学学报,2006,23(2):29-23,33.

[14]王杏佳,徐丽,高静,等.PVA固定化微生物凝胶小球的制备及性能研究[J].塑料工业,2014,42(2):89-92,54.

[15]CHEN J, STROUS M. Denitrification and aerobic respiration, hybrid electron transport chains and co-evolution[J]. Biochimica et Biophysica Acta-Bioenergetics, 2013, 1827(2): 136-144.

[16]王济港,王庆国.微生物固定化技术在水环境和能源领域的应用[J].广东

化工,2018,45(3):83-84.

[17]唐三三,衣杰荣,丁勇.海藻酸钠法固定化酪氨酸酶的研究[J].湖南农业科学,2009(6):12-14.

[18]KORNER H, ZUMFT W G. Expression of denitrification enzymes in response to the dissolved oxygen level and respiratory substrate in continuous culture of Pseudomonas stutzeri[J]. Applied and Environmental Microbiology, 1989, 55(7): 1670-1676.

[19]GÓMEN M A, HONTIORIA E, GONZALEZ-LOPEN J. Effect of dissolved oxygen concentration on nitrate removal from groundwater using a denitrifying submerged filter[J]. Journal of Hazardous Materials, 2002, 90(3): 267-278.

[20]高秀花,刘宝林,李昌林,等.好氧反硝化生物脱氮研究进展[J].给水排水,2009,35(s1):58-62.

指导教师评语:

本论文选题极具新颖性,旨在革新现有污水脱氮工艺。论文中选用的原料价廉易得可降解,制作工艺及设备要求简单,为现有污水处理工艺中好氧硝化和厌氧反硝化分池进行、需要混合液回流等问题的解决,降低污水处理过程中的基建和运行费用,提供了较好的市场应用前景。全文思路清晰,结构完整,表述准确,论据充分,分析透彻。

环境科学与工程学院万锐副教授

巢湖沉积物营养盐空间分布特征研究

张和艳

（环境科学与工程学院）

摘　要　为了揭示巢湖沉积物中磷含量及其内部磷的分布特征，本文选取巢湖的东、西湖区以及入湖河口，采用化学连续浸提法提取沉积物中存在的各种磷形态。结果表明：巢湖沉积物磷分布具有明显空间差异性，入湖河口处的总磷含量高于湖体，西半湖的磷污染高于东半湖。湖泊沉积物中磷主要以无机磷形态存在，占总磷的64.08%。而有机磷中大多以中活性有机磷和非活性有机磷形态存在。全湖沉积物中不同有机磷（Po）组分：残渣态磷、盐酸磷、富里酸磷、胡敏酸、碳酸氢钠磷相对比例平均为2.9∶3.4∶4.5∶2.4∶1。同时由相关性可知，活性Po很容易转化为生物有效磷，非活性Po并非绝对惰性，仍具有一定的活性。

关键词　巢湖；沉积物；有机磷；磷分级

在过去几十年里，蓝藻在多处湖泊中广泛出现，其原因主要是湖泊外源营养物质输入过多，而湖泊内部消耗量一定，湖泊内部营养盐过剩，导致发生藻类大量生长等湖泊污染现象。一般认为，湖泊中的营养物质主要来自工业废水的排放、农业中化肥农药大量使用导致的面源污染、城市生活污水的排放以及地表径流，其中氮和磷的过量输入是造成湖泊水体污染的重要原因。沉积物中磷是湖泊水体内营养物质存在的重要形态之一，也是湖泊生态系统中进行物质和能量交换的重要场所。在湖泊物质循环过程中，沉积物在湖泊中扮演着源和汇的双重角色[1]，一边供应着水体中生物所需营养物质，在外部条件改变时，通过扩散、对流等作用释放内部储存的磷，一边汇集着水体中多余的营养物质。磷的来源有外源输入和内源释放。其中，沉积物是磷的重要储集池，即磷的内源，它不断与上覆水体交换磷，湖泊的吸附作用使得磷和氮富集在沉积物中，湖泊中营养盐的扩散迁移影响着湖泊中营养物质的平衡状况[2]，因此，分析沉积物中磷的含量和分布特征，能够在一定程度上反映湖泊中营养盐的分布及污染情况，有助于了解沉积物内源负荷机制和磷的迁移转化，预测磷的释放情况，可为治理湖泊富营养化提供一定理论依据。总体来说，磷分级的方法相比不分级，能够更加准确和有效了解磷的形态，以及磷的生物地球化学循环过程。

沉积物中磷的各种形态主要可分为钙结合磷、铁结合磷，以及各种形态的有机磷等。当前，研究磷形态的方法中最成熟的是利用不同化学药剂对样品中的磷进行提取的化学连续提取法，依次提取沉积物中不同形态的磷，以达到分离的目的。

湖泊沉积物中磷与水体的交换在国内外的研究已较为成熟，释放途径主要包括物理释放、有机磷的矿化作用以及生物释放等过程。同时，为研究沉积物中各种形态磷及其释放特点，许多化学连续提取法得到应用，有机磷主要采用Ivanoff[3]法、Bowman-Cole[4]法等，无机磷主要采用SMT[5]法、Ruttenberg[6]法等。例如，Hieltjes[7]等的四步连续提取法，分离并分析各种存在的磷形态，Olila[8]等在Hieltjes等的前提下，提出五步形态分析法。Ruttenberg的SEDEX法用于分析海洋中存在的各形态磷，分为可交换态磷、铁结合磷、自生钙磷、碎屑残留磷和有机磷五种。此外，国内学者也积极开展了沉积物中各种磷形态的分析，如黎颖治等研究了磷的存在形态、粒级分布、有机物等内部形态对沉积物水界面交换磷的影响。

本文以巢湖沉积物为研究对象，通过采用不同提取剂连续浸提沉积物中磷的不同形态，研究各种赋存形态磷的分布特征，揭示磷的迁移转化机制，了解生物地球化学循环规律，为巢湖的富营养化治理提供基础数据。

1 材料与方法

1.1 研究区域概况

巢湖,中国五大淡水湖之一,位于皖中,地属合肥,系长江水系下游湖泊,流域面积达13349 km^2,周围有33条入湖河流,属亚热带季风气候。由于近年巢湖流域内工业的快速发展,加之人口基数大,水质恶化,水环境承载能力不足,巢湖水域明显富营养化,水生生态系统受到破坏,鱼虾等养殖业捕获量减少,大面积蓝藻频繁爆发,影响城市供水安全,同时制约当地经济发展。导致巢湖水环境恶化的原因包括农业污染、工业污染、生活污染、湖体生态系统退化等。

1.2 样品的采集和处理

2016年3月,根据巢湖的水文特点和污染状况,在巢湖湖体(C2、C3、C4、C5、C6、C11)及入湖河口[十五里河(SWL)、派河(PH)、兆河(ZH)、杭埠(HB)、柘皋河(ZGH)、双桥河(SQH)]布置13个采样点,如图1所示。用采泥器采集表层沉积物样品,所采集的样品装聚乙烯袋中放入保温箱,用干冰覆盖低温冷藏保存,运回实验室冷冻保存。使用时取部分转移至冷冻干燥机中进行干燥,并使用研钵将样品研磨,过100目筛,将预处理后的样品用塑料袋密封,放置冰箱中冷冻保存备用。

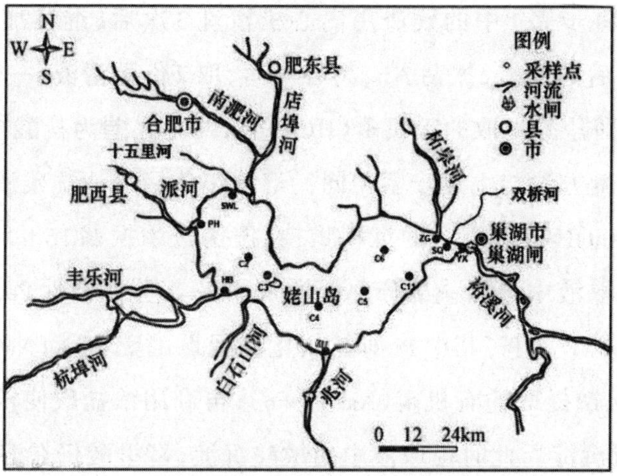

图1 巢湖水域采样点分布

1.3 实验方法

1.3.1 总磷及总无机磷测量

称取两份平行样品，各约0.5 g，一份样品运用马弗炉进行灰化（550 ℃ 2 h），然后用酸（1 M HCl）浸提16 h；另一份样品直接用酸浸提。提取出的样液分别对TP和Pi进行测定，采用钼锑抗比色法，有机磷（Po）的含量等于TP与Pi之差。

1.3.2 磷的分级提取

沉积物中Po参照Ivannoff等[3]的土壤中有机磷的分析方法，沉积物中活性Po、中活性Po和非活性Po依次通过以下步骤提取，如图2所示：

步骤一：称取3份平行样品，约1.0 g，用50 mL 0.5 M $NaHCO_3$（pH=8.5）振荡（250 r/min）提取16 h后，通过离心机（2000 g/min）离心，并采用水溶性一次性滤头及针管过滤。在过滤后的样品中取2份上清液，一份先经高压蒸汽灭菌锅消解，即$K_2S_2O_4/H_2SO_4$法（120 ℃ 30 min），待其冷却后，测定TP（钼锑抗比色法）；另一份直接比色测定Pi，即碳酸氢钠提取的无机磷（$NaHCO_3$–Pi）。Po的含量为TP与Pi含量之差，此为碳酸氢钠提取的有机磷（$NaHCO_3$–Po），即活性Po。以下每一步中的Po皆由消解后TP与Pi的浓度差计算得出。

步骤二：将步骤1中的残渣用离心机清洗3次后，继续加入50 mL 1 M HCl提取清洗后的残渣，振荡3 h，离心分离，取2份上清液，一份测量TP，另一份测量Pi，即盐酸提取的无机磷（HCl-Pi），两者之差为盐酸提取的有机磷（HCl-Po），测量方法与上述步骤相同。继续用蒸馏水清洗残渣3次，随后用50 mL 0.5 M NaOH提取剩余的沉积物，在振荡机中振荡16 h后，离心过滤，其中NaOH提取液中包括一部分中活性Po和一部分非活性Po。取2两份上清液分别测量TP和Pi，其中Pi即氢氧化钠提取的无机磷（NaOH-Pi），两者之差为氢氧化钠提取的有机磷（NaOH-Po），再利用浓盐酸使样液酸化至pH等于0.2，静置沉淀。此时提取液中胡敏酸沉淀，富里酸仍在溶液中，取沉淀后提取液中的两份上清液，继续测定TP和Pi，两者相减得到fulvic acid-Po，用NaOH-Po减去fulvic-Po即humic acid-Po。HCl-Po与fulvic acid-Po之和即为中活性Po。

步骤三：将残渣清洗3遍后移入坩埚中，置于马弗炉中灰化（550 ℃ 1 h），后继续转移至离心管中，用50 mL 1 M H_2SO_4提取，振荡24 h，取上清液通过比色法测定P的浓度即residual-Po，residual-Po与humic acid-Po之和即非活性Po。

实验中所有沉积物取3份平行，结果取其平均值，实验误差小于5%。Po的回收率以每一步骤中Po浓度的总和与总Po的比值。同时以GSD-9沉积物标准品控制沉积物中总磷的测定，沉积物标样测定结果平均值在推荐值误差范围内，实验数据采用WPS2019、SPSS24软件进行统计检验、相关性分析等。

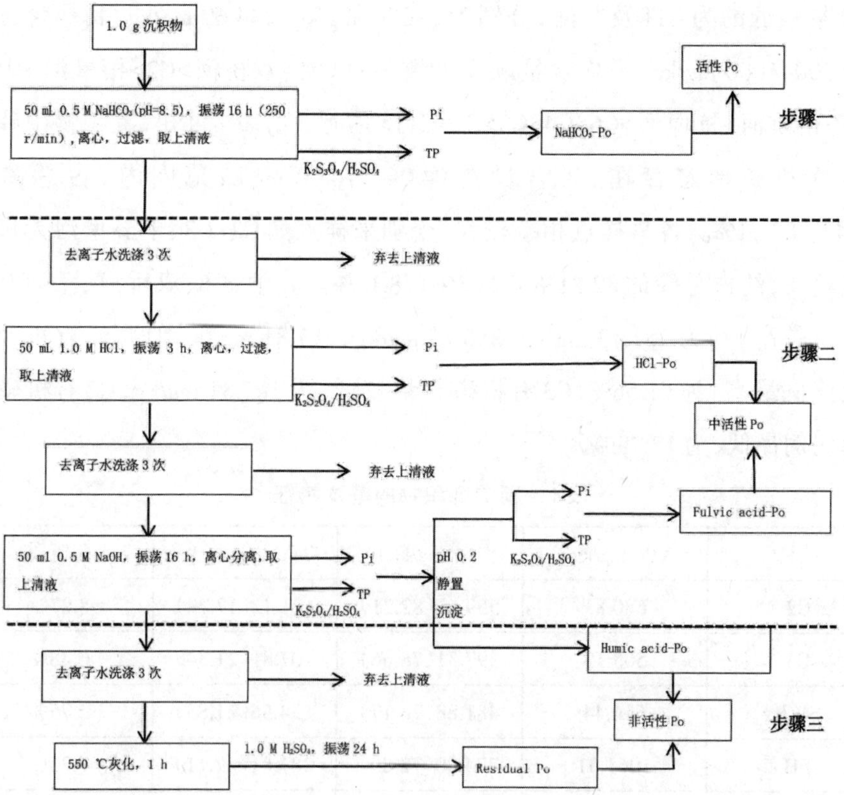

图2 沉积物中有机磷分级提取流程

1.3.3 有机质测定

有机质的含量根据沉积物在500 ℃下(煅烧2 h)的烧失量计算。

2 结果与讨论

2.1 沉积物特性

沉积物中磷分为无机磷(Pi)和有机磷(Po),每种形态磷的相对比例基于沉积物的来源以及自然属性。巢湖各采样点沉积物的化学组分含量如表1所示,其中派河及双桥河TP含量皆较高,分别为1061.81 mg/kg、962.88 mg/kg,

TP含量较低的为C11及兆河，分别为390.31 mg/kg、244.69 mg/kg，其他含量均处于300~1000 mg/kg，平均含量顺序大致为：派河>双桥河>C2>柘皋河>十五里河>裕溪河>杭埠河>C6>C4>C3>C5>C11>兆河。由表1可知，沉积物中磷主要以无机磷形态存在，Pi含量在94.06~774.00 mg/kg范围内，占总磷的38.44%~82.21%。各采样点相差较大，个别采样点如C2、C3、十五里河无机磷含量较高，约占总磷的82.21%、78.66%、78.17%。其中，C6、双桥河、派河有机磷含量较高，约为281.13 mg/kg、286.75 mg/kg、287.81 mg/kg，但兆河有机磷占总磷比例最高，为61.56%，C3有机磷含量较低，为107.81 mg/kg，C2有机磷占总磷比例最低，为17.79%。

表1　湖泊沉积物的基本特征

项目	TP/(mg/kg)	Pi/(mg/kg)	Po/(mg/kg)	有机质
C2	680.81	559.69(82.21)	121.12(17.79)	8.87%
C3	505.13	397.31(78.66)	107.81(21.34)	6.48%
SWL	616.44	481.88(78.17)	134.56(21.83)	2.75%
PH	1061.81	774.00(72.89)	287.81(27.11)	7.35%
HB	543.94	333.81(61.37)	210.13(38.63)	4.09%
C4	518.00	354.00(68.34)	164.00(31.66)	5.92%
C5	421.81	308.00(73.02)	113.81(26.98)	5.99%
C6	531.69	250.56(47.13)	281.13(52.87)	8.00%
C11	390.31	186.63(47.81)	203.69(52.19)	4.68%
ZH	244.69	94.06(38.44)	150.63(61.56)	3.10%
SQH	962.88	676.13(70.22)	286.75(29.76)	7.85%
YX	613.88	336.56(54.83)	277.32(45.17)	7.56%
ZGH	652.44	391.50(60.01)	260.94(39.99)	6.96%

注：括号中的数字代表沉积物中无机磷及有机磷的相对含量。

湖泊内污染物的来源不同，导致其内部不同形态磷的含量具有差异性。

西湖区的污染主要来源于合肥市内排出的工业废水以及城市生活污水，且随着经济和工业的迅速发展、城市人口的暴增，以及湖泊环境容量的局限，西湖区污染较为严重，尤其是入湖河口之一的派河和十五里河，无机磷占比超过70%。由西湖区的十五里河、派河、杭埠河、C2、C3点可知，Pi占总磷的比例范围为61.37%~82.66%，平均值为74.66%，而东湖区平均值为49.97%，表明受工业污染的湖泊沉积物中无机磷占比较高。东湖区的污染主要来源于附近的农业面源污染，包括化肥和农药的大量使用等。由东湖区的C6、C11、兆河以及裕溪河可知，Po占总磷的比例范围为26.98%~61.56%，平均值为38.57%，而西湖区平均值为25.34%，表明受农业污染的湖泊沉积物中有机磷占比较高。Zhang等[9]的研究也表明，受农业污染的有机磷占比较高。

总体上看，入湖河口处的总磷含量高于湖体，表明巢湖沉积物中磷污染主要来源于外源污染，控制和治理需从外源出发。

2.2 沉积物中Po的含量及分布特征

沉积物中的有机磷，经磷酸酶水解、光解或细菌降解等作用下，很快转化为生物活性磷，并向上覆水体迁移扩散，以维持浮游生物的生长代谢，重新参与营养物质循环，因此，湖泊沉积物中Po的研究对于揭示湖泊中生态系统的演替以及物质循环具有重要作用。沉积物中各种形态Po的含量、相对比例和回收率如表2所示。所有采样点的沉积物提取率的回收率在75.07%~122.11%。

表2　沉积物中不同Po组分的含量、相对分布和回收率

取样点	活性Po/(mg/kg)	中活性Po		非活性Po		总提取Po/(mg/kg)	回收率
		HCl-Po/(mg/kg)	fulvic-Po/(mg/kg)	Humic-Po/(mg/kg)	Residual-Po/(mg/kg)		
C2	7.60 (0.06)	10.00 (0.07)	55.80 (0.41)	23.30 (0.17)	39.80 (0.29)	136.50	112.70%

续 表

取样点	活性Po/(mg/kg)	中活性Po		非活性Po		总提取Po/(mg/kg)	回收率
		HCl-Po/(mg/kg)	fulvic-Po/(mg/kg)	Humic-Po/(mg/kg)	Residual-Po/(mg/kg)		
C3	11.00 (0.08)	24.00 (0.18)	55.85 (0.42)	1.65 (0.01)	39.15 (0.30)	131.65	122.11%
SWL	9.83 (0.08)	63.48 (0.49)	39.35 (0.31)	1.45 (0.01)	14.30 (0.11)	128.42	95.43%
PH	46.97 (0.16)	69.18 (0.23)	68.70 (0.23)	91.37 (0.31)	22.20 (0.07)	298.42	103.69%
HB	17.82 (0.07)	115.52 (0.47)	48.60 (0.20)	23.25 (0.09)	42.70 (0.17)	247.88	117.97%
C4	4.88 (0.03)	14.50 (0.10)	55.25 (0.38)	28.25 (0.20)	40.75 (0.28)	143.63	87.58%
C5	0.20 (0.00)	1.12 (0.01)	55.65 (0.47)	18.35 (0.15)	43.15 (0.36)	118.48	104.10%
C6	16.75 (0.07)	85.75 (0.34)	62.85 (0.25)	43.05 (0.17)	40.45 (0.16)	248.85	88.52%
C11	6.15 (0.04)	50.25 (0.33)	45.65 (0.30)	18.55 (0.12)	32.30 (0.21)	152.90	75.07%
SQH	16.78 (0.07)	32.63 (0.13)	79.15 (0.31)	103.65 (0.40)	24.95 (0.10)	257.15	89.68%
YX	16.78 (0.07)	102.38 (0.42)	62.45 (0.26)	24.88 (0.10)	38.00 (0.16)	244.50	88.17%
ZGH	24.93 (0.10)	69.18 (0.30)	46.80 (0.19)	69.83 (0.28)	32.35 (0.13)	247.56	94.87%
ZH	9.20 (0.08)	31.68 (0.27)	41.20 (0.35)	17.00 (0.14)	18.60 (0.16)	117.68	78.12%

注：括号中为该组分占总提取Po的质量分数。

从图3中可看出，巢湖沉积物不同采样点有机磷中各形态含量差异明显，不同沉积物中具有的相同特点是，有机磷中中活性Po和非活性Po占比较大，为90%左右，含量分别在56.77~164.83 mg/kg和15.75~128.60 mg/kg，占总Po的44%~80%和12%~51%。活性Po是有机磷中占比最小的磷形态，含量在0.2~46.97 mg/kg，占总Po的0%~16%，所取采样点的活性Po的平均含量为7%。活性磷是沉积物磷形态中可迅速矿化的部分，当Pi浓度较低时，$NaHCO_3$开始转化为可利用态磷。其中活性Po含量较低的原因是在一定条件下活性Po很容易被分解，并释放到上覆水体中。

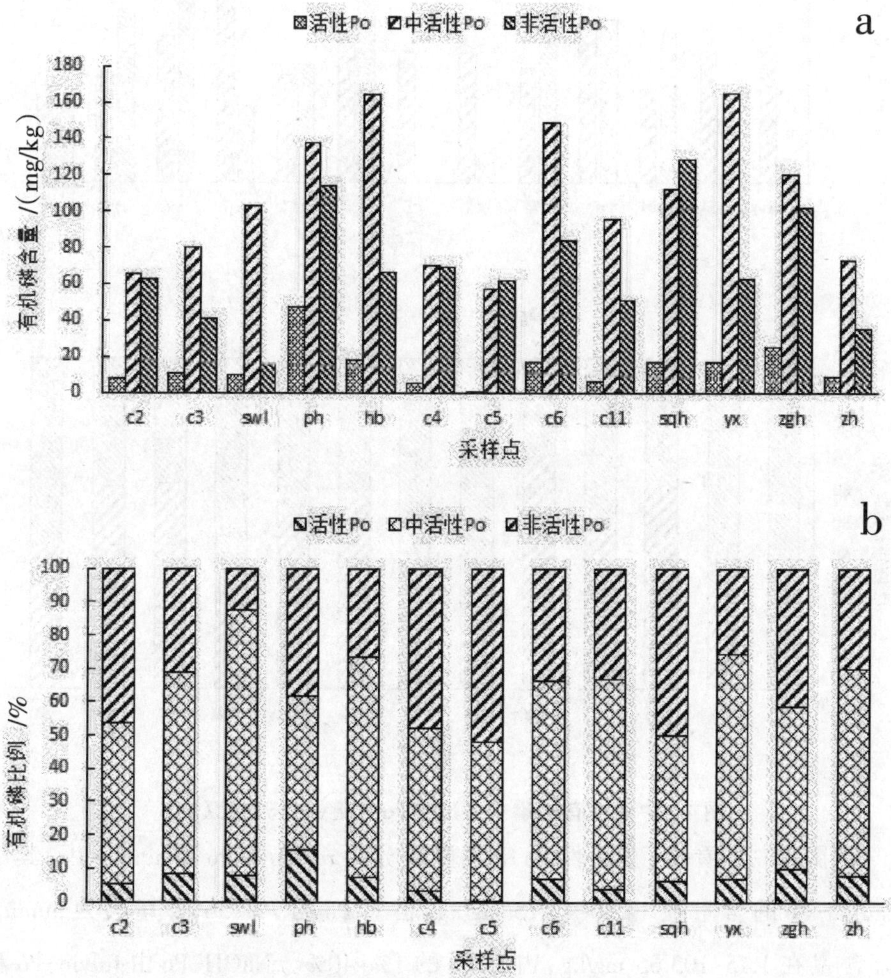

图3　有机磷中各形态Po的含量(a)与比例(b)

从图4中可看出，中活性Po中主要成分为fulvic-Po，含量为41.20~79.15 mg/kg，占总Po的19%~47%，其次为HCl-Po，含量为1.12~115.52 mg/kg，占总Po的1%~49%。

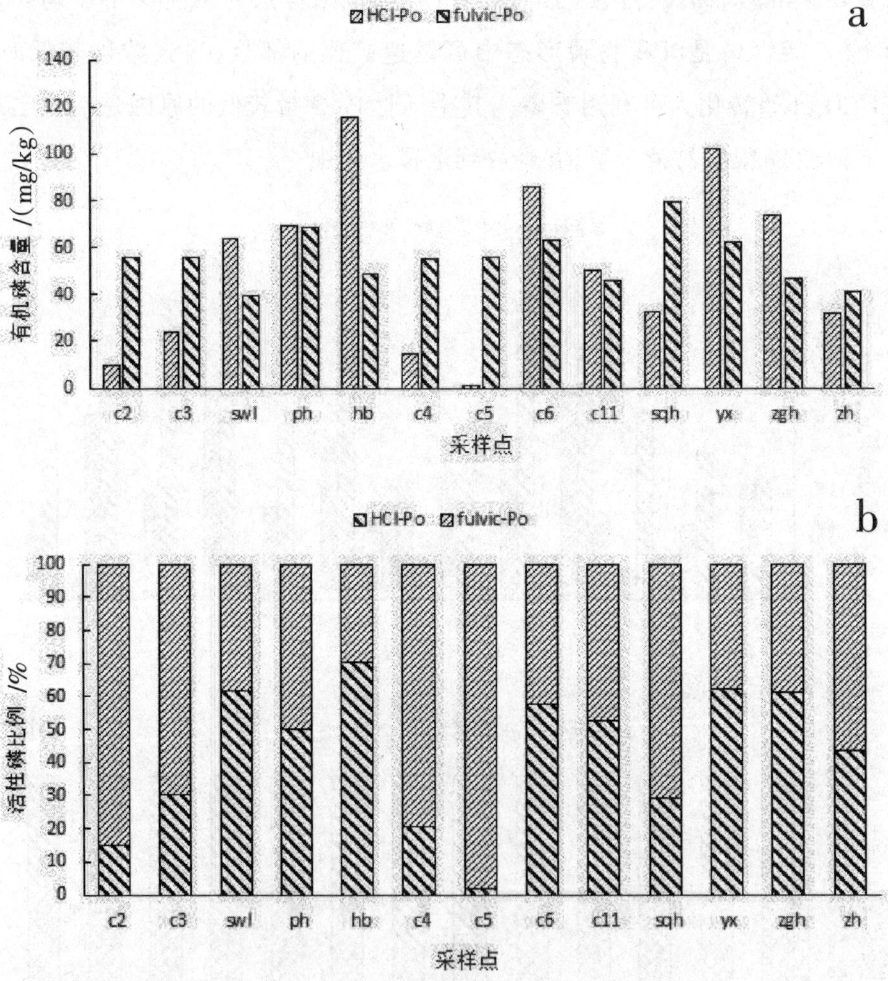

图4 中活性有机磷中各形态Po含量(a)与占比(b)

从图5中可看出，非活性Po中主要成分为residual-Po和humic-Po，其中residual-Po的含量在14.30~43.15 mg/kg，占总Po的7%~36%，其次为humic-Po，含量在1.45~103.65 mg/kg，占总Po的1%~40%。NaOH-Po由fulvic-Po和humic-Po组成，是与OM相关的重要部分，浓度范围在40.8 ~ 182.8 mg/kg，占

总 Po 的 29% ~ 71%。研究表明，NaOH-Po 为低磷条件下植物生长的重要营养盐之一。沉积物中活性 Po 和中活性 Po 的生物可利用性比非活性 Po 高，是植物中可利用磷的主要来源。同时，活性 Po 组分在一定条件下会对湖泊造成二次污染，对湖泊富营养化具有一定的潜在影响[10]，在制定湖泊治理方案时应密切关注。

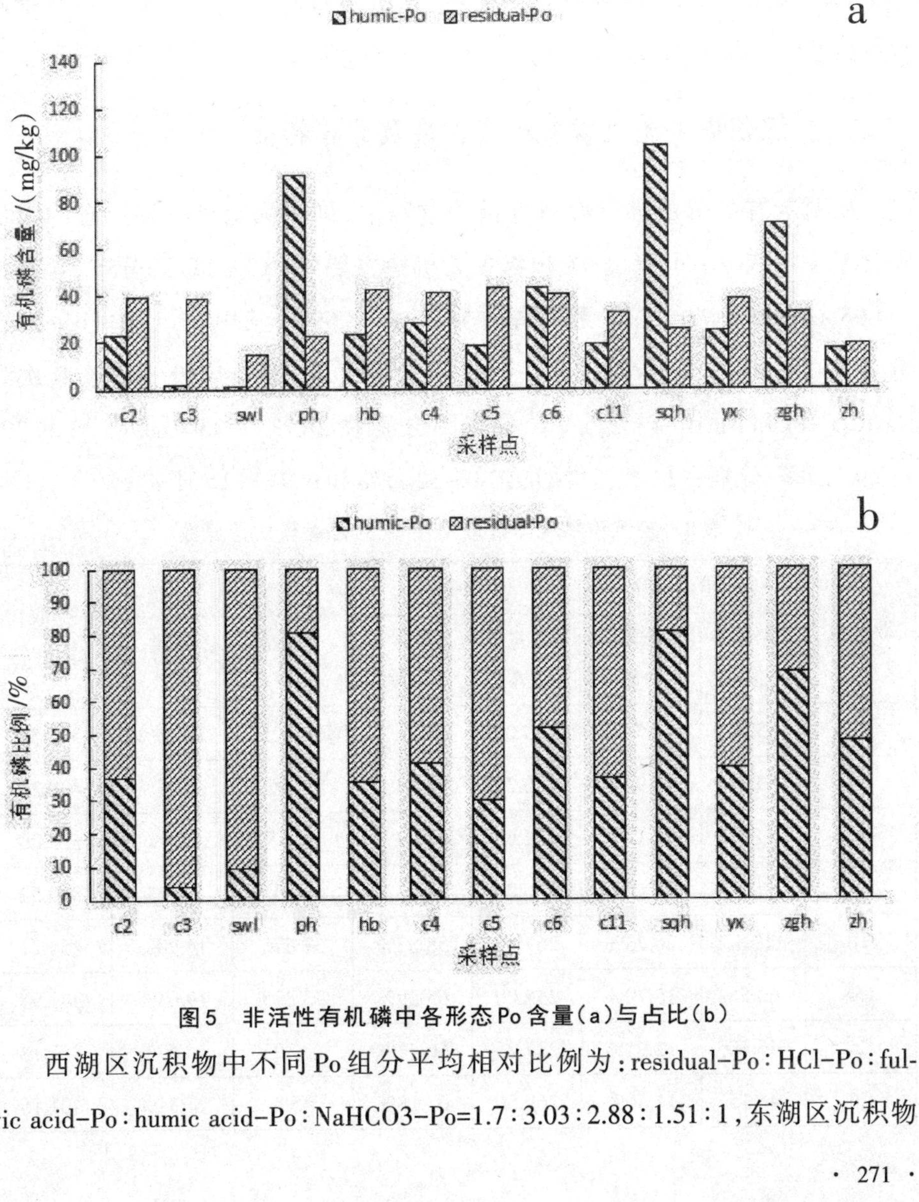

图5　非活性有机磷中各形态 Po 含量(a)与占比(b)

西湖区沉积物中不同 Po 组分平均相对比例为：residual-Po：HCl-Po：fulvic acid-Po：humic acid-Po：NaHCO3-Po=1.7：3.03：2.88：1.51：1，东湖区沉积物

中不同Po组分平均相对比例为2.83∶4.1∶4.69∶3.38∶1。由此可知，受工业污染较为严重的西湖区HCl-Po含量较高，而受农业污染较为严重的东湖区fulvic acid-Po含量较高。东入湖河口沉积物中相对比例为：1.06∶3.33∶2.1∶1.56∶1；西入湖河口沉积物相对比例为：1.68∶3.55∶3.39∶3.18∶1；入湖河口沉积物中的相对比例为：1.4∶3.4∶2.7∶2.3∶1。由数据可知，入湖河口处均为HCl-Po含量较高，而全湖沉积物中的相对比例为2.9∶3.4∶4.5∶2.4∶1，在全湖范围内fulvic-Po含量较高。

2.3　沉积物中无机磷各形态含量及分布特征

在测定有机磷及进行形态分析的过程中，同时测定了各种形态的无机磷含量。从表3中可看出，沉积物中无机磷主要以HCl-Pi形态分布，含量为144.95~606.23 mg/kg，占总无机磷的58.87%~78.09%，其中，派河中HCl-Pi含量最高，为606.23 mg/kg，兆河中HCl-Pi含量最低，为144.95 mg/kg；其次是$NaHCO_3$-Pi和NaOH-Pi形态，含量范围分别在26.73~199.98 mg/kg和29.30~113.9 mg/kg，分别占总无机磷的9.18%~32.12%和6.20%~21.31%。

表3　各沉积物化学提取液中Pi的含量与质量分数

取样点	$NaHCO_3$-Pi		HCl-Pi		NaOH-Pi		总提取Pi/(mg/kg)
	含量/(mg/kg)	质量分数	含量/(mg/kg)	质量分数	含量/(mg/kg)	质量分数	
C2	85.30	14.59%	399.00	68.26%	100.25	17.15%	584.55
C3	59.90	13.92%	280.25	65.14%	90.05	20.93%	430.20
SWL	168.07	32.12%	322.68	61.67%	32.45	6.20%	523.20
PH	199.98	22.46%	606.23	68.08%	84.3	9.47%	890.52
HB	119.13	26.23%	267.40	58.87%	67.675	14.90%	454.21
C4	60.58	15.70%	252.00	65.29%	73.375	19.01%	385.95
C5	46.10	12.91%	237.25	66.42%	73.825	20.67%	357.18
C6	46.15	11.50%	269.50	67.18%	85.5	21.31%	401.15

续 表

取样点	$NaHCO_3$-Pi		HCl-Pi		NaOH-Pi		总提取Pi/(mg/kg)
	含量/(mg/kg)	质量分数	含量/(mg/kg)	质量分数	含量/(mg/kg)	质量分数	
C11	30.55	9.18%	260.00	78.09%	42.4	12.73%	332.95
SQH	122.55	14.63%	601.00	71.77%	113.9	13.60%	837.45
YX	63.93	15.07%	278.20	65.57%	82.15	19.36%	424.28
ZGH	111.60	22.06%	316.23	62.51%	78.08	15.43%	505.91
ZH	26.73	13.30%	144.95	72.12%	29.3	14.90%	200.98

在Ivanoff等[3]方法中，根据无机磷的相对溶解性可将其分为活性Pi和非活性Pi，其中$NaHCO_3$-Pi为活性Pi，HCl-Pi和NaOH-Pi为非活性Pi。$NaHCO_3$-Pi（Olsen-P）代表着土壤营养水平，通常认为是植物可快速利用的磷，当其含量高于46 mg/kg即属于较高营养水平[11]。由实验数据可知，西半湖处于较高营养水平，而东半湖除C11、兆河以外，其余各点均处于较高营养水平。除此之外，沉积物中Olsen-P与总磷之间存在较为明显的相关性，代表着生物有效磷[12]。全湖范围内Olsen-P含量差异较大，尤其是入湖河口派河与十五里河生物有效磷较高，由此可知西半湖富营养状态较东半湖更严重。HCl-Pi指通常所说的Ca-P，形态较为稳定，通常由于被掩埋在较深处的沉积物中而难以被水生生物利用。从全湖范围看，Ca-P的含量均较高，即全湖沉积物中磷的储存量较大，且这些储存的磷形态很稳定，难以释放到水体中，不是处理水体富营养化的重点。NaOH-Pi指与铁、铝等氧化物或氢氧化物结合的磷的形态，当水下环境改变到一定程度时，会释放出磷以满足浮游生物代谢的需要[13]，可用来估计湖泊沉积物中可利用磷含量。西半湖较东半湖的NaOH-Pi高，但个别点如东半湖双桥河的NaOH-Pi较高，可推测双桥河范围内铁、铝等氧化物或氢氧化物含量可能较高，而西半湖的十五里河中含量较低，可推测其中铁、铝等氧化物或氢氧化物含量可能较低，且西半湖沉积物中生物可利用磷较高。

2.4 相关性分析

沉积物中Po各形态和OM、TP、Pi、Po、$NaHCO_3$-Pi、HCl-Pi和NaOH-Pi的相关性如表4所示。活性Po与中活性Po、非活性Po、TP、Po、$NaHCO_3$-Pi、HCl-Pi呈显著的正相关关系，与OM、Pi、NaOH-Pi无显著相关关系，尤其与OM没有表现出相关关系，可说明活性Po很容易转化为生物可利用磷；中活性Po与活性Po、Po相关性显著，尤其与Po呈现出极显著相关关系，与其他参数如OM、TP、Pi、$NaHCO_3$-Pi、HCl-Pi、NaOH-Pi无显著相关关系；非活性Po与活性Po、中活性Po、Po、HCl-Pi、NaOH-Pi相关性显著，与Po、HCl-Pi、NaOH-Pi呈现出极显著正相关关系，与OM、TP、Pi、$NaHCO_3$-Pi无显著相关关系。非活性Po与HCl-Pi、NaOH-Pi的极显著相关关系可能表明非活性Po不是绝对的惰性Po，而是有可能在一定程度上具有相对活性。除此之外，总磷与Pi具有极显著相关关系，说明无机磷是总磷的重要组成部分；$NaHCO_3$-Po与HCl-Po相关性显著，说明中活性磷是活性磷的补充来源，具有一定的活性；同时HCl-Po与NaOH-Po相关性显著，说明二者之间可相互转化。

表4 不同组分有机磷和其他地球化学参数的相关系数（n=13）

	活性Po	中活性Po	非活性Po	有机质	TP	Pi	Po	$NaHCO_3$-Po	HCl-Po	NaOH-Po
活性Po										
中活性Po	0.621*									
非活性Po	0.616*	0.357								
有机质	0.267	−0.010	0.170							
TP	0.645*	0.222	0.171	0.545						
Pi	0.508	0.007	0.063	0.479	0.949**					
Po	0.696**	0.790**	0.753**	−0.050	0.189	−0.036				
$NaHCO_3$-Po	0.704**	0.370	0.355	−0.090	0.469	0.487	0.310			

续 表

	活性Po	中活性Po	非活性Po	有机质	TP	Pi	Po	$NaHCO_3$-Po	HCl-Po	NaOH-Po
HCl-Po	0.644*	0.223	0.719**	-0.091	0.116	0.142	0.485	0.732**		
NaOH-Po	0.269	0.150	0.707**	0.212	-0.085	-0.032	0.342	0.153	0.602*	

注：*. 在 0.05 级别（双尾），相关性显著。**. 在 0.01 级别（双尾），相关性显著。

3 主要结论

（1）沉积物中磷的形态主要分为无机磷、有机磷，巢湖中东、西半湖差异较大，西半湖所受的磷污染比东半湖高，受农业污染的东半湖中沉积物有机磷占比较受工业污染的西半湖高。从总体上来说，入湖河口处的总磷含量高于湖体，表明巢湖中磷污染主要来源于外源污染，控制和治理需主要从外源出发。

（2）由不同磷形态的含量和分布研究可得，沉积物中不同Po相对含量的差异表明其来源以及参与湖泊生物化学循环不同。西湖区HCl-Po含量较高，东湖区fulvic acid-Po含量较高，入湖河口处HCl-Po含量较高。而全湖沉积物中的平均相对比例为2.9∶3.4∶4.5∶2.4∶1，因此在全湖范围内fulvic-Po含量较高。

（3）由$NaHCO_3$-Pi的数据可知，全湖范围内Olsen-P即生物有效磷含量差异较大，西半湖较东半湖含量高。形态较为稳定的HCl-Pi即Ca-P在全湖范围内含量均较高，但由于被掩埋在深处难以被水生生物利用，不易转化为生物可利用磷。NaOH-Pi在平均情况下西半湖含量较东半湖高，表明西半湖中铁、铝等氧化物或氢氧化物含量较东半湖高，同时，NaOH-Pi可用来估计沉积物中生物可利用磷，表明西半湖中生物可利用磷较高。

（4）活性Po与OM无明显相关性，说明活性Po很容易转化为生物可利用磷；非活性Po与NaOH-Pi显著相关，表明非活性Po非绝对惰性磷，具有一定程度的活性；总磷与Pi具有极显著相关关系，说明无机磷是总磷的重要组成部分；$NaHCO_3$-Po与HCl-Po显著相关，说明中活性磷是活性磷的补充来源，具有一定的活性；HCl-Po与NaOH-Po显著相关，说明二者之间可相互转化。

参考文献：

[1]宋金明，罗延馨，李鹏程.渤海沉积物-海水界面附近磷与硅的生物地球化学循环模式[J].海洋科学，2000，24(12)：30-32.

[2]宫少军，叶思源，苏新，等，近海N-P营养盐的研究现状与进展[J].海洋地质动态，2009，25(4)：27-37.

[3]IVANOFF D B，REDDY K R，ROBINSON S.chemical fraction of organic phosphorus in selected histosols[J].Soil Science，1998，163(1)：36-45.

[4]BOWMAN R A，COLE C V.An exploratory method for fractionation of organic phosphorus from grassland soils[J].Soil Science，1978，125(2)：95-101.

[5]RUBAN V，LOPEZ-SANCHEZ J F，PARDO P，et al.Selec-tion and evaluation of sequential extraction procedures for the determination of phosphorus forms in lake sediment[J].Journal of Environmental Monitoring，1999(1)：51-56.

[6]RUTTENBERG K C.Development of a sequential extraction method for different forms of phosphorus in marine sediments[J].Limnology and Oceanography，1992，37(7)：1460-1482.

[7]HIELTJES A H，LIJKLEMA L.Fractionation of inorganic phosphates in calcareous sediments[J].Journal of Environmental Quality，1980，9(3)：405-407.

[8]OLILA O G，REDDY K R.Phosphorus sorption characteristics of sediments in shallow eutrophic lakes of Florida[J].Archives of Hydrobiology，1993，129(1)：45-65.

[9]ZHANG R Y，WU F C，LIU C Q，et al. Characteristics of organic phosphorus fractions in different trophic sediments of lakes from the middle and lower reaches of Yangtze River region and Southwestern Plateau，China[J].Environmental Pollu-

tion, 2008, 152(2): 366-372.

[10] TURNER B L, CONDRON L M, CADE-MENUN B J, et al.Extraction of soil organic phosphorus[J].Talanta, 2005, 66(2): 294-306.

[11] 邓河霞.红枫湖沉积物和消落带土壤磷形态分布的研究[J].武汉工程大学学报, 2018, 40(4): 371-376.

[12] HECKRATH G, BROOKES P C, POULTON P R, et al.Phosphorus leaching from soils containing different phosphorus concentrations in the Broadbalk Experiment [J].Journal of Environmental Quality, 1995, 24(5): 904-910.

[13] RIBEIRO D C, MARTINS G, NOGUEIRA R, et al. Phosphorus fractionation in volcanic lake sediments (Azores-Portugal)[J].Chemosphere, 2008, 70(7): 1256-1263.

指导教师评语：

沉积物是水体中氮磷的重要蓄积库，沉积物中的氮磷等营养盐的迁移转化过程直接影响着上覆水体富营养化过程。研究巢湖沉积物中氮磷及其形态的分布特征，对于了解巢湖氮磷营养盐的生物地球化学循环，以及巢湖富营养化的机理研究和生态修复具有重要的意义。本研究的主要难点在于如何从沉积物中提取出各个形态的磷，准确测定其浓度，并保证良好的磷回收率。该生在前期做了文献查阅、仪器设备熟悉等大量准备工作，思路清晰，具有一定的工作基础。

环境科学与工程学院昝逢宇教授

后　记

安徽师范大学本科生科研论文大赛由教务处(创新创业教育学院)、科研处、学生处、校团委、学报编辑部、出版社和各学院共同举办,自2012年以来,共有10000余人次参与大赛,优秀作品近6000件。现已连续7年出版本系列丛书,在学生中影响广泛,发挥了科学研究对于创新人才培养的引领和激励作用。

本论文集汇编了学校第八届本科生科研论文大赛优秀作品,在作品遴选和出版过程中,得到了许多部门和老师的帮助,在此表示衷心的感谢。组委会将继续完善本科生科研论文大赛机制,提高大学生创新意识和科研能力,出版更好的作品以飨读者。

安徽师范大学本科生科研论文大赛组委会